憲法9条へのカタバシス

木庭 顕

みすず書房

目次

序——日本国憲法 9 条の政治的弁証に向けて ……………… 1

 0 1

 1 3

 2 5

 3 10

 4 16

 5 22

**1 日本国憲法 9 条 2 項前段に関する
ロマニストの小さな問題提起** …………………… 27

 1 問題 27

 2 若干の迂回 33

 3 問題の置き換え 39

**2 法学再入門：秘密の扉
ぜんべえドンとオハナぼう、番外篇** …………… 51
  ——ポンポコ山に憲法改正の危機

 事態を見つめよう 54

 誰のものでもない 55

ポンポコ山の桃太郎　57

　　　まず落ち着いて徹底的に解剖しよう　61

　　　自分が座っている椅子を自分で蹴飛ばしてはいけません　65

3　知性の尊厳と政治の存亡 ………………………… 68
　　　――三谷太一郎『人は時代といかに向き合うか』

4　政治はどこにあるか ……………………………… 79

5　夏目漱石『それから』が投げかけ続ける問題 ….. 85

　　0　序　85

　　1　ジャンル　85

　　2　設定　87

　　3　問題　91

　　4　問題の変幻、「胡麻化し」の先送り　95

　　5　問題のトポグラフィー　99

　　6　échangeの連鎖　103

　　7　「胡麻化し」の深層　111

　　8　二つの自然　115

　　9　壁　123

　　10　エピローグ　126

6　森鷗外と「クリチック」 ………………………… 128

　　0　序　128

　　1　考証学　129

　　2　「クリチック」　132

　　3　江戸末期考証学者たちのlibertinage　135

4　自律的知的階層　140

　　5　文芸化の脈絡　144

　　6　小さな分岐　146

　　7　お玉　151

　　8　安寿　156

　　9　結　160

7　Hobbes, *De cive* における metus 概念 ……………… 162

　　0　序　162

　　1　政治（公権力）形成の直接の土台　163

　　2　基層たる概念構成　170

　　3　Thoukydides　181

　　4　Hobbes 再解釈の試み　192

8　日本国憲法 9 条改正の歴史的意味 ……………… 205

　　1　205

　　2　207

　　3　210

　　あとがき　211

　　索引　213

序
―― 日本国憲法9条の政治的弁証に向けて

0

　出発点は、権力と利益をめぐって人々が蠢く状況である。第一に、私はこれに対して強い嫌悪感を覚える。第二に、そこには必ず集団（結託・徒党）が形成されるから、私はそれに巻き込まれることを怖れる。第三に、権力や利益の拒否を標榜する権威主義的な（あるいは狂信的詐欺的）組織にも同じだけの警戒感を持つ。それらはやはり権力と利益を追っているから油断がならない。第四に、ならばいっそ社会から隔絶してひっそりと暮らすか。しかしそれは不可能で、権力と利益に対して真剣に取り組まなければ生きてはいけない。第五に、そのように感ずる自分の意識の内部をまた、よく見れば権力と利益をめぐる人々の動きを支配しているのと同じ原理が貫通している。これを「滅却する」ために滝にでも打たれるか。全く無駄である。その種の行為も立派に権力と利益をめぐる集団と関係している。

　権力と利益をめぐる絡まり合い、その中で発生する抑圧、を徹底的に解体するシステムはないものか。しかし、あるとすればよほど透徹した意識を人々が定着させているのでなければならないだろう。そうした意識を得るためには、深く根を下ろす権力と利益をめぐる集団の動きを徹底的に分析しえていなければならない。権力と利益につきものの意識の暗闇の奥深くに分け入らなければならない。畢竟私は生涯かけてこれを目指したことになる。

　当然、私よりも遙かに以前から同じ道を探った大変に優れた人々が居た。まずはギリシャで政治を創造した人々、HomerosやHesiodosの韻文を生みこれを共有した人々である。つまり、私が苦痛に感ずるものを体系的に解体す

る営みが政治であり、これは文学によって基礎付けられた。政治はデモクラシーと法という発展型を持った。これに伴い、文学は哲学と歴史学という二つの分枝を発展させた。私は歴史学の徒であり、したがって、政治という営みそれ自体に関わるのではないにしても、それを基礎付ける営みを専門とするのである。

　現代の日本においてこの種の水面下の政治基礎付け作業をするためには、歴史学をするのでないとしても（文学をしたり哲学をしたりする場合でも）、まず以てこれまでの営々たる試みを踏まえることが不可欠である。累々と試行錯誤が積み上がりその上にのっているのがわれわれの現実である。しかも、初期近代ヨーロッパ以降、ギリシャ・ローマの試みを土台としこれを反省することから始めるという試行錯誤が積み重ねられてきた。すると、われわれが踏まえなければならないところのものは、ギリシャ・ローマという土台の再検証と、これを土台とする試行錯誤の再検証、の両方を含む。

　私は前者、つまり土台自体の再検証を受け持ちこれを専門とした。それも歴史学というジャンルにおいて。後者、試行錯誤の再検証も歴史学としてしてきた。そのうち、土台部分に関する限り専門的な水準でしてきたつもりである。初期近代ヨーロッパおよび近代日本については、もちろん「土台専門家」たるを生かして若干の素人風貢献を目指すのみである。しかもなお、自分と同じ立場に立って試行錯誤をした優れた先人を扱うのみである。

　本書の 7 は Thomas Hobbes について論ずる。現代の世界でもとりわけ日本を見るから、5 で夏目漱石、6 で森鷗外を見る。彼らは私が苦痛に感ずるのと同じ苦痛を生涯感じてこれと戦った。政治（あるいはそのエクステンションたる市民社会）を基礎付けようとした。その際ギリシャ・ローマ以来の蓄積を踏まえることをいとわなかったのである[1]。現代の日本において基礎付け作業つまり（広義の）文学をするときに彼らを検証することは不可欠である。そのような作業をする私とまさに同じ位置に立つ直近の先行者が三谷太一郎であり、3 は彼の著書に対する書評である。

[1] 人文主義以来のそのような人々のうち今回は憲法 9 条ないし日本の現状に直接繋がる部分をのみ収録する。初期近代以降の先行者たちについて、これまでにも書いてきたし、今後も書くが、近い将来これらは別途まとめられる。

1

　裏を返せば、苦痛は政治の欠乏に由来する。この苦痛をまずは感ずることの基底的性質を感覚に訴えて伝えようとしたのが4であるが、主論文1は憲法9条に関わり、2もまた憲法改正問題を通じて9条に関わる。7の主題も9条に関わり、1と深く結びついている。この序文もまた憲法9条のみを論ずる。

　私は日本国憲法9条とりわけ2項を、政治を基礎付ける伝統つまり文学と一体のものと考えている。これに敵意を抱く人々の、ひたすら土足で踏みにじるような無神経でがつがつとした態度が何よりも雄弁にこの等置を正当化するであろう。利益と暴力によって結ばれた徒党が背後に透けて見える。それに迎合し物腰まで似てしまった自称学者の姿もある。現代の日本において文学（例えば歴史学）に携わろうとすれば、当然、憲法9条が袋だたきに遭っている、否、かさにかかった連中に罵倒されている、その場面を見過ごすわけにはいかない。政治は一度も成立しない、徒党は一度も解体されない、としても、貴重な橋頭堡をみすみす見殺しにするわけには行かない。もっとも、腕力で加勢しても無意味である。憲法9条を文学つまり基礎付けのレヴェルの厳密な認識対象とすることによって寄与する以外にない。私の場合、さしあたりはギリシャ・ローマという土台の再検証からスタートしえたアドヴァンテージを生かして歴史学的検証作業を行うのみである。

　水面下の基礎付けは通常緩やかに政治的議論の論拠をさらに下から支えるのであるが、憲法9条に関する限り、支える相手としてまず法学的な議論を考慮に入れなければならない。法学的議論の典型は条文を法廷で適用するに際してする議論であるが、準備のために予め様々な解釈問題を論じておくという種類の言説もここに含まれる。本書の1は法学的議論を基礎付け、かつ少しだけ法学的議論そのもの、つまり解釈論を提示したものである。これに対して、この序文は、政治的決定のために論拠を挙げて主張を戦わせる言説を直接サポートする。

　憲法は政治的決定を内容とする。ただしその中で極めて特殊なものである。どのように特殊かについては非常に多くの議論が存在する。その特殊性も一

様ではない。とはいえ、通常の政治的決定を条件付ける大前提を提供するという点は動かない。この条件付けの内容や由来については多くの見解があるが、私はそれが凡そ当該政治システムの基本、つまり政治的決定という営みの論理的前提に由来すると考える。政治的決定の前提である自由な議論のための手続や機関等の制度的前提を整えたり、その制度的前提の破壊を概念上明確化しこれに備える。政治が成立している場合通常人々の確信にこれらのことは根付いているから、この部分をことさら政治的決定の対象とする必要は必ずしもないが、（特にデモクラシーという発展型に移行する場合）様々なヴァージョンがありうるから、ヴァージョン選択を特定しておくことは混乱を防ぐし、また条件に合ったヴァージョンを採るという必要にも応じうる。その中で、それを改竄すれば凡そ政治システムが成り立たないという生命線が敢えて明文で宣言される場合が出てくる。改正できない規定であると言われる。他方そのような憲法規定はおよそ政治システムの原理に反するという場合もある。これらが憲法改正限界の問題である。憲法という政治的決定にはしたがって二種類あるということになる。改正可能なヴァリエーションの部分と改正限界に含まれる部分。

　憲法も政治的決定であるから、憲法をめぐる議論は、まずは、論拠を挙げてその内容を主張する、政治的空間内の議論である。しかしまた、この論拠の部分を供給するための準備という営みも論戦を通じてなされ、デモクラシーを前提とするならば、この予備的な議論も特別に発達しなければならず、かつそれは政治的空間と分節的に区別された別の議論空間で行われなければならない。その議論にもさらなる特定の質が求められる。大雑把に言えば、政治的議論の論拠の部分にさらに論拠を求める。つまり論拠を挙げて政治的決定内容を支える、その論拠の資格を「論拠の論拠」という観点から審査する。その審査基準つまり論拠の論拠付けに求められる精度はデモクラシー下どんどん高度化する。内側の論理的関係の緊密さの判定はもちろん、時空に広がる膨大な事実の認識の精度およびそれとの整合性、視野の広さと構造の見通しの確かさ、なども要求される。

　もう一つ、デモクラシー下では、まさにここに法学的な判断が位置する。つまり政治的決定の内容が法学的に意味をなすものかどうかが予め吟味される[2]。条文の改正を例に取ろう。提案には理由（論拠）が付される。「現行

の条文ではかくかくしかじかの不都合がある」と言わなければならないのは当然である。しかしこのときに現行の条文の理解ないし解釈は法学的に正確でなければならない。「この条文は不都合なものである、何故ならばかくかくしかじかと解釈されるからである」という論拠付けの筋を含み、かつ後者に前提的な認識の質が求められる。改正でなくとも、条文の提案自体、Aでなくβというように、ヴァーチャルに他の可能性を排除している。するとそれらの理解、そして提案された条文の内容理解、も正確でなければならない。法学という予備的な議論はここに関わる。

　以上のような諸々の性質の議論の中で、歴史学が関わるのはもちろん論拠を論拠付ける部分である。かつ、論拠の論拠を提供するというよりも、論拠の論拠を前提資格審査にかけるという関わり方をする。かつ憲法に関するとなれば、資格要件の中で「十分に広い視野」という種類のものをクローズアップすることになる。論拠付けに使われた議論を支える認識は十分にバランスよく諸々のファクターを捉えているか、というものである。憲法は政治システムそのものを基礎付け、政治システムは膨大な事実群に抗して存立していかなければならない。本書に収められた小稿はいずれも（とりわけデモクラシーにとって要求される）そうした視野に資するためのものである。少々法学的議論に踏み込んだ1でさえ、必要な視野を要求する以上ではない。

2) 法学的判断とは何か、何故それが前提をなすか、について詳論することはできないが、政治システムやデモクラシーの問題をひとまず公法の問題に翻訳し司法審査するためであり、そして何故これをするかと言えば、個人のアプリオリな自由を保障するシステム（法というシステム）を適用もしくは流用してデモクラシーの決定手続に相応しい質を確保するためである。個人の自由をアプリオリに保障するシステムは占有という原理を発展させて得られる。かくして法学的となる。

2

　しかしこの序文においては、歴史学の役割を少々逸脱し、しかも若干の（法学的でなく）政治的な弁証（政治的決定の論拠付けそのもの）を試みよう。ただし、逸脱も主としてこれまでの政治的弁証の吟味にとどめられる。つまり憲法9条を政治的に正当化したり論駁したりする過去の言説を若干取り上げる。そうした小さな吟味から判断する限り、憲法9条にはあらためて

正当化される余地がある、ということを示してみよう。

　憲法9条の政治的論拠付けとしてベースになるのは横田喜三郎『戦争の放棄』(1947年)である。骨子は、「各国がそれぞれ自衛権を主張し、自衛のためならば、いつでも戦争をしてもよいというのではならぬ。それでは、自衛のためと称して、侵略的な戦争の行われる可能性がある」(70頁)というものである。横田は(議会での審議における)吉田茂(首相)の答弁を長々と引用する。「国家正当防衛権による戦争は正当なりとせらるるようでありますが、私はかくの如きことを認むることが有害であるとおもうのであります。近年の戦争は、多くは国家防衛権の名において行われたることは、顕著なる事実であります。故に、正当防衛権を認むることがたまたま戦争を誘発する所以であるとおもうのであります」(67頁)というように。これは、1項が不戦条約以来の侵略戦争等の禁止を規定し、さらに2項が侵略的でない戦争をも禁じたのである、という解釈に立つ。条文がそのように解釈できるということの論拠付けでなく、そのような規定を設けることを正当化するための論拠を提出しているのである。したがって政治的な議論である。

　まず、解釈自体は当時にあって不動のものであり、私は今日においても思考の点では妥当するものと考える。ただし、1の論文で試みるように、それ自身さらなる解釈の必要を有する。1項と2項の間のヨリ緊密な論理的な関係を想定するならば、1項で既に自衛のための戦争も禁止され、2項でさらになお許される(戦争でない)防御の措置のうち、内部の軍事化が禁じられる、と解さなければならない。「自衛が許される」という抜け道を塞ぐだけでは足りず、どういう経路でかいくぐるのかを捉えてこの経路を断つ、のが2項である。これはまた、法学的な観点からするならば極めて堅固な理論に立脚する思考である。制定当時横田等の人々もこの理を予感していたと思われ、そのことは、自衛戦争禁止では足りないのでもう一段という二段思考に現れている。しかし十分な精度の理論構成と言語表現には至らなかった。事実、曖昧さのツケはやがて回ってくる。1項が自衛のための戦争を認めていると解釈したのは、2項で切り返すための論理的前提を敷設するつもりであった。ところがここが一人歩きする。すると、本来認められる自衛権がどうして制限されるのだ、という疑問を生む。自衛の名の下で侵略をするから自衛も禁止、というロジックは、「たまたま自衛の名の下に侵略をする傾向が

認められたから」にすぎないのではないか、と受け止められかねない。自衛の名のもとに侵略をする傾向の存在は経験則に依存して論証する以外になく、心理的事実のレヴェルの事柄であるかのように見える。事実認識・状況認識に抗する力が弱い3)。実際にそのようなことが大量になされた直後には圧倒的な説得力を持ったが、その記憶が遠くなるに従ってそうした要素よりもっと重要な心理的要素があるではないかという反発に曝される。ひとまず「自衛」を認めることの心理的影響も見逃せない。

　実は、横田には、主要論拠をPとした場合、Qという従たる論拠が存在した。吉田の答弁も全く同じである。つまり、日本が最近甚だしい侵略戦争を行ったので、自衛のためと称しても常に猜疑心をもって見られる、この猜疑心を払拭するために2項で軍備を放棄して見せなければならない、というのである。論拠P自体が曖昧さを秘めていたのと深く関係している。「自衛の名の下に侵略をする」傾向の存在に還元される落とし穴と、歴史的なコンティンジェンシーに棹さす論拠付けの弱さはどこかで繋がっていよう。弱点は、この場合も、事実として猜疑心が薄れれば2項は不必要になるという点である。もちろん歴史的事実は極めて重く、極めて長期にわたって現実に刻印を与え続けている。しかし論理の性質自体は弱い。そしてそれよりも問題であるのは、侵略という行為に対する対応（「連合国が懲罰として武装を禁じた」）と解される点である。応報とまでは言わないまでも、やった返したの観念が密かに動く。réciprocité である。集団間の徒党対徒党的関係を呼び覚ます。またしても、「男の沽券」や「民族のプライド」といった奈落の底に沈みかねない。この場合も、理論的把握と言語的表現に詰めの甘さがあったと評さざるをえない。侵略の重い事実が一体何を意味するのか、それは理論的にはどういうことなのか、省察した上でなければ政治的論拠付けには使えない。réciprocité は政治的空間が最も嫌う原理である。

　その後の政治的議論の中で最も優れるのは言うまでもなく丸山眞男「憲法第九条をめぐる若干の考察」4) (1965年) である。丸山の論文は、まず、当時の政府の「憲法調査会」が「平和主義」で一致しながら、9条下でも自衛権、自衛力、自衛隊が認められるとするのに対し、問題はそこにはないと批判する。国策遂行の手段としての戦争を否定するというのならば9条は何ら新しい規定ではない。不戦条約を踏襲しただけである。問題は2項であり、そ

して実は 2 項にこそ積極的な意味があり、かつその意味は新しい状況を見ることによって初めて把握できる。云々5)。つまりまずは横田らが設定した議論の枠組に極めて忠実である。なおかつ、そのポイントとなる部分において、新たな論拠付けを試みるのである。では新しい状況とは何か。それは当時の冷戦状況である。丸山は幣原喜重郎の発言を引き、横田が引く吉田の答弁と対比する。「[これは]過去の経験や実感を引照基準にした考え方ですが、幣原さんの右の思想は、熱核兵器時代における第九条の新しい意味を予見し」たというのである（強調は原文）。具体的には、戦時と平時の区別が消失し、宣戦布告なき、もしくはそれに先立つ攻撃が通念と化し、開戦以前から始まる戦略思想が現れた、とし、「平時における政治的思考の軍事化」を問い、そこから全面軍縮以外にないという論理的帰結を導く。恐怖心が退行現象を生みだしているとし、過去になじんできた引照基準や概念枠組を神話化してそれにとりすがろうとする傾向、非現実的な状況判断から生まれる致命的な錯誤、を批判する。

　まず、2 項の問題は当時既に長く以下の問題に置き換わっていたことに留意しなければならない。つまり、2 項は一方でいかなる実力組織をも持たない完全非武装を命ずると解され、他方で（これはやや非論理的に）自衛のための実力組織のフルでなければよいと（特に政府によって）考えられた。後者の立場にとって許される範囲にはアメリカ軍に防衛を委ねることも含まれた。また徐々に自衛のための実力組織とアメリカの軍事力を連携させる線も浮上していた。丸山はまさにそこを捉える。2 項は、「自衛戦争は許される」というロジックが「自衛のためには冷戦・軍拡ブロックの末端に属さなければならない」に転化することを許さない趣旨である、というのである。政治体制全体の軍事化というポイントが綺麗に捉えられているのである。2 項が関わるのはこれだ、と。

　丸山は幣原と吉田を対比し、前者に自分を重ね、かつ後者を過去に、幣原と自分を現在に同定した。後者は「過去の経験や実感」をタームとしているというのであるが、吉田における論拠 P と Q を混同している、ないし P を解して Q のことを言っている、と考えたと思われる。P と Q を重ね合わせにしているのではないかという嫌疑は吉田ばかりか横田にも確かにかかるが、しかしそのことと別に P はやはり極めて正統的な系譜を引く論理なのである。

ただし、丸山もまた（過去ではないが）現在という歴史的コンティンジェンシーの上に論拠付けたという批判は当たらない。冷戦終結によって無効となる論拠付けではない。状況と2項の論理的関係を詰めていく課題が残っていたというのみである。もちろん丸山の場合にはréciprocitéの要素を極小化するためにこそ現在に固執するのである。過去と現在の違いに固執するのはこの点にも由来する。政治は優れて現在を時間軸上において一義的に切るものであるということを丸山は熟知している。しかし冷静に観察すれば幣原と吉田の間に過去と現在の両極性は存在しないのである。むしろこの二人は（曖昧さも含めて）実質同じ考えを有したと考えてよい。

　もっとも、憲法前文と9条を関連付けて政治的論拠付けを行う部分は理論的に十分明晰であるとは言えない。「国民的生存権」なるものが（たとえ自衛権を制限されても）あると言う。これを脅かされるというのが核戦争状況への加担を不都合と見る主要な論拠とされる。しかし「国民的生存権」は自衛に近い概念であり、自国民の「安心安全」式のアプローチに容易に流れる。自衛のために政治の軍事化が不可欠と言われたならば、どのように切り返すのか。横田の論拠付けにおいてさえ、自衛という思考自体曖昧すぎて危険であるから放逐しなければならないということは基本として押さえられている。まさに自衛思考を克服するのが2項であると捉えられている。「国民的生存権」の如き言葉は「満蒙生命線」論などでも用いられた。

　丸山はこの論文において抑止力理論や力の均衡理論の理論的破綻を見越している。「リアリスト」の国際関係論や国際政治学である。これらは、9条を論拠とする非武装論に対する批判を延々と生み出したが、9条改正ないし削除の憲法論とほとんど繋がっていない。そもそも9条を精緻に理解したり解釈したりしようとしていない。横田＝丸山の論拠付けを駁する試み自体がない。かくして9条改正ないし削除のために机上では最も有力なはずのこの論拠Rは、意外にも、9条にとってはほとんど未開拓であると言ってよい。

3）　1項が既に自衛戦争を禁じているとする、その後少数説となる解釈が優れる所以であるが、こちらの方は、では何故2項が必要かの説明を供給しえなかった。
4）　『丸山眞男集』第9巻（岩波書店、1996年）251頁以下（初出『世界』1965年6月号）。
5）　ただし、文章上論理のこの骨格は必ずしも明確でない。2項への言及はあるが、この言及は文章上論理値を与えられていない。全体をよく読むとこのように解釈しうるというにとどまる。

3

　その後の数十年、一体どのように議論が推移したのか、追跡することは容易でない。しかししばらくの間冷戦状況が議論の基礎となり、丸山論文に見られる対立軸は動かなかったと考えられる。ならば、冷戦終結が議論の状況を大きく変えるであろう。変化を最も明晰に捉えたのが、坂本義和『相対化の時代』(1997年) であることは言うを俟たないであろう。9条の意義を侵略戦争・軍国主義・核戦争禁止と捉える坂本は、冷戦終了によってこのいずれの怖れも減少したので、9条の意義は相対化されたと説く (70頁以下)。そして吉田茂答弁を「必ずしも自衛戦争そのものを否定したのではなく、自衛という名の侵略戦争を否定したのであ」ると解し (140頁)、軍事同盟は廃しつつも自衛権行使と国連平和活動への貢献を容認する方向で9条を解釈すべきとし、国際的な「市民社会」(NGO等) が新しい状況下でアクティヴになるとする。直ちに二点の混乱を指摘しうる。第一に、吉田茂答弁は自衛権アプローチそのものが侵略に繋がるという思考の上に立っているのであり、これは横田の論考や戦間期の国際法の議論を読めば自明である。これが論拠Pであるから、坂本は論拠Pを採らないと言うことができる。第二に、少なくとも丸山はこの論拠Pのエクステンションとして冷戦状況を立論の基礎に据えた。ところが坂本はそれを論拠Qの位置に置いた。歴史的コンティンジェンシーに依拠するロジックが冷戦終結のような表面的な世界の変化に影響されやすいのは当然である。「市民社会」がヘゲモニーをとった世界では自衛権容認の標準に戻るか。国連主導の平和構築に積極的に参加するか。少なくとも横田において論拠Pは論理的に公的な平和保障と組み合わさっていた。にもかかわらず国連憲章の欠陥により公的平和保障は機能不全のままであった。9条はこの不備をもたらした思考と鋭く対立した。9条を「相対化」するためには国連体制が公的な平和保障を達成しうるものになったということを論証しなければならない。否、9条こそは国連体制の成熟と緊密な論理的関係を築いているのである。「市民社会」論は実力問題の解剖と無縁であり、この解剖に基礎を有する9条を理解しえない。

　もっとも、2000年代になるとアメリカないし「多国籍軍」ないし「有志

連合」のパーフォーマンスに批判的なトーンが現れる。武力不行使原則を旨とする国連体制の否認と見てこれを改憲論と二重写しにする[6]。しかし、世界が全般的な軍事化の様相を示す中、一層のシニスムから、丸山が批判対象とした枠組に帰っていく場合もあった。藤原帰一『平和のリアリズム』(2004年)は、冷戦終結後却って戦争の有用性が復活したという事実から出発する。利益や正義のために武力行使が有効であった例としてユーゴスラビア内戦におけるNATOの役割を引く。そうしておいてしかしイラク戦争の例を引き、民主主義や人権を掲げる正義のための戦争の有効性に疑問を呈する人々を紹介する。彼らの「リアリズム」を強調する。ところが直ちに「リアリズム」の意味がすり替わる。国際社会は力と力の関係で成り立っているのであり、力の均衡や抑止といったタームのほかに有効なものはない(論拠R)。この立場に立つからこそ戦争の危険も視野に入ってくる。一方で軍事力による威嚇で侵略を予防しうる場合があることを認識しうるし、他方で軍事力はあくまで最後の手段であるという慎重な判断も可能になる。云々。そこで藤原は日本の状況に目を向ける。そこにあるのは非武装論(憲法9条)と無条件対米追随という二つの教条主義のみであるとする。つまり「リアリズム」が欠如しているというのである。9条に関しては、「好戦国家日本だから必要な制約だったのであり、世界の先例となるような使命を負っているわけではない」と断定する。

　単純な議論であるが、複雑に混乱している。断水が解消して水が使えるようになったかのように冷戦後戦争が使えるようになったので「リアリズム」だというのであり、明らかに冷戦構造を抑止力理論失効の論拠とした丸山を意識している(冷戦が無くなったから「力の均衡」が使えるという裏の議論である)が、丸山は論拠Pつまり抑止力理論の内在的な欠陥を冷戦構造と核戦争という時代の具体的状況によって例解したにとどまる。冷戦が解消すれば抑止力理論の内在的欠陥が治癒するという論理はどこからも出てこない。事実、冷戦後の軍事的無秩序は、計算の成り立たない、「リアリズム」(論拠R)の有効性を失わせる、入り乱れての大乱戦と狂信的な軍事化を特徴とする。真のリアリズムを徹底させるならば、この状況において軍事介入が全く役に立たないという認識に至るはずである。しかも「正義のための戦争」への幻滅から「リアリズム」の意味をすり替え抑止力理論を導くというトリッ

クを用いた。さらに「軍事は時に有効だが使うときには慎重に」という処世訓の卑近をさえ実際的だというので「リアリズム」に含めた[7]。9条に関する認識の粗末さにも驚くべきものがある。耳に残ったのは論拠Qだけであるらしく、論拠Q問題の根の深さを思い知るが、「世界の先例となるような使命を負っていたわけではない」と言うためには論証を要したであろう[8]。少なくとも幣原や横田はそのようには考えなかった。

　藤原は、法学的議論を無視する傍ら、論拠Rに関する通例に従って、憲法9条の改正や削除については直接言及しない節度を示す[9]。論拠Rが緻密な9条改正ないし削除論を構築するのを見ない点は現在も変わっていない[10]。他方9条は政治的言語空間における堅固な代弁者を欠く[11]。そうした状況の中で憲法学者のみが苦しい弁証を強いられる[12]。気になるのは、彼らもまた実質憲法9条の意義を見失っているのではないかということである。

　長谷部恭男『憲法と平和を問いなおす』(2004年) は、「穏和な平和主義」を9条の理論的根拠として掲げる。D. Gauthierによる「囚人のディレンマ」解決、つまり超越的権威による解決を協力によって回避する道、を選び、しかしそのためには「チキン・ゲーム」のチキンたるをやめて各主体が報復力を持つのでなければならないとする。もっとも、限度が重要であり、これを課したのが9条である、と。

　論拠Rを9条に結びつけた（しかも9条肯定の論拠とした）貴重な論考であるが、以上の議論には幾つかの混同がある。多様な価値観の共存という「リベラル」な立憲主義理解を社会学的利益衝突モデルに置き換えた[13]。後者はHobbesに置き換えられ、しかも「囚人のディレンマ」克服は権威によるしかないというテーゼを与えられる。これはGauthierモデルにすり替わるが、実質決定的であるのは「チキン・ゲーム」である。「囚人のディレンマ」状況であるのに「チキン・ゲーム」と錯覚してチキンになる国家があると侵略を誘発するから、強制によって裏切り行為に対処させねばならない (148頁以下)。これが集団安全保障である。国家もこの理由に基づいて設立される。チキンと叱責されているのは「憲法学界の支配的見解」(142頁) である。「他国の裏切りには自分も裏切りで応ずることで長期的な平和を確保」(160頁) するGauthierのゲームつまり「穏和な平和主義」を皆がしようというのに、困ったことに落伍者が居る、それが9条だというのである。核戦争

状況終了後、戦争もさほど悪くないという状況認識が濃厚に立ちこめる（144頁以下、161頁）。にもかかわらず何故か9条を擁護するので立論が支離滅裂になる。Gauthier のゲームの協力と武力限定を結びつけているのは「穏和」という気分だけである。しかし Gauthier は（批判対象としてであるが）「囚人のディレンマ」へと繋っており、後者の前提には各主体の報復力ということがあると見て、これを無理矢理持たせるためにチキンの教訓を引っ張り出す。「囚人のディレンマ」をこのように使えるのかどうかも疑問であるが、導き出したい結論に合わせてモデルをその都度選びそれを組み合わせるから、議論全体が空中分解している。理論モデルというものは恣意的には選べないはずであり、少なくとも設定を一定のものにするのでなければならない。

　石川健治「9条、立憲主義のピース」[14]（2016年）は、短いけれども石川の一連の発言の中で政治的な議論に比較的絞った内容のものである。年来の主張をまとめる形で、「長らく軍国主義に浸かってきた日本の政治社会を、いったん徹底的に非軍事化するための規定である」とする。これは「「公共」の改造実験」であり、その結果「軍国主義を演出した何系統かの言説が公共空間から排除され」たとする。「どんな国でも立憲主義のための標準装備である、という性質のものではない。しかし、こと戦後日本のそれに関する限り、文字通り抜き差しならないピースをなしているのであり、このピースを外すことで、立憲主義を支える構造物がガラガラと崩壊しないかどうか」とする。

　石川は、政治の軍事化を怖れるという丸山の動機を受け継ぐが、しかしそれは「いったん」非軍事化するためであり、その必要は歴史的なコンティンジェンシーに懸かっている。つまり論理的には早晩その必要はなくなるということになってしまう。これは「どんな国でも立憲主義のための標準装備である、という性質のものではない」という認識[15]とも符合する。本来ならば、あるいは「普通の国ならば」レレヴァンスを欠くということになる[16]。少なくともそのようなカウンターの議論に対して無防備である。何故9条が政治空間の非軍事化にとって不可欠かという考察が存在せず、事実としてそうだったということが言われるだけだ（その事実の厳密な実証もない）からである。石川もまた畢竟論拠Qの強い影響下に立つと言わざるをえない[17]。

6) 最上敏樹『国際立憲主義の時代』（岩波書店、2007年）274頁以下。国際的公権力構築に向けて立論しアメリカの軍事行動を鋭く批判する点に共感を覚えるが、若干の前提理解に疑問を感ずる。9条は非武装を、国連憲章は国連軍という武力を、処方箋とするという対置を行うが、ここに対立があるのではない。一方が自衛権行使を否定し、他方がそれを許した点に存する。集団的自衛権の行使の余地も認めるから、これが抜け道になった。他面9条も暗に国際的公権力への訴えを前提している。何を違法とし、いかなる場合に国連の公的軍事組織樹立が正当化されるか、が違うのである。だから、「（私的）武力不行使の点では一致し、湾岸戦争後国連と9条が同時に危機に曝される」という認識に疑問が残る。一方には国連体制に内在する欠陥（集団的自衛権容認）が招いた軍事化があり、他方には全然論理的でない（名物！）同調主義と便乗主義による9条なし崩しがあるだけである。9条解釈を変えて国際貢献するのが真の平和主義という意外な結論へと滑るのは、9条と国連体制の間の齟齬を厳密に詰めないからではないか。

7) そもそもリアリズムは曖昧な「慎重な態度」を排除するのではなかったのか。少なくとも心懸けを指示しない。軍事は時に有効だが使うときには慎重に、というのではタバコ産業か消費者金融の偽善的広告と変わらないであろう。リアリズムは一切の幻想を捨てて全てに情け容赦のない力と打算しか見ないのではなかったのか。リアリストは曲がりなりにも皆 Melian Dialogue を読んで育っているのである。

8) もちろん国際政治学の中にも「リアリズム」批判の潮流が存在しないのではなく、特に冷戦期の日本のそれは先駆的とも評され、それを受け継ぐ若干の論者も見られる。例えば、遠藤誠治、遠藤乾「なぜいま日本の安全保障なのか」同編『安全保障とは何か』（岩波書店、2014年）、遠藤誠治「共通の安全保障は可能か――「日本の安全保障」を考える視座」同である。（冷戦克服をモデルとする）「共通の安全保障」や（国家中心の視点を転換する）「人間の安全保障」という立場に立ち、9条についても、「「[軍備を放棄するという] 一方的な宣言政策を日本の安全保障へと鍛え上げていく……安全保障のディレンマを生じさせない……信頼醸成措置や非攻撃的な防衛を制度化していく」（279頁以下）という構想が示される。気になるのは、「軍事安全保障の側面に背を向け、ただひたすら憲法九条を導きの星としていれば、世界平和につながると信じる者もいたかもしれない」（22頁以下）という認識である。冷戦期には9条をよく integrate した安全保障論があった。実力の問題に関する省察の分厚い蓄積の上にのる9条の意義を、論者たち自身が勝手に見失っているだけなのではないか。「一方的な」とか「鍛え上げる」とかの情緒的表現に9条理解の粗雑さが表れている。（世界の国際政治学の）「リアリスト」批判の相をどこまで深く掘り下げているか、深く掘り下げた議論をキャッチしているか、という疑問も浮上する。「人間の安全保障」論は、実力や軍事化の問題を専門的な（Thoukydides 以来の蓄積の上に立った）精度で扱うものかどうか疑問である。

9) ただし、『「正しい戦争」は本当にあるのか』（ロッキング・オン、2003年）では、自衛隊への歯止めをはずすことになるという理由で9条改正に反対を表明している（246頁以下）。条文の本来の機能は非武装と捉えた上で、誤った機能ながら9条はよい効果を上げているので「しめしめ」という機会主義的な思考である。ロジックを飛ばして出口の結果が望ましいかどうかだけを見る日本の法律学の特殊性（註12）を不思議なこ

序　　15

10)　膨大な言説が存在するが、きちんとした応接に値するものがない。「外国人が起草した」は、そもそも「起草した」と「決定した」の区別さえできないのであるから、笑うしかないし、憲法は利害関係のない第三者たる外国の賢人に起草して貰うに如くはない。「戦勝国が自衛権という本源的な権利を奪った」は、自衛権自身素性のよくない代物であるという点を別にしても、自衛権をチンピラのプライドと混同しやったやられたの応酬に意識を染めてまるでたちの悪い犬である。「自衛隊や日米安保条約の存在と矛盾する」は、どんなに事実を積み上げても規範を正当化できないという初歩中の初歩を知らないが如くである。

11)　9条擁護論は伝統的にKant, *Zum ewigen Frieden* の系譜を引く様々なヴァージョンの平和主義に依拠する（山室信一『憲法9条の思想水脈』（朝日選書、2007年）参照）。Kantが"Moral"を強調したことによる。そこにHobbes批判を見ることは（啓蒙主義の大きな脈絡からしても）誤りではないが、後述のように両者を繋ぐ太い糸も見逃してはならない。Kantにおいてもなお、政治という理念と政治システムの考察が中心であり、moralischな部分を強調するからと言って市民間を直接繋ぐことにさえ却って警戒的である。なお、「平和的生存権」は9条解釈論であるが、珍しくこれを政治理論的に基礎付ける論考として千葉眞『「未完の革命」としての平和憲法』（岩波書店、2009年）がある。千葉は国家レヴェルでなく「平和的生存権」レヴェルに自衛権を復活させる（202頁以下）。同時に、そのような「平和主義」を「ナショナルな」原理と定めたのが日本国憲法（特に世界平和宣言としての前文）であるという（158頁以下）。既に述べた「平和的生存権」の曖昧さに「自衛権」概念を被せればどうなるか、警戒する様子がない。国際機関を通さない国際的武力行使が危険であると同様に、国家を介さない「自衛」、militiaは危険である。ファシズムもナチズムも社会の軍事化が国家を食い破ったことによって成立した。レジスタンスは自衛ではなく、非人道的な権力への抵抗である。

12)　ただしこれが以下の事の皮肉な帰結であるという側面は否定できない。つまりいつの頃からか法学的議論という基礎部分と政治的決定に資する部分が分節しなくなったのである。解釈論がいきなり政策論になっていたりする。この分節が解消するのは、法律学の変質のゆえである。元々日本の法律学は解釈論において論理が弱く、結論がどの利益を優先することになるかを考え、論理は後付する。1970年代以降この考えはヘゲモニーを獲得し、法律学はそれ一色となる。

13)　アメリカ「社会科学」の基本設定は9条を簡単に葬るであろう。ただし長谷部はHobbesをLockeやMontesquieuやKantやRousseauと調和させる（無理な）努力を怠ってはいない。

14)　朝日新聞2016年5月3日、ただし縮刷版による。

15)　事実として稀な規定であるというのかもしれないが、9条1項に関する限り単純な誤りであり、2項に関しても、「標準装備たる性質のものではない」との断定は、現在稀な規定であるという事実からの論理的飛躍である。本来備えるべき規定であるかもしれず、明文の外で意識されているかもしれないからである。

16)　実はこの9条論は読者に困惑をもたらす不思議な脈絡に置かれている。津地鎮祭事

件最高裁判決藤林反対意見を取り上げ、それが矢内原および無教会派に依拠するものであるとし、むしろ宗教こそが政教分離ないし公共空間を支える、という方向に議論が進む。さらに、非軍事化はよいが、そういう「無色透明な」「公共」は「情熱や献身を調達することは難しい」とされる。「キリスト教による［「公共」（？）の］精神的基礎」が示唆され、それがヨーロッパ史から得られる知見であるが、日本では難しいかもしれないと留保され、しかしその方向の結論は再度維持されて文章は締めくくられる。ちなみに、この外枠の議論は遙かに積極的な（公共精神強化のための）宗教活用論を内容とする論文としてほぼ同時に現れる（「精神的観念的基礎のない国家・公共は可能か？」駒村圭吾編著『テクストとしての判決——「近代」と「憲法」を読み解く』（有斐閣、2016年）所収）。9条は「政治の非軍事化」という目的のために奇貨とすべき偶発的方便であるが、「政治の非軍事化」自体公共空間構築の不十分で暫定的な形態にすぎず、いずれ宗教による本格的な構築を俟たなければならない、というのが石川の主張である。しかし、何故非軍事化の公共空間は「無色透明」であると飛躍するのか、何故「情熱や献身」の対象ではないと決めつけるのか、何故「情熱や献身」が必要と決めつけるのかといったことも不明であるが、何よりも、宗教が「情熱や献身」に化けた瞬間その陳腐さにあきれる。宗教を呼び出すと日本ではどういうことになるか。9条が方便であるばかりかこれでは宗教もまた方便ではないか。たまたま9条が一定の効果を持つのを見る。たまたま藤林が政教分離に堅固な支持を与えるのを見る。その効果実益を見てそれ以上事象を吟味しない。ぽんと出てきたところだけをとらえる。回路を見ない。これは20世紀半ば以降の日本の法律学に特有の思考である。それはまた、利益の概念に誘導されるデモクラシーの一病理の現れであった。デモクラシーが利益団体間の調整に堕するのである。宗教が団体を意味することが忘れられている。石川は総じてLaski以来の多元主義に潜む陥穽を十分に見究めえていない。

17）　石川健治「軍隊と憲法」水島朝穂編『立憲的ダイナミズム』（岩波書店、2014年）115頁以下は、9条を「軍隊を消滅させることによって軍事力統制の課題そのものの解消を企図した」ものと解する。かつこれは「絶対的平和主義」に基づく「理想的でありすぎる」コントロールであるから「現実感覚から浮き上がる」と述べる。石川は、国家大権のうち立憲体制の外なる「執行権」に軍事編成を位置づける。これを立憲体制が外から規律するのが本来という。しかし論拠がはっきりしない。9条2項には、少なくともギリシャ・ローマからMachiavelli、Hobbesに至る（政治システムそのものによってするという）軍事力統制の伝統的思考が流れ込んでいる。

4

　日本国憲法9条をどのように論拠付けうるか。もちろん、一度堅固な論拠により政治的決定、それも憲法条文にまでなったのであるから、改正ないし削除を主張する場合にのみ厳密な論拠付けを要するのであるが、その点に敢

えて目をつぶって、9条を政治的議論空間に端的に置いてみよう。出発点は明らかに論拠Pである。奇妙なことに論拠Pは忘却されていき、なおかつこの忘却が混乱の原因であると思われる。ならば、まずはこれを土台とし直し、その上に発展ヴァージョンを築きうるかどうか、が焦点になる。

　論拠Pは以下のような9条の法学的解釈と連帯の関係にある。9条は国際法の伝統的な実力規制パラダイムを発展させたものである。戦間期アメリカ中心のいわゆる「戦争違法化運動」にもかかわらず不戦条約は（解釈による）自衛権留保により空洞化し、これが第二次世界大戦に繋がる自衛権概念の暴走を招いた。こうして、既に9条1項は、一見不戦条約をそのまま継承するものに見えて、自衛のための戦争をも否定する。つまり復仇や先制攻撃や予防的戦争や防衛ラインの前方設置や防御的（であっても）軍事同盟を許さない。占有原則に厳密に従う分節的な防御措置のみが認められる。2項はさらに、占有線を越えない実力形成といえども内部をトータルに軍事化して他国の軍事化に対抗し抑止力（報復力）を得るものであればこれを禁ずる趣旨である。これが自衛権拡張の主要なヴィークルだからである。1項ももちろん、2項はとりわけ、内部の政治システムが破壊されることを警戒している。政治システムが正常に機能しなくなれば実力組織を統御しえなくなる。軍事組織に市民社会を巻き込み相互浸透し透明性はなくなる。自衛権概念解体というこの実力規制新ヴァージョンは、同じく不戦条約体制の限界を克服する使命を帯びた国連憲章では極めて曖昧なものになった。本来ならば（分節的な防御措置で対応できない場合に備えた）厳密に公的な実力措置とその手続を定めるはずのところ、ここへ集団的自衛権が不透明な経過で潜り込み、結果として自衛権概念も復活したのである。この抜け道から自衛権も集団的自衛権も認められるかの如き一部有力な戦後の国際法学が生まれる。しかし曖昧な国連の実力規律は実質的に全く機能していない。ちなみに、横田以来の議論であるが、9条は厳密に公的な実力措置に参加することを全く禁じていない。ただしそれが厳密に公的なものでなければ、私的な軍事同盟であるから、既に1項が禁ずる。「国連の」軍事行動に参加するかどうかは、公的な決定手続と、公的な実力形成を必要とする軍事化（人道法違反）が現実に存在し、かつその認定の厳密な手続が動き、厳密な公的実力形成手続が遵守された、ということの吟味が不可欠である。

政治的議論において以上のような規定を論拠付けるためには、論拠 P をさらに深く論拠付ける以外にない。論拠 P のポイントは自衛概念の危険性である。われわれは危険の中身を法学的に詰めて表現しうるのみならず、その思考に哲学的な基礎を与えうる。つまり、国際法学の 20 世紀以降の展開を引照しうるのみではない。現在に至るまで国際法学が抱える問題について、つまり執拗な自衛正当化と自衛概念拡張について、その歴史的源泉において既に明確にその哲学的批判がなされていたのである。そうであるならば、いずれにせよそうした理論を訪れることは不可欠である。

　しかも、ここを訪ねることは一石二鳥になる。自衛ラインの前方設定や内部高度軍事化や対抗的軍事同盟を基礎付ける理論は、抑止力理論である。論拠 R である。論拠 P と鋭く対立し、(9 条など問題外と見るのか、意外なほど展開されていないが、潜在的に) 9 条を葬る傾向を有する。9 条否定論の中で実際に機能してしかるべき唯一のものである。しかるに、この論拠 R 論者が哲学的レヴェルで基礎付けに使ってきたのは、実は本来論拠 P の根底的な基礎となるべき理論そのものであった。論拠 R 論者がこぞって援用する理論は、実際には論拠 R を真正面から否定するものであり、にもかかわらず援用したのは、全く誤った解釈をしたためであった。そのような杜撰な解釈はもちろん論拠 R 論者たちの思考自体の杜撰さ、つまり内在的な破綻を意味する。つまり論拠 P の基礎を的確に捉えることは同時に反対の側の論拠をしかも内在的に批判することになる。つまりそのような認識を採るか採らないか、その認識は所与と適合しているかどうか、などを吟味する以前に内在的な矛盾故に論拠 R はおよそ論拠たりえないのである。

　古くから抑止力理論は Hobbes を守護神として仰いできた。さらに Thoukydides をインスピレーションの源としてきた。Hobbes が Thoukydides に拠ったことはよく知られる。ところが、2002 年に N. Malcolm は Hobbes に関する限り一群の国際政治論者[18]の根拠を剥奪してしまった[19]。彼はまず "For specialists in international relations theory, Hobbes is a canonical figure, a key representative of one of the major traditions. He stands alongside Machiavelli (and, in many accounts, Thucydides) as an archetypal proponent of 'Realism'." ということを確認する。しかるに、彼らが援用するのは決まって主として *Leviathan* の若干のパッセージであるところ、その際彼らはテクストをことごとく誤読するの

である。"Realist" によって援用される Hobbes は反対論者からしばしば個人間の問題と国家間の問題を混同していると批判されるが、むしろ Hobbes こそは二つの平面を厳密に区別した。もちろん多少周到な論者は国内と国際の両平面をアナロジーで繋ぐかに見える *Leviathan* 13 章の一節を引くが、この部分は、"jural" を欠くというただ一点において個人レヴェルの自然状態と国際社会が共通面を持つということを例解したにすぎない。自然状態は既に "psychological" からさらに "moral" を積み上げて成り立つが、この部分が国家間に妥当するなどということはありえない。自然の法は個人の内面を通じて妥当していく。また、たとえ個人レヴェルの自然の法が何某か国家間にも妥当するとしても、自然の法には morality が備わるから、「国際社会を支配するのは "amorality" であり、力と力の容赦ない関係しかない」とは Hobbes は到底考えなかった。彼は国際法に関し一方の陣営に属し、勢力拡張論に反対した。それどころか、Hobbes は国際法と国内法の相違について厳密であった。前者においては "moral" のみが妥当するが、その意味は、他者に特定の行為を請求しえない（"jural claim" は成り立たない）ということであり、国際社会においても "jural freedom" は（たとえ "moral" のレヴェルであったとしても）存立する。要するに Malcolm は、個々のパッセージが Hobbes の理論の精緻な立体構造のどの位置に属するのかさえ把握せずに勝手に切り取って引用する論者を完璧に破綻に追い込んだと言える。

　2016 年になって K. Hoekstra は、「力の均衡」論者[20] が Hobbes を援用しえないどころではなく、Hobbes こそはその種の理論の破綻を論証し平和構築を模索した哲学者であった、ということを明らかにした[21]。Hobbes による Thoukydides 翻訳は 1628 年に刊行されるが、翻訳作業自体は数年前に完結していた。何故遅れたか。1623 年前後からイングランド王権周辺では対スペイン強硬論と大陸への軍事介入論が急激に頭をもたげる。Charles 皇太子と Buckingham 公がその路線を担い、急先鋒の Francis Bacon は彼らを焚き付ける。Bacon は古典テクストをふんだんに引いて好戦論を煽る。好戦論のポイントは、スペインの脅威に対抗して先制的な軍事行動を取り、とりわけ大陸に進出し前面に橋頭堡を築くことであった。これを密かに推進するために、1623 年には Demosthenes の翻訳が現れ、同じ年 John Bingham は Xenophon を訳す。付録として Lipsius の *De militia romana* も訳された。1624 年には Thomas Barnes が Isokrates を訳す。これらはいずれも軍事的脅威を見越して先に攻撃し軍事的侵出を果たすことを促すものである。Hobbes は、Charles に近い彼のパトロン William Cavendish が war party に属し、Cavendish 周辺の知的サークルの中枢には Bacon がいて、彼の下で仕事をする、という状況にあった。国王 James 1 世もまた 1625 年までには好戦論に傾くが、まさに 1625 年にイングランドはカディスで軍事的大敗北を喫し、1627 年にはフランスのイル・ド・レに派兵して巨大な人的損失を被る。Buckingham 公は責任者として指弾される。風向きが急に変わり、イングランドはやがて大陸の戦争から手を引くことになる。Hoekstra は、この状況で初めて Hobbes は Thoukydides の翻訳を公にしえたのではないかと推測する。そうだとすると翻訳の意図は明白ではないか、と。

この仮説を裏付けることには、Hobbes は翻訳書序文で、Thoukydides のテクストを一体として扱いそこから教訓を得ることを勧める。Thoukydides を好戦的な目的で使う論者は、登場人物の演説や外交交渉を切り取って使う傾向を有するからである。Hobbes は、そうではなく出来事を全体として捉え、かつ最終的に何が帰結されたかに着目する、ということを読者に促す。すると Athenai が疑心に駆られ脅威に怯えるあまり勢力圏拡張と勢力圏内粛清の戦争の泥沼にはまり壊滅的な結果へと突き進む事実が認識されるはずだ、と言外に言っているのである。さらに Hobbes は、間違いを犯したと述べる。読者が全体の意味を翻訳テクストから把握するであろうと思ってしまった。ところが読者は、ちょうど血に飢えたローマの民衆が闘技場で残酷なシーンを楽しむように、Thoukydides の凄惨な叙述を前にして興奮し戦いへと駆り立てられたのである。これが公刊を留保した理由であったとすれば、Cavendish を初めとする人々に草稿を内々に見せたということになる。そしてその間に風向きが変わり、war party は消えた。もう一つ大きかったのは 1625–6 年にロンドンを襲った大疫病であった。Athenai を戦争開始後襲う悲惨な疫病は Thoukydides 作品中印象的な場面の一つである。1628 年になってようやく意図した読まれ方をするとの計算が成り立つと判断し、翻訳の出版に踏み切る。

しかし Thoukydides 翻訳後 Hobbes がその後の主要著作で考えを変えた可能性はないのか？ Gentili と Bacon は共に「スペインの大陸での覇権を阻止

するにはベルギーと共に戦う以外になく、したがってこの軍事介入は自己防衛である」というロジックを掲げたが、既に 1640 年の Elements of Law において Hobbes はこれに与するように見える。それどころではない。Bacon でさえ「最も屈強な個人ないし国家をも脅かす怖れが正当化される、客観的な事実の存在を十分に吟味する」という要件を先制攻撃に課したが、Hobbes はこれらの要件を取り払い、主観的な判断のみで足りるとした、かに見える。"prevention or anticipation" から自然状態を導く部分は Thoukydides の影響と考えられる。"a realist tradition" が Hobbes に遡ると考えるのは容易である。R. Tuck は（Thoukydides をリステートする）1624 年の Bacon の文書に Hobbes の手を見る。そこから翻訳の仕事も派生したに違いないと言う。しかしまずこの解釈は誤りである。この文書がラテン語訳を使っているからである。Hobbes の翻訳は独自かつ最先端のフィロロジーでギリシャ語テクストにアタックするものである。それに、Hobbes の関与は同意を意味しない。われわれは、anticipation の応酬として自然状態を描く Hobbes のその目的がその状態の克服の必要を読者に訴えかけるためであるということを忘れてはならない。Hobbes は、自己保存のための侵略は結局自己保存にとって危険であるという Grotius のロジックさえ一歩進め、（国際関係が自然状態に近いとしてもなお妥当する）moral な性質の law の要請として、（Grotius がなお認める復讐をも排除して）自己保存のために厳密に必要な措置しか許されないとした。

　まして各国において主権が樹立されていれば、国際関係は全く違ったものになる。主権者は salus populi をケアする義務を負うが、そこから厳密に防衛目的の動員権限が派生するとしても、他方不必要な戦争を避ける主権者の義務もまた引き出されるのである。ここからして拡張戦争は、とりわけ主権者自身の栄誉欲の発露にすぎないとして、言わば内から禁じられることになる。Dialogue of the Common Laws では主権者にそのような戦争を禁ずる立法をさえ提案している。要するに、個人間と国家間をアナロジーで結ぶ Hobbes 解釈は全く根拠がないその理由は、国家間では（自然状態であるとしても moral law によって制約されるほか）、そこに主権が樹立されていなくとも、各国家内に樹立されていることによって、戦争は大いに限定されるからである。

18) Carr、Wight、Walzer、Beitz、Morgenthau が挙げられる。ただし、これらの論者の仮想 Hobbes に対する姿勢が大いに異なる点は留保しなければならない。
19) N. Malcolm, Hobbes's theory of international relations, in: Id., *Aspects of Hobbes*, Oxford, 2002, p. 432ff.
20) Morgenthau と Arendt が挙げられる。
21) K. Hoekstra, Hobbes's Thucydides, in: A. P. Martinich et al., edd., *The Oxford Handbook of Hobbes*, Oxford, 2016, p. 547ff.

5

　主権者を立てる（公権力を樹立する）手段は特殊な「契約」であるが、これを原政治的決定と解すると、Hoekstra の解釈に従う限り、その決定は Hobbes が Thoukydides から引き出した形而上学に基づく。ちなみに、いわゆる "Realist" の政治学ないし国際関係論や「社会科学」の根底にある形而上学はこれと同一のものであり、ただ Hobbes は思弁を徹底させ論理的帰結を厳密に追ったにすぎない。しかるに、公権力の樹立は preventive war によって特徴づけられる自然状態を克服する[22]。そのように国家が形成された場合、それら国家から成る社会はなお自然状態にあるが、しかし全く別の性質のものになると考えられる。換言すれば、当然専ら moral law が適用される（jural な平面がまだ存在しない）空間がそこに残るが、その moral law は各国の内部における自然状態の克服によって新しい内包を有することになる。公権力の樹立自体 moral law の命ずるところであったことをも忘れてはならない。国内的な公権力の樹立は国際的な moral law によって義務付けられるとも見ることができる[23]。かつ公権力樹立の政治的決定においては、国際的な moral law に従うことを明記するものが不可欠である。公権力樹立を要請した価値原理から当然に、preventive war 自体とその準備体制を主権者に向かって禁止する決定が導かれる。これが各政治体制の至高の imperative でもある。裏を返せば、各主体がこの縛りを負っている点が（国際社会に登場した）新しい moral law のその新機軸に該当する。

　他方、Hoekstra の指摘は二点において補う必要がある。その形而上学から公権力を樹立するまでのロジックはなお精緻に再構成されなければならない。同じ前提に立ってこれを試みたのが本書の論文 7 であるが、他面 Hoekstra

は国際関係を論じた大きな功績を有するのであり、論文7はこの問題には及んでいない。次に、新しい国際的な moral law に従う国内の政治的決定の内容はさらに詰められなければならない。

　もっとも、この第二の点に関しても Hoekstra の別の論文[24] が参考になる。彼は16世紀後半から17世初頭にかけて Thoukydides が如何に使われたかを探求し、それが近代の政治哲学の波長を決定づけると同時に、定番の Thoukydides 解釈もまたそこで決まってしまった、ことを指摘した。その中で、Lipsius、Gentili、Grotius、Bacon が如何に好戦的な議論を Thoukydides から導くかを論証している。つまり Hobbes の読みはこれらを全て大きく覆すものであった。事実彼のギリシャ語テクスト解釈の水準は革命的であった。

　Hoekstra の論述はしかし Gentili に対する Grotius の批判にさしかかる部分で当惑を隠せない。Grotius は、*De iure praedae* では、利益の観点のみに立って prevention を正当化する Gentili を暗に批判して（例外的に正しい Thoukydides 援用に基づき）不正の侵害が現にあったことを武力行使の要件とする（ポルトガルに対するオランダの武力行使を正当化する）にもかかわらず、（そういう Thoukydides の読みならば不正を被ったことに対する最低限の措置のみを許すはずのところ）revenge を主張する（Thoukydides のテクストにおける）Kleon を支持する。さらに *De iure belli ac pacis* でも、今度は正しく（Thoukydides のテクストにおける）Diodotos を引いて現に不正を被らない限り武力行使は許されないという正義の観点から出発しながら、懲罰的な場合にはその限りでなく、特に公権力による懲罰の場合不正がまだ遠くにある場合にも許されるとする。とはいえ Grotius は、未実現の侵害を "imminent, and nearly immediate, danger" に限定し、Cicero や Gellius と並んで Thoukydides をこの文脈で引くこともできたのであり、この点でも Gentili を明示的に批判するものであった。云々。

　ここは Thoukydides とローマ法パラダイムの交錯を論じなければならない。裏返せば、Hobbes の偉大さはローマ法パラダイムからの離脱に求めうる。Gentili が正義の観点から解放されたことは認めなければならない。しかしそれは、実力の形態判断つまり占有概念によって問題を処理するに至ったことのコロラリーである。かつ、Gentili はその先に行く。危険ないし vis armata ないし metus が先制攻撃を正当化するとする。しかも主観的な怖れのみし

かなく実体が欠けてもよいとする。このとき Gentili は、占有原理のエクステンションに触れ内部軍事化の客観的実体を不法行為要件とする Cicero を引き、なおかつこれを Thoukydides で論駁する、という手の込んだ操作をする[25]。占有で正義を突破し、Thoukydides で占有を突破した形である。対する Grotius はこの点において正確であり、現に侵害があった場合に必要な限りの措置を認めるかの如くであり、侵害概念を拡張するにしても「明白にして現在の危険」を要求する。まさに人文主義的に、Cicero に戻ったのである。しかし戻りすぎて Augustinus にまでオーヴァーランすることとなった。正義の概念に復帰し、侵害に対して不正の要件を課し、不正の要素に対応して復仇そして懲罰を認めてしまった[26]。つまり、武力行使要件の方は抑制されても、対抗武力行使の形態においては占有ラインを越えて無制限の拡大が許されるのである。もちろん Grotius の目的は公権力を定義することであるからやむをえない論理展開であるとも見えるが、しかし応報に公権力を巻き込むのは最悪であろう。例えば国連の武力行使の形態につき無限定たるを意味する。いずれにせよ Grotius もまた占有理解の不確かさを露呈しているのである。そのコロラリーとして、脅威の形成それ自体を違法とする観点は存在しない。Gentili の方が敏感であり、ただ彼は相手の metus に対して先制攻撃と抑止力装備を正当化するという矛盾を犯した。

　Warrender[27]、Malcolm、Hoekstra といった優れた Hobbes 解釈者はいずれも moral law の内容として占有原則を指示してくる。もちろん彼らは占有のことを知らないが、「権利とは異なり、その限りで正義とも異なるが、しかし無原則というのでなく防御的にのみ自由侵害に抗しうるものがある」という点を、そしてこれが平和に深く関わるという点を、Hobbes 解釈のポイントとして挙げる。それがなかなか理解されにくい点であることも意識されている。公権力自体この原則を盾に取るものであることも理解されている。国際社会は権原の保障を欠き政治システムと占有保障のみがありうる空間であると解されうる。

　しかもなお、Hobbes は、一層徹底した人文主義によって、法学ないし占有原理をも知り抜いた上で、Thoukydides によりこれを突破するというより、Thoukydides の最深部に一人到達し、公権力のロジック内部に、占有原理を完全に組み替えてそれとわからぬほど奥に潜ませた。

まさに各主体内に公権力が樹立されていれば、Grotius が占有の古い層に忠実であったがために見えなかった問題、Gentili が正義も占有も突破したため見せてくれた問題、に対処しうる。つまり占有原則に一見違背しないように見えて実は最も危険な、内部軍事化と防衛圏拡張という問題である。われわれは 20 世紀になって初めてこの問題を理解できた。そうすると、moral law の内容として、まずは国内の特別の政治的決定をしなければならず、かつそれは厳密に内部軍事化と防衛圏拡張を概念化し、これを主権者に禁ずるものでなければならない。これによって（なお国際社会に残る）自然状態の moral law は、それでも全く新しい次元のものになるであろう。その上でもちろん、国際社会になお公権力を樹立する動因は残る。そしてなお、そこに公権力が樹立された後であっても、その moral law のレヴェルに一旦確立された高次の占有原則は様々な形で国際公権力を裏打ちするであろう。そこは既に Hobbes 批判になるが、公権力も、一度見事に設営しえたとしても真の政治システムなしに長く存続しえない。ましてデモクラシーの問題がある。

22) これがどの単位でなされるかという重大な問題につき、Hobbes もわれわれも答えを持たない。ジェネアロジーとテリトリーのロジックでどこまでも絡まり合った社会を単位に切ることは論理的に不可能であるが、しかし切らねばならず、しかし成功せず、徹底的に足を引っ張られる。国家が多数併存すること自体、十分な省察の対象とされている状況にはない。

23) I. Kant, *Zum ewigen Frieden* (1795) は、とりわけ付論を読むとき、国家理性を "Moral" の観点から論駁したものとも言えるが、Hobbes との差違は言わば最後の一点のみである。何と言っても国家間における réciprocité に巻き込まれることを最も嫌う。和平締結時の bona fides、国家形成時の領土等に関する取引、国家債務、内政干渉（寝返らせたりして内戦を助長する）、戦闘時におけるフェアでない戦術（和平後にまで不信感を残す）、等々。武力紛争の原因に冷徹なアプローチをしているのである。常備軍はこの中に含まれることに注意が必要である。軍事的リソース＝脅威が武力行使応酬という取引の材料となるのである。これらの拒否の延長線上に政治システム構築が来る。共和国制、自由な国家の連邦、Hospitalität に限られる世界市民性（暗に多元性が含意される）。これらは moral law を課した結果である。Hobbes と理念において変わりない（啓蒙的理論構成の中でも、réciprocité を積極的資源とする Montesquieu などとは非常に違う）。もちろん、最後、主権者を樹立するかどうかに差違がある。そしてこの差違は、moral law が最後のステップとして死のジャンプを含むか、それとも、余計なものを洗い去れば人々の意識には最後の点に至るまで内蔵されているか、に基づく。この点、憲法 9 条は Hobbes の側に与すると思われる。戦間期の楽天主義が史上最悪の残虐に転じた直後の産物だからである。

24) K. Hoekstra, Thucydides and the bellicose beginnings of early modern political theory, in: K. Harloe et al., edd., *Thucydides and the Modern World. Reception, Reinterpretation and Influence from the Renaissance to the Present*, Cambridge, 2012, p. 25ff.

25) *De iure belli*, I-14. "Iusta caussa metus requiritur: suscipio non est satis. . . . metus . . . timor maioris malitatis; quique merito in homine constantissimo cadat" と言って、まず Cic. *Pro Tullio* を引く。dominium 状況の実力衝突を不法行為法の観点から論ずる法廷弁論である（木庭顕『法存立の歴史的基盤』（東京大学出版会、2009 年）1003 頁以下で詳しく論じた）。Gentili はこれに不満で（"Hic definitiones sumendae potius de tractatu alio iuris ciuilis sunt"）ヨリ遅い時期の法学文献から主観説を導き、しかし Cicero と Gellius（古い法学文献の古事学的蒐集者）がこんなことを言っているとそれへの仮想反論を提示し、これを Thoukydides で切り返すのである。

26) 簡単にではあるが、本書 1 論文で論じた。

27) H. Warrender, *The Political Philosophy of Hobbes. His Theory of Obligation*, Oxford, 1957.

1 日本国憲法 9 条 2 項前段に関する ロマニストの小さな問題提起

1 問題

　日本国憲法 9 条 2 項前段が日本国憲法解釈論上の crux maxima となっていることは言うまでもない。もちろん、特定の軍事組織の存在や活動態様の合憲性を巡る激しい争いが解釈の分裂と不安定の大きな原因であることを私も知らないわけではない。しかしそれ以前に、言わば référent[1]（実務法律家の俗語を使えば「当て嵌め」）以前の signifié の部分において、既に定まらない部分が存するようにも見える。signifié とて référent とのダイナミックな関係の中でとりわけ diachronique な変化を遂げることがよく知られるが、他方それは synchronique な軸（構造）が一定であるからこそ可能な動態である。いずれにせよ、以下は「当て嵌め」には基本的には関わらず、まずは signifié の考察に関連して小さな一つの問題提起を行うのみである。

　signifié に関する限り、9 条 2 項前段解釈困難の因って来るところは関連する二つの事項に帰着すると思われる。第一は、同条 1 項に比してさえ、何に基づいているのかということがはっきりしない。同条 1 項には、1928 年のいわゆるパリ不戦条約以下の「戦争違法化」の趨勢という確かな引照基準が存する他、類似の憲法規定の例も引くことができるなどの手掛かりが存在する[2]。同条 1 項は決して孤立した規定ではない。9 条自体の淵源は確かにややミステリアスである。形式的には「マッカーサー・ノート」によりいきなり提示されたもののようであるが、よく知られているように、その前に幣原の示唆が有った、ないし幣原とマッカーサーの会談の中で形成されたのではないか、とする有力な証言[3] が存在する。そしてそこまでしか辿れず、その

先誰がどう具体的な規定を着想したかについての検証は、管見の限り成功していない。それでも、1項に関する限り、上に述べた脈絡により解釈を方向付けることができる[4]。ところが2項、特に前段の「戦力不保持」は今のところ完全なhapaxとされ[5]、引くべき豊富な脈絡というものが見当たらない。このことが、或いはこれを文字通りに解する素朴に陥るか、或いは現状を無理やり正当化する三百代言風テクニックを弄ぶ[6]か、という状況の原因の一つと考えられる。

　第二に、1項と2項の間の関係が実質的にも文言上も困難な解釈問題を突きつけるということが有る。論争の焦点を一点だけ挙げろと言われれば誰しもこの点を挙げるであろう。まずは、「前項の目的を達するため」という接続の句が置かれているから、議論はこの句の解釈を巡るものとなる[7]。この句自体は審議過程で挿入された[8]もののようではあるが、テクストの意味の理解に呼応して挿入されたに違いなく、重要な手掛かりであることに変わりはない。第一の分岐は、侵略戦争のみの放棄を1項は定めたとした上で、その侵略戦争を目的とする戦力の保持のみを2項が禁ずる趣旨であると解する[9]か、それとも、この接続の句は、1項の理念に2項が資することを単に示すのみであると解するか、であった。後者はさらに、自衛のための戦争を含む一切の戦争を1項が禁じたとした上で、2項は言わば重ねて一切の軍備を放棄すると解するか[10]、1項は自衛のための戦争を禁じないが、1項の趣旨を徹底させるために2項は一切の戦力保持を禁じ、その結果自衛のための戦争も禁じられると解するか、に分かれるが、この最後の説が通説となった[11]。この二段階全面放棄説が有力となった理由は、如何に戦争を放棄し、或いはそれを自衛のためのものに限定しても、軍事組織が有ればどうしても線が引きにくく、自衛のための戦争がやがては本格的な戦闘へと移行してしまう、という論拠が説得的であったためと思われる[12]。それはもちろん直近の歴史的事実を踏まえての論拠付けであった。さらに、「前項の目的を達するため」は、文理上限定の文言とは読めず、「1項で掲げられた理念に実効性を与えるため」と読むことが極めて自然である[13]。ごく最近に至るまでこの基本線は堅固に維持されてきたことにも注意する必要が有る[14]。確かに、戦争ではなく「自衛の措置」のための「戦力に至らない武力」は許容されるという解釈が提出される[15]。さらには、自衛のための戦力ならば必要最小限

度において許されるとする解釈、裏を返せば限度を課す点にのみ条文の役割を見る解釈、が現れる[16]。この最後の立場になると実質微妙ながら、しかしやや意外なことに、これらも通説を認容しそのレールの上で議論を構築しているという意識を持っているのである[17]。もっとも、最近になって限定句説を通説的帰結に接ぎ木する説が現れた[18]。

　以上を通観するとき、通説がなお他に比して圧倒的な説得力を有することは明らかであるが、その説得力は、1項2項関係が「AのためにさらにBを」というように大変に有意味になるところから来る。自衛戦争は認められるが「自衛の戦争とて侵略戦争に移行しやすいから」という展開が有り、トートロジーにもならず、ばらばらでもない。したがってここに解釈の方向が存するという直感は強く働くが、しかしなお腑に落ちない点が無いわけではない。通説は、1項で自衛戦争はなお禁じられず2項を俟って初めて禁じられるとするのであるが、その限りで「侵略戦争／自衛戦争」区分の上に立つ。しかし、まず「陸海空軍その他の戦力は、これを保持しない」という2項の文言は「侵略戦争／自衛戦争」区分との間に直ちには意味上の反応をしない。そもそも、明文上には無い「侵略戦争／自衛戦争」区分、果ては自衛権概念の持ち込みは何故正当化されるのだろうか。不戦条約が自衛権の行使を留保していたということ、正確には不戦条約をそのように解する当時の発言、が援用される。しかし（1項とて既に）不戦条約の概念構成に問題が有るから一歩進めたのではなかったか[19]。明文上のものでないだけに、敢えて外から持ち込んでまで「侵略戦争／自衛戦争」区分を構築し、これに依拠して1項2項間の論理的関係を解釈しても、前進は乏しく、2項付加の解釈としてtrivialたる不満を残し、条文の意味は余り明確にならない。これを離れて何らか緊密な論理的関係を両者の間に構築する道を探らなければならない。

　以上が主として1項側からの問題であるとすると、もう一つ、2項の「戦力」が通説にとってなかなか枠組にぴたりと嵌らないというきらいが有る。戦力不保持は、自衛のための戦争も禁じられるという帰結のためのステップになっているのであるが、凡そ如何なる軍事組織も持たせなければどうせ自衛のための戦争もできないであろうという、大きすぎる前提を取る論理的誤謬であるという誹りを免れないし、どこか密かに常識的非法学的な推論が紛れ込んでいるのではないかという疑念をも抱かせる。他方この「戦力」の概

念自体についても争われる[20]。そしてこちらの方に有力な資源を見出しうる。そもそも、端的に「陸海空軍」と言うのでなく、これを「戦力」の例示とし、「陸海空軍」は「戦力」の全てではないとされている。かくして、「その他の戦力」とは何かということを学説は問い、「戦力」が英文で "war potential" であることから、戦争に寄与する科学技術はどこまでこれに含まれるか、などと論じてきた。つまり国際法上の「軍」や「軍隊」とは相当に異なるアスペクトで物事が捉えられていることは疑いないのである。にもかかわらず、その法的意味は明らかでない。特に1項との関係ないし9条全体の法的な解釈枠組の中で厳密に規定されるものになっていない。いずれにせよ対象は「戦力」というように捉え直されるのであるが、何故そのように捉え直されるのか。

就中2項は現在すぐにも削除されかねない状況に置かれている[21]。きちんと解釈された上で削除されるならばともかく、一度も理解されずに消え去るのでは条文自体が余りに無念であろう。どういう花を咲かすのか、誰も一度も見ることなくこれを摘んでしまってよいものなのか。

1) cf. A. J. Greimas, J. Courtés, *Sémiotique. Dictionnaire raisonné de la théorie du langage*, I, Paris, 1979, s. v. référent.
2) 法学協会編『註解日本國憲法』上巻（有斐閣、1953年）206頁以下。
3) 現在では、入江俊郎『憲法成立の経緯と憲法上の諸問題』（入江俊郎論集刊行会、1976年）96頁以下。『註解日本國憲法』上巻（前註）205頁および註8（255頁以下）はこの証言に信憑性を認めている。
4) 横田喜三郎『戦争の放棄』（国立書院、1947年）は事実上の公定解釈たりうる。「戦争違法化」ヴィジョンを自家薬籠中のものとし、まるで、多年に亘ってこの日が来るのを予期し、万全の準備を完遂して来たかのようである。
5) 『註解日本國憲法』上巻（前掲註2）210頁。
6) 法解釈一般に与えた影響について（例えば法解釈学論争などに即して）極めて意識的であるのは樋口陽一である（樋口他『注釈日本国憲法』上巻（青林書院新社、1984年）158頁以下）。もっとも、結果から逆算して法律構成を考えるなどの日本の法律学の悪癖が現れたという側面もある。
7) 『註解日本國憲法』上巻（前掲註2）221頁以下がこの句についての初期の論争を整理している。
8) いわゆる「芦田修正」問題は決着がついていると評価しうる。芦部信喜『憲法学 I 憲法概論』（有斐閣、1992年）260頁が必要にして十分である。「前項の目的を達するため」を限定句と解する論拠として、この句を挿入したとされる芦田均が後の憲法調査会

に対してなした回答を引くことが行われたが、芦田自身を含め審議当時の答弁等では限定句と解されていないから、今日限定句説論者でさえ「芦田修正」を論拠とはしない。何より、シンタクスが限定句説にとって圧倒的に不利である。

9) 主として佐々木惣一の説である。佐々木『日本國憲法論〔改訂〕』（有斐閣、1952年）234頁。佐々木は、シンタクス上の難点を回避すべく、限定句とするのでなく、1項における「国家の意図」を媒介とし、「目的」を介してここへ1項2項を並列に繋ぐ。したがって安易な「芦田修正」論とは趣を異にするが、しかし明晰とは言えない。

10) 『註解日本國憲法』上巻（前掲註2）213頁は美濃部、宮澤、清宮、田畑を挙げる。当初はこれも有力であった。

11) 芦部『憲法学 I』（前掲註8）259頁はこのような解釈（「B説」）を多数説と認定する。

12) 『註解日本國憲法』上巻（前掲註2）223頁。2項後段（交戦権の放棄）を俟ってではあるが自衛のための戦争をも違法とする横田『戦争の放棄』（前掲註4）65頁以下は一個の記念碑である。そこに in extenso に引かれた吉田茂の答弁も然りである。「自衛」概念の陥穽を痛いほど認識している。横田は基本の脈絡として不戦条約から国連憲章への線を採用するものの、不戦条約が自衛権の方面に不備を抱えたこと、自衛権の否定と国連の集団安全保障が連帯の関係にあること、公的機関の出動までに自衛の措置が限られること、を前提した叙述をしている。不戦条約も自衛権の行使を排除しなかったではないか、と典拠を短絡的に取る姿勢は全く無い。1項＝不戦条約＝自衛権が弱点を持つが故に2項が必要であるという切り返しのロジックを明確に捉えている。

13) 『註解日本國憲法』上巻（前掲註2）223頁。

14) 「第九条の規範的構造」と題された芦部『憲法学 I』（前掲註8）255頁以下は通説的解釈の到達点であり、1項解釈上自衛権は放棄されていないという前提を採った上で、自衛権概念を厳密に画し、なおかつ2項で自衛のための戦力をさえ放棄した、と解する。

15) 『注釈日本国憲法』上巻（前掲註6）176頁以下（樋口陽一執筆）参照。吉田内閣の政府見解である。

16) 『注釈日本国憲法』上巻（前掲註6）178頁は吉田内閣から鳩山内閣への変化を的確に捉える。「戦力ではない」と「戦力ではあるが、必要最小限である」の間は発言者の意識としては連続的に理解されている（阪田雅裕編『政府の憲法解釈』（有斐閣、2013年）9頁以下〔但しこの書物は勝手に主題ごとに素材を再述するので、"critical edition" としての資格に欠ける〕）し、その限りで、「2項でさらに自衛のための戦力も禁じられた、戦力未満のみ許される」という通説の系譜を引くと言えるが、1項2項間段差は実質ゼロに近くなったことも確かである。つまり自衛権行使のための戦力は丸ごと許されるかの如くである。一個の終着点としての1972年政府見解（阪田編『政府の憲法解釈』12頁以下）も同様である。佐々木説や「芦田修正」説に実質近い。吉田茂においてと異なって自衛権概念の欠点＝枠組み組み換えの必要が抜け落ちているのである。学説上も、野中俊彦他『憲法 I〔第5版〕』（有斐閣、2012年）175頁以下になると、最早こうしたポイントを理解せず、通説と「必要最小限」説との間をのっぺらぼうに繋ぎ、通説を「正当とするが、しかし、④説［「必要最小限説」］も解釈上成り立ちえないわけではなく、政府の公定解釈として、現実に防衛法制の根拠となっている」と述べ、この最後の

立場を詳述する。

17) 青井未帆「9条・平和主義と自衛隊」安西文雄他『憲法学の現代的論点〔第2版〕』（有斐閣、2009年）91頁以下がこの点の意義を的確に強調する。なお、政府見解と通説との違いは自衛権概念の使用不使用に存するとされるが、共に少なくとも自衛概念は保持し、かつ自衛のための「戦争」は許されないと解した上で、戦争でない「自衛の措置」のための組織としてどこまでが認められるか、という点が異なるのである。

18) 佐藤幸治『日本国憲法論』（成文堂、2011年）97頁。1項を自衛武力行使に絞った上で佐々木説により政府見解に至る点が興味深い。本稿にはもちろん初期についても最近20年についても学説を精密に辿る余裕は与えられていない。しかし最近20年に関する限り本格的な条文解釈は行われていないように見える。通説を再述する際にも通説の論理の襞を理解するというより結論のみを採る。その結論と特定の軍事組織の現実の存在の関係をどうするかということばかりが論じられ、また「国際法」と通説が乖離していることが批判される。その際、「戦争違法化」とその不全がごちゃごちゃに引かれ、後述のような襞、つまり「戦争違法化」の限界に対処する体制のそのまた不全というような二段の把握は影を潜める。二つの粗雑さは深く結びついている。

19) この点では、古い時期に有力であった「1項で既に全面放棄」説の方が説得力を有する。ただし1項2項接続ないし目的句解釈が宙に浮くけれども。なお、不戦条約が（明文ではないが、その後の解釈を通じて）自衛権行使を留保したことが自衛権概念持込を正当化してきた点については『註解日本國憲法』上巻（前掲註2）213頁以下。横田喜三郎は不戦条約を引いても自衛権概念の弱点を熟知していた、ということについては註12で述べた。

20) 『注釈日本国憲法』上巻（前掲註6）178頁以下、芦部『憲法学 I』（前掲註8）269頁以下。

21) 9条ないし人権を含む憲法そのものの実質的廃棄圧力は（少なくとも2000年代半ば以降）新しい性質のものであり、徹底した歴史学的分析を急いで行う必要が有る。圧力を生む実体が複雑な合成物であることも予想されるが、他方、非同調者を静かに葬る高度の迎合主義（諸団体の和合）が際立つことも確かである。公権力私物化による一体的利益追求が目的であるとすると、réticenceを特徴とする体制をも予期しなければならないかもしれず、9条も憲法も改廃反対も単に黙殺されるだけかもしれない。形式的な意味では9条2項の改廃もなされないかもしれない。憲法とりわけ9条破壊の部分はリアルな軍事的需要に基づくというより遙かに頂点のréelの信用構造（とその末端の『山椒大夫』）を支える（その破綻を糊塗する）ためであり、それはまた世界大の経済構造への順応であるから、排外主義の暴力的な言辞さえ政治空間では表面的な満足しか与えられないかもしれない。いずれにせよ、この圧力ないし体制が何に起因するのか、9条がそれとどういう関係に立つのか、が究明されなければならない。

2　若干の迂回

　解釈の出発点を1項に置くことには異論が有りえないと思われる。こちらの方は、「戦争違法化」という1928年のパリ不戦条約を一つの画期とする動向に確かな錨を下ろしている。その系譜を遡り、かつまた辿り降りるとき、1項と2項の間の何らか緊密な論理的関係に繋がる要素は現れないものだろうか。現れれば、2項の意味にも光を当てることができる。とはいえ、パリ不戦条約一つ取ってみても、それが画期的なものであったことは承認されている[22]が、少なくとも「無差別戦争観から戦争違法化へ」というスローガンに収まり切ることはない、複雑多岐に亘る問題群が意識されている。もちろん、戦争違法化[23]の歴史的位置付けをすることなどこの小稿のなしうるところではない。それでも、不戦条約の意義を計測するための微かな徴表を私はたまたま一つだけ持っている。そしてそれは、1項のような条文には何が付け加わらなければならないかという点を示唆する。

　不戦条約を位置付けるときに、戦争違法化に関する最も優れた研究[24]さえ或る死角を抱えることに容易に気付く。位置付けのための前提的な理解、かつてどうでその後どうなった末に不戦条約に至ったかの理解、に関してであるが、不可避の通過点、Grotius の *De iure belli ac pacis* の解釈に或る致命的な死角が見出される。否、死角は二重である。その死角は Grotius 自身が抱える死角と不可分なのである。もちろん Grotius は全ての戦争が違法であるわけではないということを論証する。その第一の意味は、神によって命令されたわけではないにもかかわらず正しい、そういう実力行使がありうるというものである。Grotius はしたがって聖書の厳密な解釈を通じてそのことを論証しなければならない。つまり神の命令以外のどこかに合法か違法かの線を引くことができるというのである。それは形式上新しく解釈された性質の自然法（いわゆる近代の自然法）である[25]が、その骨子は、「他人の権利を侵害せず、自分の権利を守る、実力行使は許される」[26]という、神の命令から独立の原理であった。そのことを言う決定的な箇所で Grotius はローマ法源と Cicero を引く[27]から、その限りでそれは私の興味を引く。それはローマのテクニカルな vis（実力）規制、つまり発達した段階の占有原理に関する

テクストである。線引きはかくして極めて堅固な法学的原理に錨を下ろしているのである。それが Grotius の名高い人文主義的な érudition の為せる技であったことは明らかである。

にもかかわらず、Grotius の認識に小さな穴が存在した。侵害を撃退するための実力行使は違法ではないという着想は確かに占有原理から得られたものである。それは引用テクストから明らかである。しかしながらその占有原理を徹底させえたかと言えばそうではなかった。占有侵害が防御の要件なのではなく、権利侵害が制裁等リアクションの要件になっている[28]。Grotius はかくして、侵害者に対し積極的な武力攻撃を行いうるための条件を延々と探り、それをその膨大な érudition により論証しようとする[29]。まずは構造的条件である。公権力が樹立されていればこの公権力が権利侵害に対する積極的実力行使を刑罰権力の行使として独占的に遂行する余地が生まれ、条件が全く変わって来るから、その条件、つまりどのような場合にか、そしてどのような場合に公権力が樹立されていると認められるか、prima facie にしか樹立が認められない場合にどうするか、等々が精緻に論じられる[30]。凡そ公法の生成という観点からして大変に興味深いが、いつの間にか、実力行使の要件が占有侵害、つまり実力の形態、ではなく、それを取り巻く脈絡の評価に基づくものになり始めた。かつ実力行使主体の正統化の文脈まで現れ直したことになる。次には被侵害権利のメルクマールが求められる。これは侵害された占有の正しさを問うことを意味する。成程、何らか正しい目的のためならば実力行使が正当化されるという思考は克服された。必ず不法な侵害が先行していなければならない。これは大きな一歩であった。しかし、その判定に再び正しさの判断が介在することになった[31]。盗っ人にも占有が有ると言うが、盗っ人の占有は正しくないから彼に対しては攻撃し取り戻してよいのだとすれば、実力規制は灰燼に帰す。Grotius は、実直にも、ではその権利侵害とは何か、を論ずるために、権利について論じなければならず、まるで民法の権原のカタログのようになる[32]。その冒頭の、明白にして現在の危険に対する実力措置について論ずる部分[33]以外に占有論の面影はないし、特に無主物先占論に手を染め汚名を着る[34]。

今日、Grotius のこの誤りに人々が気付かないばかりか、Grotius が正義の判断という穴に落ちたとしてもそれは一旦占有原理を経由してのことだった

という事情さえ人々の理解するところではない[35]。ただ単に正義回復の手段として実力行使を承認したというのである。それどころか、権利侵害の要件が落ちて制約抜きに実力行使が認容される時代がその後到来したとされる（いわゆる「無差別戦争観」）[36]。つまり不戦条約までの時期においては、客観的正義と正統化の脱落は、「如何に正しくとも実力行使は認められない」[37]というのでなく、反対に「たとえ客観的正義に背いても自身の利益のためであれば実力行使が認められる」という戦争の正当化を導いた、というのである。

　反対に、不戦条約は完璧に正義と正統化による区分を落としまさに全てを違法とした点に意義を有したと見ることができる[38]。そして、あくまで正義と正統化の要素を落としたという限りにおいてであるが、不戦条約は占有原理に立ち返ったと解しうる。確かにその短いテクストはこの点において explicit でないし、当事者たちが占有を意識していたという痕跡は見当たらないようである[39]。むしろ、「占有原理に立ち返って然るべきであった協定」と言う方が正確かもしれない。にもかかわらず、もし大きな歴史的文脈においてこれが画期をなすとするのならば、国際法が初めて占有原理に復帰した事跡を刻むものであったからであると意義付けうるのである。

　占有原理への復帰であるからには当然に、戦争違法化は占有侵奪をブロックする実力行使を違法とするものではない。現にこのことを当事者たちは明示的に意識していた。ただし、そのことを言う時に「自衛権の行使は違法ではない」という留保の形が採られた。しかし同時にこの「自衛」概念が曖昧であるという批判がなされた。「自衛」概念が曖昧である以上この協定自体法学的には無意味であるとさえ言われたのである[40]。身を以てこの点を意識する横田喜三郎は、後に、「自衛権」概念の精緻化に努めた[41]。

　しかも実は問題は二重であった。第一に、防御を認めるための留保を権利として概念構成すること自体、既に破綻であった[42]。占有原理に基づく限り、瞬間の押し返しが実力行使停止命令後に占有基準に基づいて判定されるのみである。これから将来に向かって行う武力行使が正当化される余地は無い。その意味で「すべての武力行使は理由の如何にかかわらず違法」なのである。そうでなければ、復仇や反攻の名の下に様々な武力行使がなされる。要するに権利であることと違法でないことの相違（違法性阻却は権利を意味しない

と言い換えてもよい）という法学的な概念を装備するのでない限り実力規制は概念構成できない。「自衛権」構成の第二の問題は、権利である限り要件に依存し、「AならばB」という連鎖が生まれることである。連鎖は距離であり、遠い事実Aもまた場合により射程に入る。自国の安全保障のため、自国民の保護のため、自国の利益のため、と自衛の概念は拡張される。事実、不戦条約成立直後からむしろ「自衛」の下にあらゆる侵略が正当化されていった。自国の領土でなくとも、そこは自国を守るための生命線であるという論理が横行した。第一次世界大戦の反省は軍事同盟関係のエスカレーションを断つ必要を感じさせたが、第二次世界大戦はむしろ個別の自衛権の無限の拡張を伴ったのである[43]。

22) 位置付け及び高い評価の点で I. Brownlie, *International Law and the Use of Force by States*, Oxford, 1963（差し当たり、p. 91）が決定的である。他方、最近の（たまたま手元に有るドイツとフランスのありきたりの）国際法史教科書の類ではほとんど無視される。国連憲章以降とする意識のコロラリーだろうか。しかしそのように把握すると、不戦条約の概念構成が不十分故に国連体制が出来上がったという折れ目が消えてしまう。

23) 国際法の学生向け教科書でも、戦争違法化自体は動かない公理の如く扱われるが、国連憲章2条4項の効果として説明される傾向も有る。差し当たり、中谷和弘他『国際法』（有斐閣、2006年）312頁以下。

24) Brownlie, *op. cit.* につき森肇志『自衛権の基層』（東京大学出版会、2009年）20頁は支配的学説たることを認定する。

25) 近年の最もバランスのとれた解釈は、R. Tuck, *The Right of War and Peace. Political Thought and the International Order from Grotius to Kant*, Oxford, 1999, p. 78ff. に見られる。つまり Hobbes が Thoukydides を使ってしたようには徹底しないが、ローマ民事法のパラダイムを使い、政治システム立ち上げのための切断をして見せ、Hobbes の先駆けともなったのである。Tuck は人文主義者としての Grotius を強調する。

26) 第I巻II-1-5において、recta ratio ないし natura societatis から "non omnem vim inhibet, sed eam demum quae societati repugnat, id est, quae jus alienum tollit" を導く。また *ibid.*, II-4-2では "Et Florentinus jus esse gentium ait, ut vim atque injuriam propulsemus, ut corpus nostrum tutemur" と Florentinus D. 1, 1, 3 が引かれ、さらに II-1-6 では Ulpianus から "Vim vi repellere licere Cassius scribit" が引かれる。

27) II-1-6 の Ulpianus は、L 1, 27, *de vi et vi armata* (D. 43, 16, 1) である。さらに *ibid.*, II-3-1 では Cic. *Pro Milone*, 4 からの引用がなされる。

28) まずは先に引用した "quae jus alienum tollit" に既に思考の混濁が認められる。つまり、「権利を侵害する実力」というのは交わってはならない平行線を交わらせる表現である。たとえ権利を侵害しない、自らの権利を実現する、実力の行使であっても許されない、というのが占有原理だからである。

29) 旧約聖書のテクスト解釈が直ちに延々と続くが、そのことの意味については、（この作品への言及ではないが）もちろん福岡安都子『国家・教会・自由——スピノザとホッブズの旧約テクスト解釈を巡る対抗』（東京大学出版会、2007 年）全篇が参照されなければならない。
30) I-3.
31) 但し、この正しさへの回帰を古い正戦論の残滓と見てはならず、（Hobbes のように徹底させない限り）近代の自然法論が新たに抱え込んだ限界であるという Tuck, op. cit. の指摘が重要である。
32) 第 II 巻がこれに該当する。
33) II-1 である。つまり、占有保全の訴を扱った後、以下は占有ではなく権利に視点を切り替えるから、占有保持や占有回収はすっ飛んでしまう。本案訴訟と保全訴訟しか持たない日本の民事法のようである。
34) II-3 ないし 5 である。第 III 巻は ius in bello を扱う。
35) この問題の最良の理解者、しかも自力救済排除をあれだけ理解する Brownlie でさえ、かつ幾ら序論的叙述の経過句の中とはいえ、Grotius につき "War was a judicial and punitive procedure for the redress of wrongs suffered" (op. cit., p. 13) と書く。もちろん Brownlie は近代の戦争観のみならず不戦条約以後の自衛権概念を批判的に捉え、この二重の批判により武力行使要件を極めて限定する。しかしその限定の原理を明確には有しない。それが Grotius 解釈、つまり Grotius 批判不全、と関係しているのではないかと考える次第である。
36) Brownlie, op. cit., p. 14ff.
37) ここで論証するスペースは与えられないが、Pufendorf などに比してこの点を明確に認識したのは Hobbes であった。cf. K. Hoekstra, The de facto turn in Hobbes's political philosophy, in: T. Sorell et al., edd., *Leviathan After 350 Years*, Oxford, 2004, p. 33ff.
38) Brownlie, op. cit., p. 235ff. が極めて優れた叙述をする。自力救済違法化のこの文脈を捉える。なお、森『自衛権の基層』（前掲註 24）は極めて明晰に、Bowett への批判であるとこの Brownlie の著作を解する。D. W. Bowett, *Self-defence in International Law*, Manchester, 1958 は、不戦条約後の問題を自衛権概念の不鮮明に見出し、"self-defence" を "self-help" から区別するもののその一種と捉え、かつ（対抗手段に比例原則を課すものの）保護利益を広く取る（この結果集団的自衛権に多くの余地が与えられる）。これに対して Brownlie は武力行使禁止原則を "self-defence" まして "self-help" にリンクすることに懐疑的である。戦後についてさえ "self-defence" モデルの不成功を延々と述べる。"aggression" の定義さえむしろ有害だったと言う (p. 355ff.)。彼は "self-defence" に対する懐疑的姿勢によって密かにその概念内容を縮減するという消極的な方面からしかアプローチせず、Bowett との処方箋の差は一見 "self-defence" の明確な定義 vs. その概念内容縮減という相対的なものにすぎないように見えるが、実は姿勢において対極的である。Brownlie がその厳しい姿勢の代償として「それでは国家が守られないではないか」という批判に対し大著最後で一生懸命答える (p. 435f.) 様は日本の通説的憲法学者の姿を髣髴とさせる。

39) 差し当たり、篠原初枝『戦争の法から平和の法へ——戦間期のアメリカ国際法学者』（東京大学出版会、2003 年）107 頁以下。

40) 篠原（前註）109 頁以下。なお、今あらためて森『自衛権の基層』（前掲註 24）113 頁以下は戦間期の自衛権概念の曖昧さを精緻に分析する。侵略の定義に成功しなかったことに挫折の理由を求める森の論証は説得的である。凡そ一般に近代の国際法が占有概念の周りをうろうろと彷徨う様は、許淑娟『領域権原論——領域支配の実効性と正当性』（東京大学出版会、2012 年）にふんだんに描かれている。

41) 横田喜三郎『自衛権』（有斐閣、1951 年）は Brownlie の仕事を先取りする水準を示し、経緯の理解を含め現在の多くの説明より遙かに有益である。ただ、自衛権概念の批判ではなくあくまで統御を目指した（68 頁以下）。また、刑法の正当防衛をモデルとした（44 頁以下）点が惜しまれる。正当防衛はもとより占有法理の一部に属するが、とりわけ 19 世紀以降所有権概念の影響を受け、かつドイツで自力救済容認と同じイデオロギーに感染した（橋爪隆『正当防衛論の基礎』（有斐閣、2007 年）35 頁以下参照）。集団安全保障＝国連体制に頼むところ大であり、あくまでそれが整うまでの代替ということながら集団的自衛権に役割を認め、その危険性については指摘しない（100 頁以下）。憲法解釈（186 頁以下）においては今日の通説と同じであり、「武力なき自衛権」説であるが、アメリカ軍の役割にはもちろん好意的である。自衛権概念の暴走を明晰に意識した『戦争の放棄』（前掲註 4）に比して、冷戦構造下、自衛という古い観点に吸収されたと評さざるをえない。

42) Bowett, *op. cit.* は、全体として「権利侵害」に対して権利が発生するというアプローチの好例である。これに対する Brownlie の批判は的確であるが、論拠付けを欠く。占有原理に則るならば、実力衝突において国連その他への提訴の瞬間一ミリでも動けば理由の如何を問わず違法とされ、他方それまでの実力行使のどちらかが合法でどちらかが違法となり、撤退や賠償が後者に科される、というにすぎない。その限りで、「自衛のための戦争」も許されないのである。国連憲章 51 条が一方当事者の提訴でなく「必要な措置」まで「自衛権の行使」を認めたことはひたすら（制定過程における一部当事者の）基本的な法学的素養の欠落の結果である。（それ自身やや曖昧とはいえ）一旦形成されて憲章 2 条 4 項に達する武力不行使原則が（従来言われたラテン・アメリカばかりでなく当のアメリカも加担する）自衛権巻き返しにあって憲章 51 条を生む過程については、森『自衛権の基層』（前掲註 24）211 頁以下に見事な分析がある。

43) なお、第二次世界大戦後の状況は国連憲章にかかわらず予断を許さないものであり、或る意味 Bowett の線をも越えて混乱の極である。このことは中谷他『国際法』（前掲註 23）313 頁以下を覗くだけで明白であるが、他方精密な分析をする決定的な学問的作業が管見の限り欠ける。極めて凡庸平板たるを以て状況の悪い面を代弁すると思われるたまたまの材料、Y. Dinstein, *War, Aggression and Self-Defence*, 3rd ed., Cambridge, 2001 は、戦争違法化をもちろん公理としつつも、Bowett を引き（かつ Bowett に反して）"self-defence" と（「太古からの普遍則」たる）"self-help" を再び混同して見せる (p. 160)。それ自身悪質な国連憲章 51 条は脈絡を離れて可能な限り拡大解釈される。他の材料は殆ど ICJ ニカラグア事件判決（1986 年）に限られるが、これを解釈し、51 条の自衛権行

使は（危険に対して）予防的たりえ（p. 166）、"armed attack" である必要は無く（p. 168）、実力の階梯は意識しないではない（p. 173ff.）が、メルクマールを見出せずに相対的な比例を説くにとどまる。テリトリーは一貫して意識されるが、徹底せず、判断の一要素にすぎない。"reprisals" は容認される（p. 194ff.）。要するに占有に関するセンスが窺えず、まして後述の vis armata という概念装備が（折角実力の階梯に気付きながら）致命的に欠けている。これであれば、イラクに関連するアメリカの一連の行為等々、つまり先制・復仇・対抗脅威の正当化は容易である。

3　問題の置き換え

　以上で述べたことに何某かの根拠が有るとすれば、日本国憲法 9 条 1 項と 2 項の間の関係に一定の示唆を与える。まず、不戦条約の線の不機能という苦い経験の上に立ってこれを克服しようとしたとすると、1 項は、一見不戦条約そのままであるが、本来そうあるべきであった占有原理の基本則を宣明したものと解するのが正しい。自衛権ないし自衛のための戦争をも放棄したという初期に有力であった解釈が最も正解に近い。無差別的な戦争放棄である。ただし、戦争ではないところの侵入阻止は認められる。通説が「自衛権留保」とする部分をその意味に修正するならば、こちらの方がヨリ正解に近いかもしれない。そして、この 1 項の体制をなお不十分と見てそれを補おうとしたのが 2 項であったという解釈が有力に浮かび上がる。不十分な点は、先述の不戦条約限界の第二、つまり自衛権の内容の不明確でなく（「生命線」などと言うときの）独特のニュアンスを帯びたその拡張である。既に確認したように、この問題は早くから認識されてきた。そして 2 項ともしばしば結び付けて考えられてきた。とはいえ、この大きな歴史的な反省を厳密な法学的枠組に翻訳することはなお課題として残っていると考えられる。1 項が占有の基本則であるとして、法学的に何を足せば拡大問題に対処できるのか。

　占有原理の側から自衛権増長問題を見るとどうなるか。まず単純モデルから出発しよう。1 項の設定である。占有侵害を実力で阻止することは違法ではない。占有とは、実は占有の範囲内に実力が押しとどめられている事態である。国際法上の実効支配はこれである。静かな実力行使に他ならない。対するに占有侵害とはその実力が複数占有に跨り占有線を融解させた状態、相手から見ると侵入して来た状態である。これを占有線外に押し返す防御は違

法ではない。防御的実力形成の範囲が占有の範囲内に留まっているからである。以上はまず単純モデルの話である。しかるに、一層発達したモデルを構想すると以下のようになる。単純モデルであれば各占有内には単一の実力が作用していることになる。しかしこれでは二つの占有が角を突き合わせているようで一触即発である。そこで、各占有内にヴァーチャルな分節を要請し、さらに複数の占有に区分されていると設定する。境界の小さな第二次単位相互の間には単純モデルと同じ状況が存する。しかしそれは小競り合いであり大したことにはならない。そうではなく上位の占有が全体として第二次単位の区分線を融解させるような実力形成をした場合、つまり全体が溶鉱炉か火の玉のようになった場合、総力戦的軍事体制になった場合、他との関係を俟たずに、自足的一義的に、ipso facto に、違法である、と考えるのである。外には侵害していないが中を火の玉状態にすることを法学的に危険ないし脅威という。今日、「明白にして現在の危険」や「強迫」といった語に跡をとどめている。

　この発達したモデルは一般の法学者たちもなかなか意識せず、ただ Cicero とその時代の若干の法学者のみが明晰に捉えたのである[44]が、彼らのもう一つの功績は、内的な軍事化を遂げた主体は必ず「まだ外には侵出していない」と抗弁するが、しかしそれどころか多くの場合占有線外側にエクステンションを勝手に設け、これに対する侵害を既に本体に対する侵害が有ったものとみなす傾向を示す、ということを見逃さなかった点である[45]。支分に該当する個々の下位占有単位を束ねる上位の中心という二重構造を概念し、前者に対する侵害を後者に対する侵害とみなすという転位の思考様式を採るのであるから、エクステンションの部分を侵害されると転位によって本体しかも中心への侵害が有ったと感ずるようになるのは自然である。本体の利益のための生命線を外側に広く廻らすという発想こそが自衛の概念の肥大の実相であったことは広く知られる。これが戦争を自衛のためのものに限定したことを台無しにしたのであった。否、自衛のためという限定は却ってとめどもない軍事化を招いた。

　さて、内的な軍事化によってそこに現に形成されている違法な実力の形態はテクニカルに vis armata と言われた。単純モデルでは単純に違法な実力を vis と言うが、発達モデルでは、ヴァーチャルな二重構造に対応し、下位の

単位の小競り合いのレヴェルに（限定的武力衝突に対応する）vis quotidiana という呼称を用い、vis armata と区別するのである。この vis armata を直ちに違法とする考え方は占有原理を補完する重要な役割を担っている[46]。そして、不戦条約の不十分さを反省する時に誰の意識にもあったであろうことをローマ法のタームを使って表現すれば以下のようになる。「vis armata を ipso facto に違法とすることが無ければ戦争放棄は有名無実と化すのではないか」。それは幣原の意識であったかもしれないし、他にもまして戦間期末に苦い思いをしたのはアメリカの一部の法学者たちであったから、その思いが微かに民政局にまで流れ込んでいたのかもしれない[47]。そうであるとすれば、2項前段に相応しい解釈は「さらに進んで vis armata を違法化した」[48]とするものであろう。「前項の目的を達するために」と言うのであるから。

2項の文言のうち基幹を構成する「戦力」つまり"war potential"という語はこの解釈によってよく説明されるように思う。まだ占有侵害＝武力行使に至っていない状態を問題とするからである。つまりたとえ戦争をしなくとも、内側に（他から見て）脅威になるような軍事化を達成していてはならない、という意味である[49]。とはいえ、例示たる「陸海空軍」はこの解釈を妨げるようである。というか、全く交わらないかの如くである。しかし "land, sea, and air forces" は "war potential" としてのそれであると解釈し直されており、その限りで、少なくとも国際法上の「軍」ないし「軍隊」とは違うアスペクトで何かが捉えられている。すると、「何であれ、war potential たるは保持しない」という意味にこの文言を解するしかない。書き手がそれを意識していないから不明確であるが、しかし語感としては「予め vis armata を形成し待ち受けることはしない」というに近いものが有る。

但し、vis armata 規制に関しては厄介な問題が一つ存在する。相手が火の玉になったときでもこちらが火の玉になってはいけないのか。ローマにおいて、占有保障は民事司法手続によってなされた。相手方による対抗を不可欠とした。当事者は uti possidetis という実力停止命令（interdictum）の発給を求め、これを巡って民事的に争う。内的軍事化がそれ自身で違法とされるに至ると、民事手続においても unde vi という原状回復型 interdictum を生むが、占有判断が元来相互関係を見るものであったのに比し、相手と無関係に事態を違法としうるに至る。かくして、今や刑事的制裁の対象となる。元来政治

システムを破壊するクーデタ的実力形成のみが刑事司法の対象であったが、それに至らずとも野火のように私的ながら横断的な実力を形成すること、火の玉のようになって膨張し実質もうはみ出していること、が vis privata という概念によって罰せられることとなった[50]。なおかつ、ここは論理必然ではないが、（ここでは説明を省く）事の性質によって上位の実力による規制が正当化されることとなった。否、（これ無しにも概念しうるものの）人々が実効性を求めて上位の実力を欲した。これが共和政崩壊と元首政成立の遠因となったのである。mutatis mutandis に、不戦条約等が国際司法、少なくとも仲裁条約の発達とパラレルであったことはよく知られる。そして、それらの限界から出発した第二次世界大戦後の体制は、実力行使を伴う措置を手段として有する司法制度、つまり国際連合の存在を不可欠とした。元首政とは違い国際連合は共和的な意味での厳正な政治システムとして構想されている。裏から言えば、火の玉に対する火の玉による対抗が認められないという規律[51] は、国連の如き機関の実効的な介入が有って初めて feasible になると信じられている。つまり、vis armata を向けられた国家は当座の防御措置を取りながら国連の介入を待つことが義務付けられている。

　この最後の点を含め、要するに、2 項解釈のために引かれるべき補助線は vis armata ではないか、というのが本稿の小さな示唆である[52]。否、その前に、もう一度条文の意味を「当て嵌め」と切り離し厳密に探究しよう、という問題提起である。踏み台として提示しうる文言の解釈をまとめれば、1 項は、「如何なる理由であれ（「国際紛争を解決する手段としては」）伝統的な国際法が認めてきた戦争（「国権の発動たる戦争」）を、自衛権の行使を含め（「武力による威嚇又は武力の行使」）認めない」と言っているのであり、占有原則への回帰を表明している。2 項は、その実質を担保するために（「前項の目的を達するため」）占有原則に一見収まる占有内実力のうち全面的な占有内軍事化（「陸海空軍その他の戦力の保持」）をも禁ずる、と言っているのであり、第二次世界大戦への経過を反省し vis armata を意識したものである。

　もちろん、万が一以上のように解しえたとしても、それは signifié のレヴェルにとどまり、référent のレヴェル、つまり「当て嵌め」のレヴェルで何が違憲となるのかを直ちには明らかにしない。それでも、「占有原則に反しない防御措置であっても違法なものがある」としてその限定線を画するもの

である53)から、直ちに導かれる帰結として、「自衛のためには有効」というので構築される抑止力、その種の防衛体制の整備が禁じられることになるのは明白である。(攻撃・侵害を未然に防ぐためとして正当化され易い)報復攻撃を可能とする体制も同様である。抑止力は相手に対する脅威のことであるから、その最大のものたる核武装は(火の玉型軍事化そのものとして) ipso facto に(行使の目的が無くとも)禁じられる。また、統制や兵站確保等々の総力戦体制構築、つまり本格的に戦争をしうる体制の構築は許されないことになる。これらは直感的に忌避されてきたが、その違法たる理由を vis armata は多少明らかにする。さらには、「集団的自衛権」を概念し行使することが何故9条2項違反かもはっきりする54)。とはいえ、具体的な軍事組織の具体的な装備のどこまでが許されるかの判断は容易ではない。局地的な撃退力やミサイル防衛網などが許されることは明らかだとしても、それらは反撃にも転用しうるかもしれない。むしろ、政治システムに対する軍事組織の徹底した透明性、軍事組織と政治システムないし市民社会との間の厳格な分節的関係、この二つを要請する方面に2項の規定は大きな意味を有するかもしれない55)。また、例えば文民統制は政軍関係分節の要であるが、指揮権が文民に属するだけでは足りず、頂点の合議体において文民以外の者とその判断が混入することがあってはならない、という帰結が導かれる。徴兵制度(市民軍のことではない!)は、職業軍人の下に市民を動員する総力戦体制の要であるから、禁じられるが、さらに、志願制度の場合にさえ若干の職業制は残るとすれば、政治制度の内部からそれをどこまで排除するか、厳密に検討されるであろう。軍事組織と私的な団体とが相互に浸透することは厳禁である。他方、在外自国人・在外権益保護が強く排除されることは vis armata 禁止の直接的な帰結であり、凡そ「自国民の利益や安全のために」と称する膨張的な「自衛構想」も強く否定される。他国内はもちろん公海に関しても同様である。憲法13条を引く見解は余り支持されていない56)が、国家は国外では単なる私的な存在である。人権保障や公共空間維持は公的な存在、つまり国連等々の国際機関や国際司法のみがなしうるところである。そして、vis armata によって攻撃された場合には vis armata で対抗せずに、局地的に防戦しつつ国連の措置を求めなければならない57)。

　以上の暫定的な「当て嵌め」の結果は、ひょっとすると従来通説の延長線

上において採られている若干の立場[58]と変わりないかもしれない。むしろそれに対して条文からの法律構成と法学理論上の基礎を供給しようとするものである。他方、何らか特定の軍事組織を in toto に合憲か違憲かと判定するわけではないが、むしろその特定の軍事組織のあり方を精緻に問う、そしてまたその特定の軍事組織と関係のない部分の問題をも明るみに出す、ことを要請する。法の役割は、問題を解決するよりもずっと多く、問題を発見させるところに存する。

　さて、早くから9条が改正可能な部分に属するかどうかという議論が存在する[59]が、vis armata を視野に入れると、(「永久に」という文言以前に) 改正不能たるは簡単に論証できる。否、そもそも何故この1項や2項が憲法の規定であるのかという点[60]も明らかになる。何が憲法であるのか、(通説[61]のように改正限界が存するとして、その) 改正限界を何に求めるか、は難しい問題であるが、憲法は少なくとも政治システムを樹立するものであり、政治システムの存立を否定する規律へと変更することは如何に改正手続を遵守したとしてもできない、のは当然であろう。この場合政治システムとは諸個人一人一人の自由を保障する装置のことである。つまり自由な体制のことである。保障のための具体的な機構を工夫するために憲法の規定を改定することはもちろん許されるが、装置そのものを破砕することは許されない[62]。しかるに、まず vis armata の日常的形成は ipso facto に政治システムの崩壊を招く。20世紀の総力戦経験は vis armata 問題が政治システム存立の生命線の一つであるという教訓をもたらした。1920年代末からの日本の経験と反省を結びつける素朴な感覚は決して間違っていないし、それを堅固な法学的な装備で支えるのは法学者の務めである。さらに vis armata 違法の親原理である占有原理もまた、国際間においては、政治システムの存立を保障するものである。a fortiori に自国の権利や利益のための (「武力紛争を解決するための」) 実力行使は自分の政治システムの破壊を招く[63]。外に侵出する場合に、まずは vis armata を形成せざるをえず、それは内にとどまっていても違法なのである。いずれにせよ、政治システム存立にとって不可欠の原則を宣明したこれらの規定は憲法に不可欠であり、削除することは政治システムの破壊に等しいから、改正は違法である。

44) Cic. *Pro Caecina* が全篇にわたって展開する思想であるが、これについては木庭顕『法存立の歴史的基盤』（東京大学出版会、2009 年）971 頁以下を参照。ただしここでも例外は Hobbes であり、Thoukydides を経由してこの脅威 metus を全理論の基軸に据えた。一見この概念は抑止力理論を導くようであるが、逆で、（国際政治学の基調を今なお規定する）Hobbes は metus がシステムを成り立たせないということを公権力樹立のための最も重要な論拠とした。本書 7 論文参照。

45) 木庭『歴史的基盤』（前註）975 頁、木庭顕『新版　ローマ法案内』（勁草書房、2017 年）132 頁、図 3 参照。

46) 以上のターミノロジーについては、差し当たり木庭『新版　ローマ法案内』（前註）133 頁以下を参照。Ulpianus 文が収められた Digesta の項目名にも痕跡をとどめている。

47) 着想者や起草者が誰であったかが正統性の問題に関わらないというのは言うまでもないが、殊憲法の場合、憲法を基礎付ける上位の権威というものがあってはならないのであるから、その限りで正統性の概念自体親和的でない。他方、個々の内容の思想的現実的基盤を絶えず省察することは不可欠である。憲法を盲信させる権威主義を避けるためである。

48) 「戦争違法化」が国際社会の規律の（少なくとも理念上の）大きな変化・動向と連動していたことは周知のことであるが、vis armata の違法化はそれを完成させる意味を有する。というのも、まずここでは暫定的に、第一次世界大戦後に前面に躍り出る「戦争違法化」の背後に国際信用秩序に関する一個の思想（「血と土」と武力を頼んで資源を囲い込むシステム——満蒙生命線や Mitteleuropa ——を拒否し、開かれた信用が反射的に徒党支配を排除し持続的な経済活動を育むとする思想）があったと考える（差し当たり三谷太一郎『ウォール・ストリートと極東』（東京大学出版会、2009 年）参照）が、これは一旦大きく挫折し、その挫折は不戦条約の挫折と深く関係するが、第二次世界大戦後も冷戦構造によってその道は塞がれたままであった。しかし冷戦終結後、少なくともチャンスは訪れていると言うことができる。vis armata 違法化はその道の復活を刻むものでありうる。かつ中期的には非常に現実的である。というのも、戦間期と同様に、しかし別の形で、国際信用秩序の変質が世界の至る所で冷戦後却って極めて暴力的な割拠を生み、これに衝き動かされるようにして社会奥深くで様々な次元の暴力的な傾向が進む（日本の状況もその一端である）。まさにこの状況に対して冷戦構造型の集団安全保障の枠組や抑止力理論が手も足も出ない状態に置かれてしまっている。vis armata 違法化の思想基盤は、新しい金融規制概念の構築と共に手を携えれば、唯一の方策とも言える。つまり 9 条は今こそ初めて出番を迎えたと言うことができる。むろん、だからこそ先述の改廃圧力がここに加わる。国際信用秩序不全と連動する国内の新体制が暴力的な傾向を強め、政治システムそのものと同時に 9 条を葬ろうとするのである。つまり世界の社会構造を把握することと 9 条の解釈は相互に結び付いている。

49) 立憲主義が予め国内で戦争の芽を摘むという考え方は樋口陽一（『注釈日本国憲法』上巻（前掲註 6）155 頁）により追跡され示唆されている。もちろん、反対に軍事化こそが立憲主義を破壊することは言うまでもなく、また後述するとおりである。

50) 木庭『新版　ローマ法案内』（前掲註 45）173 頁。Grotius が引く *Pro Milone* は、新し

い実力規制の概念を受けてなされた刑事訴追に対応する法廷弁論である。ローマでは、元来軍事化、つまり vis の形成とは占有単位を越える実力を構えることである。一個の占有単位がなす他の一個の占有単位に対する占有侵害が基本である。これに対して複数の占有を束ねて単一の実力を形成することは端的な政治システムの破壊であるから、犯罪であり、占有原理内の用語としての vis をこれに用いることは無かった。しかし、単一占有単位内の軍事化を違法とするようになると、これも犯罪としての実力形成に準じて捉えられた。なおかつ区別するため、元首政初期に vis publica と vis privata を分類する思考が規制立法に現れる。国際社会に当てはめれば、軍事同盟が前者であり、国内軍事化ないし脅威の形成が後者である。

51) vis armata に vis armata で対抗することを認めると、(先に示唆した) 刑法上の正当防衛概念の混乱に辿り着く。ローマにおいて vis armata 規制は実は所有権概念成立とも密接な関連を有したが、所有権適合の新しい占有概念を装置しても vis armata による対抗を認める混乱は生じなかった。しかしとりわけ 19 世紀ドイツにおける所有権概念再興に伴って正当防衛概念が精緻化されたということは、その種の対抗が構想されたことになる。

52) 2 項後段の解釈も簡単である。「戦争放棄」にとって「交戦権放棄」はトートロジーではないか。「戦争放棄」に伴う ius in bello の放棄のことか (『註解日本國憲法』上巻 (前掲註 2) 216 頁以下、『注釈日本国憲法』上巻 (前掲註 6) 174 頁以下参照)。そうではない。1 項ではなく 2 項に置かれることを説明しえなければならない。「戦争違法化」にもかかわらず国連憲章、ニカラグア事件判決、諸学説に共通して見られる混乱、Bowett 的習合・後退と一線を画し、反対方向、つまり自衛のための戦争、reprisal や反撃等、をしない方向を言うものである。押し返すだけでなく敵基地攻撃の場合には小なりといえども vis armata を実現しなければならない。この抜け道から旧来の戦争枠組が復活しかねない。ちなみに、(「戦争違法化」後に ius in bello 自体ないし「戦争状態」概念が困難を覚えることは国際法学では遍く認められているが) ius in bello は vis quotidiana レヴェルの押し返しに対して a fortiori に適用される。それ以上の制限がなされるからである。かつ、vis quotidiana レヴェルの防御は警察権・警備権の行使とは厳然と区別される。この境目を曖昧にすることは極めて危険である。

53) 通説の或るヴァージョンや政府見解に対して「自衛のための武力行使－α」の理由と線引きが不明確であるという不満が非常に根強い。安念潤司「日本国憲法における「武力の行使」の位置づけ」『ジュリスト』1343 号 (2007 年) 27 頁以下は、1 項がネガティヴ・リストであり「国際紛争を解決する手段として」以外の武力行使は認められるのに、何故「自衛のための (戦争ならぬ) 武力行使」(本当は「自衛の措置」) しか残らない (「白抜き論」) のか、という問いを立てる (自身は無理を承知の限定句説に赴く?)。批判対象として 13 条を引く偶発的政府答弁を引くのは的外れであり、ひとまずそれは (1 項で「自衛」に限定された上で) 2 項故であるという答えになる (通説)。そして、2 項からどうして「白抜き」のラインが出て来るのか、否、ライン自体、不明確である、と安念は問うべきであった。(カズイスティクは揺れながらも頑なに感覚的な或る一線を守り善戦してきたが) それが通説ギャラクシーの弱点たるは認めざるをえない。本稿

は通説のこの弱点をささやかにカヴァーしようとするものに他ならない。
54) 愛敬浩二「自衛権論の現在と憲法 9 条論の課題」『ジュリスト』1378 号（2009 年）114 頁以下は、通説が集団的自衛権を駁する力を持たず、また政府解釈も曖昧さに付け込まれ、国際法の概念をストレートに持ち込む集団的自衛権論の問題点に対応できないことを早くに指摘しているが、理論モデルを自衛権から占有に移し vis armata を違法とすれば、主占有を跨ぐ実力の形成は幾ら自衛のためであっても a fortiori に違法であるというロジックが簡単に導かれる。国連憲章 51 条の「集団的自衛権」はこれを暫定的に認めよと言うが、自衛権概念克服に逆行する。「個別的自衛権」と「集団的自衛権」の間に具体的な線を引いてきた政府見解は、用語こそ不完全ながら、実力の形態に関する答弁では占有原理をかなり直感的に把握してさえいるように思われる。この点、「安保法制」は、「個別的自衛権」を膨らませ、かつ「集団的自衛権」との境目を曖昧にした点で、一層悪質である。自衛権否定の憲法学が政府見解のこの境界線を盾に取るのは立論として成り立たないとする批判に対して、山元一「九条論を開く」水島朝穂編『立憲的ダイナミズム』（岩波書店、2014 年）73 頁以下は弁護に立ち、優れた学説分析を経由して「動態的憲法理解」（一種の憲法変遷論）に至る。しかし、法制局の職人的な法学が存外明晰であり通説と架橋しうることを見逃すべきではなかったし、条文解釈と国際法解釈に跨って実質的な基準を示し以て法案批判の諸学説を援護すべきであったろう。
55) 軍事組織が政府からも独立した機関に対して完全に透明でなければならないし、その機関が軍事組織によって浸透されてはならない。さらにその前提として軍事組織と相互浸透した怪しい結社に毒されていない市民社会の存在が不可欠である。
56) 芦部『憲法学 I』（前掲註 8）266 頁。13 条を援用する政府見解は阪田編『政府の憲法解釈』（前掲註 16）11 頁に見られる。『注釈日本国憲法』上巻（前掲註 6）174 頁以下は、9 条が無ければ一般の立憲主義的思考として 13 条説もありうるとするが、疑問である。「安保法制」の問題の一つは、「個別的自衛権」から「国民の生命と財産を守るために」を抽出し、そのラインを可能な限り伸ばした点に存する。自国の利益と関係のない武力行使の方がよほど安全である。高邁な人道上の理由や相手の要請が無ければできないし、また欲しないからである。また、在外私人の保護が自衛権概念のアキレス腱であることは森『自衛権の基層』（前掲註 24）が全篇を通じて描き出したところである。国際的人権保障のための貢献ならば、公的な枠組が不可欠で、個別国家の私的な介入は危険である。なお、そもそも人権保障は追い詰められた孤立無援の個人を追い詰めた集団から守る制度であり、vis armata は前提たる私的権力排除装置自体の破壊をなすものであり、個人の自由を侵害する前に違法であるから、13 条と憲法前文を組み合わせる「平和的生存権」につき概念構成の飛躍を指摘する長谷部恭男『憲法〔第 6 版〕』（新世社、2014 年）62 頁以下は的確である。なお、（単純防衛のためには不可欠と言えない）具体的な占有侵害を訴えたのが 9 条訴訟の実体であった（蟻川恒正「裁判所と九条」水島編『立憲的ダイナミズム』（前掲註 54）163 頁以下）。
57) 以上の解釈は、国際法と憲法を一個の法概念の下に見るものであり、決して国際法に従って憲法を解釈するものではない。それが証拠に不十分ながら現在の国際法や国際法史に対しても問題を提起するものである。ただ、だからこそ却って、第二次世界大戦

後の実定国際法は反撃や復仇を許すものであり、国際司法制度も国連も全然機能していないではないか、このような解釈は机上の空論で非現実的である、という批判が予想される。まず、不機能の現実は法を廃棄するための論拠にはならない。そんなことをすればわれわれの到達点をひたすら愚かさ故に台無しにしたと物笑いの種になるだけである。とはいえ、その到達点が何に支えられ、それを何が破壊するのか、に関する限り社会の奥深くを高度な装備で探らなければならない。理念を宣明するだけでは無意味である。確かに、vis armata に対して vis armata で対抗することが違法であるとしても、国連軍はやって来ない。しかし少なくとも、冷戦構造における状況と野放図な実力が跋扈する現在の状況は区別しなければならない。冷戦下、日米安保条約は vis armata 形成を画するものである限り違法の疑いが有るが、国連が機能しない間緊急避難的にアメリカ軍を国連軍に見立てたものとして、その限りでの運用につき違法性阻却を主張することがひょっとすると可能だったかもしれない。条約の非対称性はむしろ鍵になる。集団安全保障を国連に準ずる「西側同盟」で調達し、かつ冷戦への積極的加担を避けるという選択である。ただしその後のアメリカのパーフォーマンスを見るとこの選択肢が実在したのかどうか、わからない。他方冷戦後、巨大な軍事ブロックの対決は生じえず、問題は地域的でしばしば非国家的な vis armata である。観念的に vis armata 対 vis armata を近隣諸国との間に想定しても無意味であるし、ましてそのために軍事同盟をすれば相手の vis armata を呼び出すだけである。つまり確かに国連体制不全は９条２項にとって困難をもたらすが、だからと言って反対の方向へ舵を切ることはもっと展望を有しない。現今の野蛮な国際信用体制が資源獲得局地紛争を生み、これが刺激して、部族社会原理に深く根ざす軍事化と人道上看過しがたい惨状が現れる。これらに対処する枠組を国連中心に構築する方が早い。（厳密に公的な枠組を前提として）実力提供を含むそれへの貢献を考えるべきである。さらにそれより前に（部族社会の原理にも国際金融規制にも通ずる）人材を養成しなければならない。９条２項は差し当たり国内につき以上の理念に反する方向を禁ずるが、国際社会におけるそのような姿勢を指示するとも読めるのである。

58)「自衛のための戦力」をさらに絞る立場ということになる。「自衛のための必要最小限度」等々がこの意味ならば政府公式見解の立場も含まれると言ってもよいが、しかしこれが自衛のためのフルの戦力を意味するのであるならば、これと異なる。その場合には鳩山内閣以前の政府公式見解と言い直さなければならない。他方、（最近では唯一の創造的な論考である）長谷部恭男「平和主義と立憲主義」『ジュリスト』1260 号（2004年）56 頁以下も、何らか限定された防御用実力組織の保持という結論において同一に帰すると評しうる。実力というものに関する基本的な枠組を欠くために曖昧である部分を補うのが本稿であるとも言えるかもしれない。とはいえ、長谷部論文が通説との連続性を捨てて独自に基礎付ける点、条文からはなかなか導きえないとする点、には危惧を覚える。一旦引いた（政府によって引かれた）限定の線を守ることが、たとえその線に合理性が無いとしても、賢明であるというのであるが、儀礼的思考は日本においては数少ない法的思考のための資源であるから、ここへの着目は高い評価に値するものの、儀礼とて実質を欠けば critical な状況では機能しないから、柱となるロジックとしては脆弱である。例えば（私はこうした概念構成に批判的であるが）「個別的自衛権」と「集

団的自衛権」間の線にも合理的な理由は無い（一旦そこで線を引いた以上守るべしというにすぎない）とされるが、堅固な論理構成で構築できなければ幾らでもずらされてしまうであろう。（原文では、規範で縛るのではなく危険な記号作用を知覚の平面で遮断することを指示する）オデュッセウスとセイレーンのパラダイムを（原文から見れば見当はずれに）引いて「自己拘束」を憲法の基本モデルとするが、何でも線を引いて縛っていれば憲法であるとは行かない。根底に在る原理の明確化無しに線を一体どうやって防御するというのだろうか。憲法は政治システムという分厚い構築物の成否に関わるのであり、深く実質的な criteria を持つ。

59) 『註解日本國憲法』上巻（前掲註 2) 251 頁以下、『注釈日本国憲法』上巻（前掲註 6) 176 頁。

60) 長谷部「平和主義と立憲主義」（前掲註 58）及びこれを再述する『憲法』（前掲註 56）62 頁以下は、防衛という公共サーヴィスをどの水準とするかは国民の決定する事項（政策問題）であり、予め固定しておく（憲法問題とする）に相応しくない、という立場がありうるとする。もちろん論者自身は、とはいえ決定主体が（防衛などという難しい問題になると）自らを必ずしも信頼しうるわけではないから、予め限界を定めておくのがよい、とする。しかしサーヴィスと捉える限り憲法たる必然的内容の実質的画定基準を導きえない。9 条の基礎付けは得られない。簡単に葬られるだろう。そもそも国家権力ないし行政権ないし「執政権」の制限というパラダイムは、デモクラシーも人権も直ちには対外関係には関わらない（全国民一致で自発的志願兵だけで戦争をすることができる）から、制限導出に苦労するはずである。権限ないしその解釈と無関係に ipso facto に特定の事態を違法としうる基準を探求しなければならない。すると絶対的な基準として、軍事組織の存在自体を ipso facto に違法とする政治システムの概念を援用せざるをえない。ギリシャ・ローマ以来、実力の規律は政治システム樹立の本旨である。政治システムは定義上支配服従関係ないし徒党（その最たるものたる軍事組織）を排除するためのものであるが、内側でそれが実現されていたとしても外部から人々を服従させる軍事集団が襲って来るかもしれない。このとき、本来ならば ipso facto に違法な実力組織を自ら団結して形成せざるをえない。この矛盾に粘り強く対処し何重にもタガをはめる営為はまさに政治システムの不可欠で基本的な部分である。

61) 芦部信喜『憲法制定権力』（東京大学出版会、1983 年）特に第 III 論文（さらにはまた『憲法学 I』（前掲註 8）の註における批判への反論）が決定的であり、本稿の立場も、「個人尊厳の原理」（芦部『憲法学 I』81 頁）を実質的改正限界に採る点で変わりない。ただ、制定権力の自己矛盾を避けるというロジックを（樋口陽一が再三指摘するように、「憲法制定権力」という概念構成に副作用が有るから）介さず、集団を解体して個人の自由を保障する唯一の特殊な装置である政治システムの存立（木庭顕『政治の成立』（東京大学出版会、1997 年）参照）から直接限界を導く。立憲主義を政治構築の有りうる一手段と解することになる。憲法というものの性質に反する内容に変える、例えば権威主義的体制や一党独裁体制のように人権を制限しうるものとする、ならばそれは憲法でも法でもなくただの終わりであるという点、万人が同意するであろう。ちなみに芦部『憲法学 I』78 頁は 9 条 2 項を改正可能とするが、それは本項が「個人尊厳」に関わら

ないと解釈されているためである。本稿は vis armata が政治的自由、そしてこれを土台とする限りの人権・自由、を破壊するという前提に立つ。(人権のこの系譜の追跡は最近、蟻川恒正「尊厳と身分」石川健治編『学問／政治／憲法』(岩波書店、2014 年) 219 頁以下でなされ、9 条へも「「個人の尊厳」と九条」『世界』2015 年 9 月号、137 頁以下によって辿られた。)

62) 元来戦後日本において、政治は仮初の基盤しか有さず、利益団体多元主義の成り立つ範囲で表面的にしか立ち上がっていなかったが、それでもそれは貴重であり、かつまたそれが本物になる可能性を内包していた。しかし既に示唆したとおり、1990 年代からの信用破綻とその後の何らか大きな国際信用秩序の要因により仮初の政治さえ崩壊過程に入ったと見うる。幾つかの「政権交替」や「改革」はむしろそれぞれ崩壊の一局面であったと考えられる。以上のことは却って素朴な人々によって直感されている。一人一人の自由が直接破壊されるからである(だからこそ、「安保法制」の直接的な帰結を越えてドス黒いものをはっきりと見て取っている)。流石に、日本の社会はこれほど粗野で凶暴な徒党の露骨な自己利益追求によって政治システムそれ自体を乗っ取られるに相応しいものではない。問題は、知的階層が的確精密な分析を提供しうるか、その蓄積を有するかである。否、それ以前にそのような知的階層が崩壊してしまっており社会より先に(国際競争にスポイルされた経済的階層と共に)腐敗していないかどうか、である。いずれにせよ、現在の世界の流れに何ら将来が無いのと同様に、出来上がりつつある諸団体諸セクター和合の巨大なコンフォルミスム体制が破綻へと運命づけられていることだけは確かである。

63) 今なお、最高水準の研究は Thoukydides である。鬼気迫る克明な分析に息を呑む(残念ながら各国語翻訳によっては伝わらない)。政治システムは、外部からの破壊に対して、本来絶対に形成してはならない軍事力を自ら形成する矛盾を冒す。この弊害を極小化する精緻な制度を必ず構築しなければならない。それでも時として暴走を防げないのであるが、Thoukydides は、デモクラシーが抑止力信奉の心理を生み、これが政治システムを内側から崩していく様を分析した。さらに、これは Leonardo Bruni 以下の人々が見出し最近では Pierre Vidal-Naquet が最新の構造主義的分析により明らかにしたことであるが、政治システム樹立のために(部族社会が軍事編成のため動員するメカニズムに遡り、またその軍事編成をそのまま入植させ日常編成とすることにも発展する) 軍事化のメカニズムが既存の私的権力を解体すべく転用された。近代国家樹立時にも例えばイングランドで同様であったことの歴史分析は John Pocock によって総括されている。産業化と共振する 19 世紀以降はもっと甚だしい。遠く現代の時代錯誤的部族メカニズム大規模軍事化に繋がる。いずれにせよ、軍事の問題を知り抜いた政治システム論、憲法理論が要請される。

2 法学再入門：秘密の扉
ぜんべえドンとオハナぼう、番外篇
―ポンポコ山に憲法改正の危機

　　　ぜんべえドンとオハナぼうは相変わらず幸せに暮らしておりました。夏の日の午後、青々とした夏草を悠々と食むオハナぼう。それを傍らでまどろみながら見守るゼンベエどん。久しぶりに見るとまた格別、長閑な気分を思い出します。とはいえ、何か必ず事件が起きるのでしたねえ。今回もそうなのか、少し不安になります。もっとも、事件の後にはあの愉快な学生さんたちの議論がガヤガヤ始まるかと思うと少し楽しみでもあります*。

　　　ヤヤッ、こちらへやって来るのはゴンベエどんではないですか？　事件は必ずこの男の登場によってもたらされるのでしたねえ。何やら胸騒ぎがします。久々の登場とあってゴンベエどんはちゃあんと豹柄のジャンパーを立派に着込み、パンチパーマを入念にかけていますね。あ、いきなり怒鳴りました。

「や、やいやい、そこのゼンコー、ざまあ見やがれ！」

　　　眠りを覚まされたゼンベエどんは、驚く前に既に例の悪夢が蘇るのを覚えました。おはなボウが奪われる、また占有が侵奪される！　しかし待てよ、民事法の再入門は終わったはずではないか？　そこでとっさに言い返しました。

「おはなボウは渡さねぞ。いざとなったら、占有訴訟でオメたちを破滅させでやる。」

「へへ、ぜんコーはこれだから間抜けだと言われるんだ。占有訴訟がしたければ勝手にするがいいさ。今日はありがてえお知らせを持って来てやっただに。ゴンザエモンどのが「憲法さ改正すべえ」というありがてえ思し召しめしをお示しめしどんぶり飯。」

「何だ、オメこそメシメシって、そげメシが食いでば、少しは汗水たらして真

面目に働げ。」
「ポンポコポン共和国憲法第9条「ポンポコ山は誰のものでもない」はこう変えられるんだ。「ポンポコ山は皆のものである。したがって皆の利益のために供されなければならない」。続く第10条はこうだ。「ポンポコポン共和国議会は皆の利益のため単純過半数の議決によってポンポコ山の使用収益処分を決することができる」。第11条には、「ポンポコポン共和国議会は、単純多数決によってポンポコ山の使用収益処分をポンポコポン共和国大統領に委ねることができる。その場合にはポンポコポン共和国大統領は皆の利益のためにその権限を行使する」。知らざあ言って聞かせやしょう。ポンポコポン共和国大統領とは他ならぬゴンザエモン閣下その人のことじゃ。閣下はきっとポンポコ山をポンポコ・レジャーランドやポンポコ・カジノ・ヤケブトリにして下さるにちげえねえ。どっちに転んでもおらっちに日銭がごそっと入ってくることにちげえねえ。そうなったら、水源も枯れ果て、ここのけちくせえ牧草地も一巻の終わり。いつの間にかおめえらは居なくなり、濡れ手に粟、この辺りを二束三文で買い取って大工業団地にして切り売りだ。」

「それの一体どごが皆の利益だんだ。」

「金持ちたちがカジノ・ヤケブトリに集まり、大金を落とすから、これが地域活性化でなくして何が地域活性化か。」

「ここら辺さ、そげたくさん金持ちが居たけがの？」

「大丈夫、ポンポコポン共和国がどしどし借金して皆に泡銭を摑ませ、摑んだ人々がスペキュレーション、中央銀行がお札を刷ってインフレーション。バブルを踊ればエスカレーション、お金がうろうろサーキュレーション、派手にカジノでレクレーション。」

「カジノ・ヤケブトリでゅうより、カジノ・ヤケッパチだの。んだんども、ポンポコ山が破壊されれば、オイたちの生活の土台がひっくり返ってしまうんでねが。だからこそ、憲法さ「ポンポコ山は誰のものでもない」ど書いだんでねがったんが。それを書き換えるなんて、そげだ勝手だ事をして良い訳ねんでろや。」

「勝手じゃあねえ。ポンポコポン共和国憲法第96条には、共和国議会の三分の二の賛成が国民投票で批准されれば憲法を改正することができると書いてある。」

「ポンポコ山が禿山さなれば、ポンポコポン共和国は一巻の終わりだ。いくら

憲法さ書いてあるって言っても、そういう事まで変えで良いなんが？」
「冗談言っちゃいけねえ。「ポンポコ山はみんなのものだ、みんなで利用してみんなの利益にするんだ」と昔から言って来たのを忘れたのか。それを他所者がやって来て「誰のものでもない」とかわけのわからないことを書いて押し付けた。そもそもそこが間尺に合わねぇと言ってるんだ、わかんねえのか、この底抜けの間抜け！　ポンポコポン共和国は永遠不滅の独立国だ。ポンポコにはポンポコの誇り高いやり方が有るんだ！」
「何だが急に話が飛んだようだの。大丈夫だが？　ゴンベエどん。オメだば昔っから妄想癖があったさげの。ゴン一家の中でいつも虐げられて、劣等感の塊だもの。時々、跳ね返しのバネが暴発すんなやの。いいが、そりゃあ、「ポンポコ山は皆のものだ」と言った事はあったが、それは誰かが勝手をしようとしたなを止めるために、「オレは皆だ。んだがらオレの思い通りさしてやる」などど言う意味ではねぇぞ。」
「何も昔ばかりじゃねえ。石器時代が終わって青銅器時代になり、青銅器時代が終わって鉄器時代になり、鉄器時代が終わってカジノ時代になった現代の世界においては、子分が親分に、親分が大親分に、とことん尽すのが掟というものだ。どうだ、ナウいだろう？　ゴンザエモンどのは、ゴンダエモンどのにあのキビダンゴをもらって以来、まだその分を返し切れてない、何としてでも大親分ゴンダエモンどのにとことん尽くさねば申し訳が立たない、いや、男が廃る、いや、これこそリヴェンジだ、と思っている。ゴンダエモンどのはもちろんピンピコリン共和国の大統領だ。こういう場合、ただの御奉公では名が廃る。どうでもポンポコ山を丸裸にして御山の柿の実と栗の実を全部届けなければきれいさっぱりと行かねえ。そうしてこそ気持ちはポンポコ晴れ、すがすがしい桜吹雪。」
「あいや、また飛躍したの。そもそも、「オレ様は皆だ」という者が暴走した時に、ゴンダエモンどのの手の者がやって来て、「皆のものでゅう事は、誰のものでもねぇでゅう事だ」と注意してくれだんだ。「あぁ、んだっけの」と皆は思い出し、もう忘れねぇように憲法さ書いだんだ。ゴンダエモンどのだって、キビダンゴの分働いてもらえば悪くは思わねぇんでろうども、時代錯誤の「男でござる」には「また地金が出だの」としか思わねんでねぇがの。それにしても、ゴンベエどん、男の美学はわがったんども、憲法まで変えることはねぇなさの。憲法は議会や大統領が勝手だ事をしねぇように縛るもんだと聞いだぞ。」

「だから、今までの縛りよりずっと高級な縛り、ポンポコポン共和国特産の縛りをかけようってんだ、わかったか、ざまあみやがれ。」
「特産て、地域おこしの発想が抜げねぇんだな。しかし、国家権力を縛るのに特産とか名産とかあんなんが？　あれ？　憲法でゅうなは、観光産業さ属するものだっけがの？」
「うるさいねえ、要するに大統領を縛れば文句ねえんだろ！「大統領は皆のために尽くすべし」と縛ってるじゃねえか。」

　と、水掛け論が続くばかり。日も暮れ始め、ゴンベエどんが立ち去った後も、ぜんべエドンのもやもやは晴れません。おはなボウがねらわれる切迫した状況は有りません。それでもゼンベエどんにはオハナぽうが相当に危なくなったということはわかるのです。
　とはいえ、今度ばかりはあの呑気な学生さんたちにも無理でしょうねえ。まして老いボレにして落ちこボレの先生にはねえ。
　と思った瞬間、何やらがやがや声がしてきました。あれ、いつの間にかここは古めかしい、木の床にワックスの匂いを染み込ませた狭い教室ですねえ。あ、あの賑やかな学生さんたちですねえ。法律論がさっぱり苦手のあの人たちです。奇想天外Q君や正義感の強いIさんの姿も見えます。

事態を見つめよう

B：おはなボウがまたまた窮地に陥ったというので集まったのに、二ボレ先生はいつものようになかなか現れないわね。始めていましょうか。
R：どんな場合にも考える手順は決まっているよね。
I：一番追い詰められた人の立場に一方的に立って事態を見るということでした。
J：そして、どうしようかと考える前に、事態をよく見つめること、とりわけどうしてそういう事態に陥ったかを素早くしかし冷静に分析することが大事でした。
E：ならば簡単、またしてもゼンベエどんとオハナぽうの幸福な生活に危機が迫っている。おはなボウの命綱である緑の絨毯が枯れようとしている。
O：本当にそうかなあ。ゴンベエどんはそう言って脅しているけれども、ま

だ何も起こっていないし、起ころうともしていない。
G：そのとおりだ。厳密に事態を把握するのが大事だと確認したばかりじゃないか。コアとなる確かな事実はゴンザエモンどのが憲法を改正する意思を表明したということだけだ。
D：それも、「ポンポコ山は誰のものでもない」という第9条を「ポンポコ山は皆のものである」に変更するということだけだ。あまり変わりはしない。何のためにそうするかということにつきゴンベどんがいろいろ並べているが、所詮彼の勝手な推測の域を出ない。
H：第10条と第11条が付け加えられそうだということを忘れてはいけないけれどもね。
A：ひどく普通で常識的なことのような気がするけれどもなあ。
P：なあんだ、大山鳴動鼠一匹かあ。
Q：よくわからない物が目の前に現れたからといって思考を停止してはいけません。トロイアの人々は木馬を見て一体なんだろうと思っているうちにやられた。「誰のものでもない」を「皆のもの」に変更するということはどういうことなのか、きちんと考えよう。
K：これ自体、謎々のようだなあ。
M：わからないのは「誰のものでもない」の方だねえ。「皆のものだ」の方はよくわかる。皆の利益のために供されるとも言い換えられている。わかりにくいのでわかりやすくするというのが改正趣旨ではないか。
N：なあんだ、そうならそうと早くに言って欲しいね。
I：「皆のもの」とはどういう意味か、わたしには全然わからないわ。特にオハナぼうにとってどういう意味かがわからない。

誰のものでもない

R：「皆のものになる」ということはどういうことか。皆さんはおわかりでしょうか？
C：ははは、確かにこりゃわからない代物だ。「ナミさん、いやミナさん、おわかりでしょうか」だとよ。G君がわかってもオレはわからないから、ナミさんはギッチョンチョンでパイノパイノパイでもミナさんはアアカンベエ

でイナイイナイバアだ。
　B：大丈夫？
　S：しかし論理的に言って、そのどこにも居ないナミさんの利益のために供するということは、ナミさん以外の誰か現実に居る人がナミさんのために利益を上げなくてはならないことを意味する。そうでなければお供えの御饅頭が誰も食べないのに消えているようで気味が悪いからね。
　J：しかしそのナミさん、いや皆さんが居ないとなると、その居る誰かがいつまでも利益を自分の物にしかねないわね。皆さんは待てど暮らせど現れないんだから。結局その誰かさんというか、一つの徒党が利益を占めることになるわ。
　K：いいですか、皆さん、「皆さんは居ない」とか勝手な前提から出発しないで下さい。だから哲学同好会ペースはいやだと言うんです。経済波及効果とはこうしてわれわれにだってじわじわ及んで来るのです。こういうのを皆の利益と言うんじゃないですか。
　F：もっと悪いじゃないか。何故ならば、利益を一旦占めた連中がさらに不特定の他の者たちにばら撒いている。他の者たちまでがそれに従っている。そういうのが本物の徒党だ。利益を上げるとどうしても人は群がる。怪しい取引が生まれる。
　G：ポンポコ山だろうと何だろうと利用しなければ宝の持ち腐れだよ。利益を分配するところには神経を使わなければならないけれども、注意深くやりさえすればやはり利用した方がよいに決まっている。
　E：たとえオハナぼうが居られなくなってもかい？
　N：そこはそれ、適正価格の補償とかを与えればよい。皆が利用したいと言っているのにそれを自分のエゴで止めるのは最低だよ。
　S：しかし皆が通る道をもったいないからと言って耕したら皆が困るよね。収穫した大根を幾ら全員に分けても嬉しくないね。自分はその道は通らないから大根の方がいいという主張は成り立たない。自分に不可欠の物の供給がその道を通るかもしれないし、取引先がその道でのみ行けるところにあるのかもしれない。
　O：それは道路が国家のものだからだろ。国家のものということは皆のものだということだ。

F：もし国家のものだとすると、議会が議決しさえすれば大根畑にしてよいということになる。国家の意思次第だからね。しかし道はそこを誰でも自由に通行できなければ一人ひとりの生存・独立が保てない。他とやりとりできなければ生きていけないし、いちいちお願いして通らせてもらわなければならないならば、自由と独立が損なわれる。
J：あ、わかった。ポンポコ山もそれと同じことだわ。ポンポコ山が保全されていてこそ、ただ単にゼンベエどんの農場というのでなく、全ての一つひとつの農場と全ての一頭々々のオハナぼうが生きていけるんだ。そこを潰してしまえば全ての単位が壊死してしまう！
G：別に潰すわけではない。皆で利用しようというだけだ。
E：利用するだけで自由が阻害されるんだ。
B：でも、道として利用することとレジャーランドとして利用し皆に利益を還元することはどこが違うのだろう？
L：それはもちろん占有さ。つまり費用投下と果実収取さ。道路や水路はただ通過しているだけだ。占有を成り立たせれば、たとえ果実を公平に配分しても重罪だ。社会の基本を破壊したことになるからね。
S：なるほど、費用果実関係を警戒してるんだ。費用果実関係を巡っては支配従属関係つまり徒党が生じやすいからね。占有原理で規制しても、リスクは有る。一切のリスクを冒してはならないほど絶対的に徒党関係を警戒しなければならない領分が有るということだ。

ポンポコ山の桃太郎

H：ポンポコ山が一人ひとりの自由を保障するもので、そこでの徒党を絶対に排除しなければならないならば、そこには桃太郎がいなければならないのではないか。徒党を組んでそこを占拠する連中を片付けるには強い実力が必要だ。
C：ポンポコ山の桃太郎だなんて何かの混乱だろう。テンバ山はタヌキかもしれないが。
P：タヌキはカチカチ山だと思います。キンタロウはアシガラ山です。
E：しかしその桃太郎は必ず猿や雉や犬にキビダンゴを与えて子分にするか

ら、徒党を退治するより徒党そのもの、ゴンザエモンどのそのものじゃないか。
D：だから、その桃太郎を皆の自由のために働くよう縛るのが憲法さ。
C：憲法が有るとどうして縛ることができるんだい？
D：代理と同じだね。本人たる皆が範囲を定めて代理権を授与し、それ以外はさせない。
H：本人である皆が勝手をするかもしれないし、代理人が代理権の範囲を勝手に解釈するかもしれない。
L：だから、少なくともそこは委任でなければならないね。委任であれば、誰のものでもない事柄を受任者が預かり、本人に直接には効果が発生せず、かつ委任の趣旨に反すれば批准を拒める。
Q：誰が本人を代弁するんだい？　そもそも本人って誰？
C：誰も代弁しえないということを法人のところで学んだ気がする。
T：桃太郎アプローチは何時の間にか「皆のもの」アプローチを復活させてしまったね。皆が本人で、皆が桃太郎を縛るというようにね。
J：桃太郎を縛ってさえいればいいみたいになってしまったなあ。ポンポコ山から徒党を掃き出すのは桃太郎なのかもしれないけれど、緑の絨毯の上で威張る者が現れたときにはどうなるの？　桃太郎が放っておいても桃太郎が暴れているわけではないから縛りの範囲内となるんじゃないの？　ポンポコ山の恩恵を一人ひとりが自由に享受する道が徒党によって阻まれているのだから、ポンポコ山を占拠されたのと同じなのにね。
F：基本権規定の私人間適用という問題だ。縛りアプローチの限界の一つだね。ポンポコ山は一人ひとりの自由を具体的に保障しているのに、桃太郎さえ居ればいい、さらには桃太郎を縛っておきさえすればいい、というようにズレ込む。
P：今回ゴンザエモンどのはその縛りの中身を変えようと言っている。縛りはどう縛るんだい？
D：憲法改正の手続規定は有るし、憲法改正の内容上の限界論も有るけれどもねえ。
I：あっ、わかりました。縛りも縛りの縛りも桃太郎も「皆のもの」ではなく「誰のものでもない」でなければいけません。憲法ばかりか憲法改正自体

「皆のもの」ではなく「誰のものでもない」ことでなければなりません。ゴンザエモンどのは今回ここも「皆のもの」に変え、そしてそれを橋頭堡としてポンポコ山を自分の徒党で占めようとしている。

F：桃太郎は「誰でもない」でなくてはならないということだね。桃太郎が居なくとも誰も徒党の権力を樹立しようとする者は居ないというシステムを作らなければいけないということか。たとえ桃太郎を置くとしても、このシステムが裏打ちしているのでなければどのみち桃太郎の暴走は防げない。だからむしろこちらが憲法の実体だ。少なくとも縛りが暗に前提している事柄だ。

G：それがギリシャ以来の政治システムだとどうせ言いたいんだろうけれども、それは夢のまた夢じゃないか。

M：でも、徒党を形成すればたちまちじろっと睨まれていたたまれなくなるというような雰囲気が大事だということはあるな。もう少し格好をつければ、憲法意識が社会に定着しているということだろうか。

A：そんなものは定着していないね。

O：意識の問題かあ。文化とか伝統とかの問題になるなあ。ゴンベえどんも言っているよね。ポンポコポン国にはポンポコポン風の縛り方が有るとね。「この国のかたち」という考え方と同じだね。

E：「国のかたち」はよそう。「国」も「かたち」も意味不明だからね。

C：縛り方が伝統だとか言って、「お太鼓結び」とか「立て矢結び」とかじゃないんだから。

S：少なくともホッブズは、固有の文化とか習俗とかは当てにならないと言ったな。徒党を排除する時に当てにならないばかりか、そもそもそういうものが有るのか、虚妄だと考えた。当てになるのは、いざというときに人間が表す本性のようなものだね。むしろ飾りは全部剥ぎ取って明るみに出した固い人間の意識の仕組だね。徒党排除のシステムはここにしっかり錨を下ろすものじゃなければ機能しないと言った。

Q：それを言うならばその前にマキャヴェッリが『マンドラーゴラ』のような喜劇を書いて凡そその人間の本性を解放する道というものを開拓して見せたねえ。いや、そればかりか、文化とか伝統とかの正反対、つまり社会が深い亀裂によって裂かれていることが徒党排除には不可欠だと看破した。つまりむしろ皆が同じように考える、或いは考えるはずだという前提がとことん

無いのでなければならないと言った。
　F：なんだ、それを言うのか。それなら別にマキャヴェッリの発見じゃない。彼もローマ史から学んだだけだ。そしてローマ史の独創でもない。それ以前にギリシャで亀裂を利用して自由な体制を作ることに成功していたんだ。そのことはホメーロスのテクストを読むとわかるよ。何もQ君の専売特許じゃあない。もっとも、深い亀裂を前にして人々が結論を急がず言語により省察を加え、さらにまた互いにその言語をやりとりして認識を詰めていき、なおかつ妥協しない、という意識なら、それは定着させていかなければならなかった。簡単ではなかったけれどもね。ホメーロスやヘーシオドスのテクストはその証しさ。その中から政治システムを形造るという継続的な営為が生まれた。
　B：それはいいけれども、そういう意識を土台として作られた政治システムを破壊する人が出てきたらどうしたんですか？　桃太郎さんは居なかったんでしょ？
　F：いや、桃太郎さんは居てはいけないことになっていたんだ。つまり公的な実力組織が社会の内側に向かうことはそれ自身重罪を構成した。徒党が現れたとき、弾劾主義の刑事裁判にかける。実力による制裁抜きに被告人は判決に従い追放になる。しかしそんなにおかしなことではないよ。力だけの治安維持はそもそも不可能だ。いちいち張り付いていられないからね。刑事裁判は制裁で脅すためのものではなく、政治システムの一部だった。自由な主体間で厳密な議論を交わして決定すると人々は自発的にそれに従うという原理の作動だね。このシステムこそポンポコ山そのもので、自由を保障するものだった。支配者が居なくて自由独立の主体が並立し君臨しているからこそその自由独立が守られるという循環に持ち込むわけだね。一人ひとり自由独立な主体が居るということは、狭い村社会の相互理解とは全然違うということも意味する。ギリシャ・ローマのデモクラシーを村の寄合のようにイメージし、小さな等質社会だから成り立ったのだと説明するのは大きな誤りだ。規模の問題というより、異質な要素が有って複雑だという意味だが、一定以上の大きさがなければポリスは成り立たないと考えられていた。だから必ず二、三百人の直接議論する組織、評議会と、全市民参加の民会が分化し、前者に提案権と先議権が属し、後者に裁可・決定権が属した。議会とレフェレ

ンダムの組み合わせに似ている。評議会員をくじで選べば民主政、選挙で選べば貴族政、と言われた。軍指揮官でもある執政官は必ず選ばれ、ローマでは特に「抵抗しえない」至高の権力を有したが、その保持者は対等の二人で互いに拒否権を持ち、また評議会である元老院の絶対的な権威に服した。どっちが最高だかわからない。矛盾しているよね。まさに矛盾が生命線だったんだ。これらの具体的な制度は変遷もしたが、強靭な省察力に支えられていた。民会が絶対とか、公権力を保持する執政官が絶対とか、物事を単純化しては捉えない、という素養だね。

H：そういう政治機構の作動について書いたルールブック無しで大丈夫だったのかなあ。勝手にずらしたり無視したりする者は出なかったのか。どう作動させるかの争いだって生じただろうに。

F：書かれた言語は徹底的に嫌った。言語の背後に書いた人が隠れ、権威が生ずるからだ。書かれた言語優先の社会であると書記のような立場の人間に解釈する権威が発生するだろ。壺の碑銘でさえ、壺の一人称で「私を誰某が作った」というようにして表した。この形だと現にそこに居る壺が言っている一証言に過ぎず、クロス・エグザミネーションにかけることのできない墓の中の作り手の闇のお墨付きでない。自由な議論の中に権威ある論拠が介入していくことを徹底的に排除し、全ての論拠を対論の中で吟味した。伝聞法則の遠い起源だね。

P：それじゃ、その政治システム自体の価値を疑うことも許されたんだ。

F：もちろんだ。全ての論拠を吟味するという大前提さえ動かさなければ自ずから自由に至る、徒党排除の結論に至る、という議論への信頼が有ったからね。もっとも、デモクラシーに移行する時に随分と政治システムの作動自体について書くようになっていく。これは、ヨリ広い人々が共有しなければならないということと、少々テクニカルに精緻になったということを意味していた。それでも、個々の立法は書かれていない政治システムの基本に反するかどうかというチェックを受けた。提案者が訴追された。

まず落ち着いて徹底的に解剖しよう

L：夢のようなギリシャの話をしていてもしようがないから、現実に戻ると、

ポンポコポン共和国はやはり桃太郎君も書かれた憲法も必要としている。ただし根底には政治システムが有るんだ、そして桃太郎君には委任しているだけで代理権は授与していないし、書かれた憲法の根底には相対的にそれと独立の実体が存在する、とまあこういう線で行くしかないと思う。自動車を運転させる以上は成文憲法で縛り、アルコールは飲ませない。

I：それでも、それらを全部無視してゴンザエモンどのの一派は押し寄せるだろうと思います。これに対してはどうすればよいでしょうか。

R：ゴンザエモンどのの一派は憲法を「誰のものでもない」から「皆のためのもの」に変える。人権も皆のため、桃太郎は鬼退治に行くがこれも皆のため、憲法の制定と改正まで皆のため。そして自分たちがこの「皆」に成り替わる。すると全部自分たち徒党のため。われわれとしては「皆のもの」回路を断ち切りこれら全てが「誰のものでもない」ことをはっきりさせなければならない。「誰のものでもない」は徒党排除の仕組。これに対してゴンザエモンどのの一派は徹頭徹尾「皆のもの」回路を使って全てを徒党化することをねらっている。

S：そこまで分析が進めば、次は何故今具体的にポンポコ山を襲う特定の徒党が突進し始めたかを精密に分析する必要が有りそうですね。まずは事態を把握しないと、闇雲に立ち向かっても無駄撃ちになります。

T：この点で最も興味深いのは、ゴンザエモンどのの主要な動機が財政と金融の方面だということですね。つまり、憲法と財政・金融が無関係でない。根拠がなく縛りも効かない一個の土砂降り的な信用の蛇口に不透明な関係でぶら下がる巨大な一元的徒党が現れ、最後にそのツケを皆に回して食い逃げするつもりだ。

Q：もっと面白いのは、ゴンダエモンどのとの関係だな。ゴンベエどんを観察すると、ゴンザエモンどのが一番だと言うかと思えば、そのゴンザエモンどのがゴンダエモンどのに尽くすのを礼賛する。矛盾に見えるが、キビダンゴをやったりとったりの「男でござる」で貫かれているんだね。ゴンダエモンどのは抜け目なく利益を計算しキビダンゴの返礼は歓迎するが、ゴンザエモンどのの一派が『助六』の奴さんみたいになると流石に不快感をおぼえるのではないか。

I：国際政治との関係はむしろ真っ先に気付かれていて、経済との関係ほど

わかりにくくありませんが、私が知りたいのは、何故この歴史のこの時点でゴンザエモンどのがこういうことをしたくなったのかということです。
H：ぜんべえドンの連載が始まって以来、ゴンザエモンどのはずっとこういうことがしたかったんじゃないかな？　それに親分子分関係の設定からして自明じゃないか。
R：そこが最も微妙なところだねえ。そこのところの認識が詰まらないとどのような手を打つべきか定まって来ない。いずれにせよ、ゴンザエモンどのが今急に思いついたとは考えられない。連載第一話、ないし第三話で既に指摘されたように、占有原理を成り立たせない深い構造からすればゴンザエモンどのの行動は何ら不思議ではない。けれどもここまでポンポコ山に手を付けえなかったという事実は残る。
B：何故手を付けえなかったの？
T：しっかり実証研究を積み重ねなければならないが、手を付けなくともよいと判断された理由が経済の方面にあったことだけは確かだね。「誰のものでもない」ということでミスター・ノーバディーに本格的に立ちはだかられると困るが、しかし、利益を分かち合う方が固い一派に独占させるよりよいと考えられたことも確かだ。だから縛りは有った方がよいと感じられた。譲渡担保は取るけれども二番さんや三番さんとも談合的な協調は怠らないという感じだね。利益団体多元主義的デモクラシーとも言うね。つまり徒党の跋扈にも二種類有り、複数の徒党が競ったり談合したりするものと、一個の徒党の下に連なって全体が一個の徒党のようになるものだね。前者をイメージするためには審議会での様々な団体間の利益調整と民事法の解釈手法たる利益衡量を思い浮かべるとよい。様々な「価値」の共存が説かれてもその「価値」は利益を意味している場合がある。利益は人を束ねるから、実際はコーポラティズムになる。個人、しかも最後の一人にアプリオリな優先順位を与えずに利益調整だけしていれば、どうしても徒党は押さえられない。そういう徒党を本格的に解体してこなかったからポンポコ山の麓は今回のようなことになるのだけれど、しかしそれでも、徒党が複数肩を寄せ合って談合するというシステムは、ポンポコ山に関する憲法9条を破壊する必要までは感じさせないし、むしろ破壊は有害だとさえ感じさせたと思う。ところが、こうした前提が1990年代から崩れた。全体が巨大なコンフォルミスムで動かな

ければならなくなった。だからこそポンポコ山を襲って桃太郎を徒党化しこれと合体する。徒党一元化のために便利だからね。これに抵抗すると個別利益の多元に戻ろうとしていると思われたちまち葬られる。それには我慢できないと多くの人が感じているから。本物の多元構造を提示するしかないな。
C：利益団体の多元主義は何故崩れたんだい？
S：それがわかれば苦労しないけれども、結局は世界経済が要因だと思う。もちろんゴン一派の型の信用が世界に先駆けて壊滅しいつまでも立ち直れず、いよいよヤケッパチにならざるをえなかったということがある。しかし世界の信用状況が2008年にダウンする前の浮かれた時期から既に非常に暴力的になっていたことの方に連動していると思う。
E：それは世界の武力紛争の様相の変化とも関係しているのかな？
R：関係しているとすれば、ゴンザエモンどのが古いコンプレックスで今更借りを返すようなことをすれば、二重に現実離れだねえ。流行の服によく似ているが時代遅れの服を着て流行を気取る可笑しさだね。よく調べもせずに武力紛争に対応しようとすることへの反省の時代に入ったのに、今頃遅れて「いざ鎌倉」をする中親分特有の屈折した心理を発散しているだけだ。
L：ゴン一派は、防御のみを認め（たとえ正義のためでも）実力行使を違法とする不戦条約などに流れ込む占有原則を否定したい。まず、「不戦条約は自衛のための戦争を排除しない」という俗説が横行して世界が壊滅しかかった。ここへ戻りたいと言うのさ。次に、「国連出動までの防御のため横断的実力形成 vis armata つまり集団的自衛権を認めよ」という横槍が入って出来たと言われる国連憲章51条を悪用し、「皆の安全を守るのが自衛権だから、皆の安全を守る限りなら集団的自衛権も自衛権だ」と言い抜ける。これに対して占有原則は「自分の安全のため」という因果連鎖を占有線で一義的に切る。「満蒙生命線」的発想や結託によって「自衛」がどんどんエスカレートする怖さを知る原則なんだ。そもそも「皆のため」が間違いだ。ゴン一派は「皆のためならば実力行使も許される」という方向で憲法を改正し占有原則を捨てたい。まさに「ポンポコ山は皆のもの」に変えたい。国際間占有原則はポンポコ山に含まれるんだ。なのにこれに反してゴンダエモンの「防御」に一体化すれば、ゴンダエモンは自力救済的武力行使を正当化してもいるから、飛躍的に軍事化へ傾くことになる。

S：人道上の罪を伴う新しい形態の実力が跋扈してゴンダエモン自身混乱しどうしていいかわからないと言っているのだから、自衛つまり「皆のため」という文脈を断って国連の実力介入の新しい手続の構築に努力すべきではないか。「海は誰のものでもない」を保障する制度の構築もそうだ。つまり自分のためでない、「誰のものでもない」もののための貢献だね。
B：「戦力を保持しない」はどう解すればいいの？
L：自力救済つまり「皆のため」なら実力行使を辞さずの立場を否定した後に、その準備をも否定した。"war potential" という語が印象的だ。相手の占有を侵害せずとも中を火の玉のようにして軍事体制を作ることは禁じられる、というのは古典的な法原則だ。内部に分節を擬制しその分節を融解させることを横断的軍事化 vis armata と見なす。これは脅威ないし危険の法学的定義でもある。兵力を充実させ相手に怖いぞと思わせてその攻撃を思いとどまらせる、というアプローチを禁ずるのも国際的な「誰のものでもない」への寄与だね。
Q：それはともかく、ゴン一派は現実を全然見ずに徒党景気づけのため意味不明の制度を打ち上げるばかり。ねらいは強大なコンフォルミスムを内部に作り出すことのように見える。すると内部の途轍もない腐敗が予測できる。学問や文芸が真っ先に駄目になるなあ。いやこちらが先に駄目になっているからこそこういうことが起きるのか？　どっちにしても面白くない。

自分が座っている椅子を自分で蹴飛ばしてはいけません

G：申し訳ないけれども、もう一つ問題が残っている。ゴンベエどんは、「誰のものでもない」というルールはゴンダエモン一派が書いたのであって、自分たちが自分たちで決めたのではない、と言っているよ。この問題はどうなるんだい？
D：まず、本当にそうかどうかは十分に確かめないといけません。ゴンベエどんの言うことは当てになりません。
T：それに、書かれた言語の背後に動かしがたい前提が有るということだったじゃないか。
E：そうではあっても、或いはそうであればこそ書かれ方は大事だね。しか

し書いた人が自分たちつまり「皆」でなければならないというのは間違いだ。幾つもの点でね。まず、「皆」などという人は居ないから、どうせ誰かが書く。では一体誰に書かせればいいのだろう。誰が書いてもどれかの立場に立っているから中立ではないよね。特に仲間の一人であるといけない。利害関係者だからね。そこで皆で話し合ってとなるが、これだと当事者たちの利益を調整することになる。利益調整の及ばないアプリオリを求めているのにね。こうして、ローマでは十二表法は外国であるギリシャから人を呼んできて書いてもらったという伝承が出来上がる。第三者が書きそれに対して宣誓し認証するのが一番良い。

Q：それならば、『オデュッセイア』にもあるよ。政治権力の樹立は仲裁に近いというのだね。ただし、仲裁そのものがポリスの成立に繋がるというのでなく、この作品は仲裁モデルを一つの材料として考えるように提示して来る。十二表法は、デモクラシー移行期のギリシャで外から来た外国の賢人に憲法を書いて貰うことが流行ったそのエコーだよ。

A：自分たちの大事なルールを自分たち以外の者に決められて違和感がないのかなあ？

R：人々が鋭く対立する中で議論のみによって問題を解決するための先立つルールを定めるのだよ。ひょっとすると、誰が書いたかより、「誰のものでもない」というルールの内容が何だかヨーロッパ風で、ヨーロッパ嫌いの自分には困る、とゴンベエどんが感じているのかもしれない。そうだったら、ゴンベエどん、全然心配は要りません。ヨーロッパのものではないから。ヨーロッパの歴史を勉強するとすぐにわかるよ。政治システムとか占有とかは彼らもギリシャ・ローマから輸入したんだ。やたら反発したりなし崩しにしたり。今でもマスターしたとは言えないな。そのギリシャ・ローマでも外からのイムパクトが決定的だったということはF君やQ君が言ったとおりだ。要するにここも誰のものでもない。何故かと言えば、政治システムとか占有とかは社会が決定的にステップ・アップする、元々を脱する、ということを意味するんだ。そのときには社会の内部の亀裂と外からのイムパクトが決定的に重要だ。それはむしろその社会が初めて主体的に動いたということを意味する。無自覚のまま惰性で動いているのではない、成熟した、ということだね。

J：憲法には淵源とかその意味の正統性とかは相応しくないということでもあるわね。占有判断において権原を問うてはいけないのと似ている。まずスタートであり大前提だから。その後にゆっくり何が正しいか議論すればよい。これは本案の法律問題だわね。
F：そのうえ、ぜんべえドンが示唆しているように、ポンポコ山の周辺では、徒党が暴れてひどいことになってしまった痛い経験が有った。周りに対しても本当にひどいことをしたんだ。それで、「誰のものでもない」という原点に帰ろうということだった。ゴンダエモンどのに書いてもらったわけではないが、外からの示唆が大いに参照されたことも確かだね。それで、なかなかいい、他でなくてこれで行こうとね。それが出発点だ。そして緑の絨毯が営々と育まれた。それは確かに占有一つとってみてもまだまだ完成させなければならない点は多い。それでも何とか緑の絨毯が形成されオハナぼうがここまで幸せに草を食んできたことには「誰のものでもない」という憲法の功績は大きい。だから緑の絨毯の存在そのもののこの大きな前提を今更ひっくり返すという選択は議論の対象として前提的資格を欠く。そもそも検討に値しない。
C：ポンポコ山にカジノ・ヤケブトリを建設しようなどという連中は汚い金と怪しい取引が大好きな闇筋の連中だ。大きなことを乱暴に言うからすぐにそれとわかるが、時としてそれを隠して軽快なポップに乗って来るから気を付けよう。対抗する側も、言説がどこまで自省的な波長を持っているかチェックしよう。単調なスローガンやちゃらちゃらした調子だとゴン一派の思う壺。
R：今日は先生は最後まで現れませんでしたが、ボクたちは互いに、広く視野を採り何も鵜呑みにせず決して流されず、全ての言説に対して鋭い緊張感を保ち、かつ時代と向き合う責任を意識しよう。読むべき本は多いけれども、こうしたことを意識させてくれる確かな文章によって構成された、三谷太一郎『人は時代といかに向き合うか』（東京大学出版会、2014年）のみを挙げたいと思います。最後に、読者の皆さん、ポンポコ山はメタファーですから、現実の山を見て「あ、政治システムだ！　自由を保障してる」とか思わないで下さいね。

　＊　『法学再入門：秘密の扉——民事法篇』（有斐閣、2016年）を参照のこと。

3 知性の尊厳と政治の存亡
―――三谷太一郎『人は時代といかに向き合うか』

　三谷太一郎『人は時代といかに向き合うか』（東京大学出版会、2014年、以下「本書」という）は「エッセー」（小論考）集であるが、それら「エッセー」の年代分布にまず注意を払う必要がある。旧版『二つの戦後――権力と知識人』（筑摩書房、1988年）に十数篇が付加されたというのであるが、旧版の延長線上に位置する幾つかの小論考を含んで緩やかに連なる旧論考群と極最近（2013年）の数篇（I-1, 2, 3と「あとがき」）との間に鋭い（少なくとも年代上の）caesura（切れ間）があり、これが本書読解のポイントである。以下そのことを説明する。

　まず、本来そのように単純化しうるわけではないのを重々知りつつ、しかし説明のために不可欠であるから、既に古典的でさえありわれわれの認識の土台となっている著者の研究本体につき簡単に再確認しておく。歴史学徒として出発するにあたり著者が立てた問題は、近代日本における最初の（「大正デモクラシー」期の）「政党政治」が何故どのように生まれたかというものであった[1]。この事象につき、脆弱性や崩壊原因についての研究ならばともかく、成立について探求するというのは、著者の研究が現れる以前には決して普通の選択ではなかったはずである[2]。著者はこの最初の研究において、「政党政治」成立の要因を地方社会の変化、なかんずく経済基盤の変化による名望家層の交替に見る。中央の政治権力が（陸軍さえも）この変化を反映し吸収しうる政党無くしては立ち行かなくなったことが決定的であった、ということを著者は郡制度の問題や鉄道問題をめぐる原敬ないし政友会の動きを通じて論証していく。著者自ら振り返るように[3]、この研究は、サルトー

リのリベラリズム／デモクラシー先後論と結果的に符合しつつ、明治維新の「公議輿論」とこの「政党政治」の二段階で歴史過程を捉えるものであった。少し後にダールのポリアーキーも引照される[4]が、その後比較政治史の基本タームとなっていくこれらの道具概念を著者が同時並行的に確立していたことになる。サルトーリやダールと共通して政治の存立そのものを社会構造のレヴェルで問題にするのであるが、その社会構造を史料により分析する著者の場合にはその姿勢はまさに歴史学正統のものである。

　この最初の研究の言わば第二のモーメントとして当時の国際情勢、特に中国問題への着目が有った。第一次世界大戦と共にアメリカのデモクラシーが世界的なヘゲモニーを及ぼし、これが結局「門戸開放」に沿う「経済主義」（借款団形成の受け入れ）へと日本の対中国政策をいざなう、という背景なしには政党政治は生まれなかった、という仮説が立てられていた。1969年に著者はこの仮説をアメリカ側から裏付けるべく在米研究に出発するが、歴史家として最もわくわくする瞬間であったろうと想像される[5]。その後「準備」のための単行論文や学会報告が次々になされ、それらはやがて『ウォール・ストリートと極東——政治における国際金融資本』（東京大学出版会、2009年）へと流れ込むのであるが、著者にとってこのテーマこそが言わば「生涯の探求対象」であったことは明らかである。そしてこれも最も幸福な歴史学的瞬間なのであるが、探求の中で著者は最初の研究を裏付けるにとどまらない新たな発見をしていった。今日にまで基本的に妥当する世界構造の大きな選択肢の発見であった。その選択肢は『ウォール・ストリートと極東』では井上準之助と高橋是清の間、そして彼らとこの二人共を押し潰す力の間、というように二重に例解される。中国からのオープンな果実収取のスキームを国際金融システムとの関連で築こうとする「ウォール・ストリート」と、軍事的に特定の地表面を排他的に分け取る発想しか持ちえずに（井上を殺し）その国際金融システムからクレディットを拒否され破綻していく日本との対比で例解されるとも言える。信用に関する（思想的ないし法学的でさえある）見方の大きなディコトミー[6]がここに存在するが、著者の最高度に洗練された歴史学によって具体的な歴史の過程の中で手に取るように明らかにされたのである。

　さて、著者はイギリス歴史学の正統に倣って早くから伝記的研究をよくし、

その端緒はもちろん原敬であった。著者の言う「座右の史料」がこの場合『原敬日記』であったということもあったであろう。しかし早くから著者の着目は端的に政治的な階層よりはそこから少し離れた知的階層の知的形成に向かう。ワシントンよりはウォール・ストリートの金融家に史料を求めるのとパラレルな態度にすぎないようにも見えるが、しかし後者の場合にも著者は彼らの金融活動のみならず敢えて知的資質にも目を落とす[7]。もちろん著者は日本のデモクラシーそのものを追跡するときにもその視座を特定の知的階層の側にしっかり据える。何と言っても吉野作造と丸山眞男が著者にとって二つの柱をなす。そこから全てを見渡すのである。

　本書に収められた諸々の「エッセー」が主として著者の研究のこの第二のウィングに位置することは疑いない。しかしながら、例えば直前の論考集『学問は現実にいかに関わるか』（東京大学出版会、2013 年）に比しても、全体として見た時、微妙な波長の違いに気付く。その違いを醸し出す源を追うと、年代的にも他から離れ 2000 年前後に集中する数篇（本書 IV）に行き着く。振り返ると、大正デモクラシーとの関係における夏目漱石への言及[8]、財政問題に関する勝海舟への着目[9]、が早くから同じ波長を発していたことに気付くが、特に一番遅い年代を持つ IV-1 ではっきりするように、新しい見方が鋭い角度を形成し提示されている。かつての漱石に加えて鷗外、荷風等、そして彼らを介して渋江抽斎、栗本鋤雲などが主役を務めるのであるが、殊更に非政治的な知的階層の（政治的な）重要性が強調されているのである。著者はそれまでも直接的には政治的ではない（政治学を含む）およそ学問というものを（その担い手を含め）研究対象としてきたから、単なるエクステンションのようにも見えるが、しかしよく読むと、政治空間を（単に学問的客観性というにとどまらず）もっと積極的に強く突き放す動機が今回はクローズアップされている。著者にとって「座右の史料」の中の「座右の史料」たる荷風の日記が本書全体を支える極をなしているとさえ言えるのである[10]。確かに、放蕩息子が決して遊びをやめないという堅固な砦がそこには有る。鷗外が欠乏をその胃の腑に感ずる[11]のは渋江抽斎の「くりちっく」であり、日本の近代の致命傷である。「くりちっく」もまた梃でも動かない。ガリレイにとって「それでも、太陽は回っていない」のである。旧幕臣栗本鋤雲は下野した（東京人ならぬ）江戸人であり、したがって政治権力の変動になび

かないまま次代の政党政治家や文学者に何某かを遺した。

　この知性は歴史的に二層を成し、構造的にも二層を成す。まず歴史的の方であるが、少なくとも江戸時代末期から考証学の知的階層が存在し、これが明治維新推進母体を裏打ちしかつ「公議輿論」の基底をなした。これは明治国家の中では伏流として潜り、鷗外による再発掘を待たねばならなかったが、それでも様々な仕方で新しい世代へと繋がっていった[12]。抽斎＝鷗外の二層は著者が研究本体で跡付けたデモクラシー形成の二段階に符合している。次に構造的の方であるが、それは、田中耕太郎、野田良之が扱われる意味、南原繁、丸山眞男が再度論じられる意味、を考えればはっきりする。つまり、優れた政治学者・法学者もまた（それ自身政治からは独立であるが、しかし密接に関わってもいる）専門とはさらに別にこの第二の非政治的次元を有していなければ第一の平面を構築できないというのである。例えば（著者の重要な分析対象である）蠟山政道はここには登場しない。彼の学問が現実と向き合った時の悲喜劇は、まさにこの「鷗外の迂回」を欠いて向き合いが直接的になったことによる。この点、今回は直接には登場しない著者の師たる岡義武の姿勢が大きな影を落としている[13]。いずれにせよ、「人が時代と向き合う」ときモデルとされるのはこの知的営為である。真に向き合うことができるのは時代に決して流されずに独自の内省を貫徹しうるこの者たちのみである、そしてそれは人間の知的尊厳にとって決定的である、という著者のメッセージは直接的に伝わってくる。著者は、知的階層が政治的階層を裏打ちしなければならないのであるが、前者はさらにもっと自由で独立した知的階層によりその基底において裏打ちされなければならない、ないし知的階層は政治的階層を基礎づける際に同一人格内に独立の基底的意識を分化させていなければならない（歴史的の第一層が裏打ちを受けて上に来る）、ということを言うように見える。著者の丸山眞男解釈は丸山に明確な哲学・人間観を見るものであるが、その核を著者が形容する時に言われる「能動的デーモス」は、「草の根民主主義」や「ラディカル・デモクラシー」の「民衆」（ピープル）ではなく、このような知的に複合的な市民社会からの鋭い批判を骨子とするのである。

　さて、以上の登山道を辿る読者は登り切ったところに一個の眺望を想像する。1990年以降の日本と世界の変転の意義が手に取るように理解できるは

ずである。『ウォール・ストリートと極東』は、現れども結局は開かなかった芽がその後（世界大のブロック経済化と「血と土」の時代に）どうなるのかと思わせるが、むしろ 1990 年代以降、その座標軸が再び雲間から顔を出しているのではないか。その意味で著者は予測をしたことになるのではないか。著者自身そのことを昨今意識しているのではないか。しかし著者は同時代の出来事につき決して発言しない。読者は考えさせられる。その沈黙の時間が本書の caesura に対応する。caesura が明け、本書の主として I-2 と「あとがき」で著者はおそらく初めて現状についての自身の見方を明かす。指摘は簡潔でラコニア風であるが、時代との間に鋭い緊張感を維持し史料を厳密に分析してきた真の歴史学者のみが与えうる質を有している。（「血と土」のブロックが破綻へと突き進んだはずの）第二次世界大戦の戦後は「ウォール・ストリート」の理想に反し冷戦下再び二大軍事化＝産業化ブロック間の角の突合せを帰結する。ブロック内部で日本は産業部門を請け負い、当のアメリカにより「大東亜共栄圏」の再現さえ演出される。それに適応すべく一党支配下の利益多元主義が日本の政治構造となる。高橋是清の線までは回復したとも言えようか。産業マシーンと雖もそれは曲がりなりにも経済であるから多元的な利益の存在と調整、つまり「山賊の」（J. ボダン）ではあるが「共和国」は不可欠である。とは言えそれは所詮「山賊の共和国」にすぎない。しかし冷戦の終結は遂にこの世界構造を突き崩す。頂点の二ブロックが崩壊した。大きく見た場合には、1930 年代から 1990 年までを括弧でくくるようにしてようやく再び「ウォール・ストリート」にチャンスが与えられる。少なくとも旧来のアプローチの連続的挫折と新しい方向への散発的胎動が現在の状況である。そして後者にしか未来は無いはずである。しかるにわれわれは一体どうすればよいか。ここで著者が辿った知的系譜が大きく物を言って来る。それは少なくとも 1920 年代に世界の新しい構造と連帯の関係にあった。そうした知的階層に基礎を有する固有の意味の政治システム、ないしデモクラシーと「ウォール・ストリート」は同根である[14]。著者はまさに、今必要なのは、そういう知的階層が国際的に結合し新しい世界構造を創造していくことである、と述べる[15]。

　著者自身、具体的に存在した一個のそうした知的階層[16]に属しそしてこれに多くを負っていると認識している。その伝統に沿った丹念な学問研究か

ら著者の眺望は導かれた。そこからわれわれに突き付けられた問題は多いが、そうするとその第一は、著者が属しえた「知的共同体」は継承されたのか、されうるのか、もし再建しなければならないとすれば、どのようにすればよいのか、そのことを考える手段はどうか、であろう。「ここがロドスだ、ここで跳べ」であるから、東京にもその種の知的階層が成り立たなければならない。世界のどこかで成り立っているだろうという他人任せは通用しない。そして、この種の階層の具体的な存在なしにはわれわれは可能性がそこにあれどもそれを物にできない。第二に、大きな構図[17]は動かないとしても、経過的には厳しい逆行の現状が有る[18]。それを一つ一つクリアして行かなければ到底可能性は現実にならない。著者が示した海図に沿ってなお膨大な知的作業が積み上げられなければならない所以である[19]。かつここで議論はくるりと循環する。「グローバル化」の名のもとに暴力的な経済が野放しになっていく方向に全く未来が無いことは著者が精密に追跡してきたところであるが、しかしまさにその暴力的な経済のために先立つ知的階層自体が絶滅しつつある。冷戦後期待された文芸復興は無く、知的世界は荒涼とするばかりである。結局はここをどう切り返すかが分水嶺であるという、著者がまさに予定する結論にわれわれはぐるりと回って再び帰り着く。

1) 『日本政党政治の形成——原敬の政治指導の展開』(東京大学出版会、1967年)。
2) 「篠原一教授が……研究者として『わが道を行く』ことの重要性を説かれたことは、当時の著者をどれほど勇気づけたか測り知れない」と著者は同書初版「はしがき」に書く。
3) 『新版 大正デモクラシー論——吉野作造の時代』(東京大学出版会、1995年)「新版あとがき」331頁。
4) 『増補 日本政党政治の形成——原敬の政治指導の展開』(東京大学出版会、1995年)「はしがき」9頁。
5) 東京大学法学部『研究・教育年報』1号(1971年)には「国際金融資本(とくにWall Street Bankers)の果たした政治的外交的役割を、対華国際借款団の歴史を通じて、明らかにすることを目的とする」というプランが表明されている。その日本側カウンターパートに関する研究も予告されている。その後著者は同『年報』7号(1983年)まで毎号この主題による研究・執筆・刊行予告を繰り返し、少しおいて11号では1990年の在米研究においてこの方面の史料調査が大きく進捗した旨を記す。
6) 「ウォール・ストリート」に至る(ギリシャ・ローマに発する)長い思想的系譜を解説する入口として、倒産の場面における二つの考え方の鋭い対立を思い起こしていただきたい。債権者平等原則に基づき透明な手続で債務者の資産を最適に処理するのか、そ

れとも互いに疑心暗鬼に駆られ早い者勝ちで債務者の財産に自力執行をかけ少しでも債権を回収するか。前者は債権者間に互いの信頼に基づいた協議の体制を必要とする。これは一個の政治システムである。後者はどうしても個々的な実力行使を不可欠とする。実力行使は債務者の資産にダメージを与える可能性を有する。対するに協議とプランニングは債務者の資産を最適化する可能性を有するから、決して債務者のためではないが、債務者の保護に資するかもしれない。1920年代列強が中国からどのような利益を上げるかという植民地主義の脈絡ながら、同じ対抗軸が現れたと見ることができる。イギリスの方針さえなかなかに複雑で両者の間で揺れると分析されるから、アメリカの金融家の理想主義が際立つが、古典的な政治観や人文主義が一定程度役割を果たした稀な歴史的ミリューが有ったことは知られているから、意外ではない。

7) ラモントの書簡等を丹念に追う中で『ウォール・ストリートと極東』85頁以下はデューイとラッセルを対置する。前後には一方で吉野作造が姿を見せ、他方には国際連盟主義とそれを支えたアメリカの政治的エリート層が在る。借款団は「小国際連盟」として捉えられる。

8) 『新版 大正デモクラシー論』（前掲註3）52頁以下。対露強硬論七博士事件に、反「国権」＝学問・大学の自由の確立という意義を認めつつ、なおそれにも批判的で反「学権」を加える漱石の立場を際立たせる。ちなみに本書 I-2 論文（講演＝講義）は漱石の引用から始まる。

9) 本書 II-2 はそのエコーである。

10) 本書304頁。

11) 執筆2002年、刊行2005年という年代を有する IV-1 には著者の思考の若干の発展が見られる（ただし、原型たる『UP』2000年9月号論文——今回割愛——は本書全体をカヴァーするが如き極めて包括的な内容を有する）。著者が着目する「文芸的公共性」はそれを裏打ちする「くりちっく」（鷗外）によって初めて成り立つ。鷗外は、近代の内でも19世紀以降の産業化というレヴェルを皮相に輸入したにとどまる日本の近代化の弱点をはっきり意識し、この「くりちっく」という層、（ホッブズやデカルトの環境たる）17世紀の（しばしばエピクーロス派であった）"libertin" と antiquarianism という基盤（A. Momigliano の研究を参照）を意識さえしない日本近代を鋭く批判しうる（なお、鷗外のエピクーロス派的バックボーンは自然科学者＝医師として当然ではあるが、『カズイスチカ』のみならず、死に抗して苦痛をもたらすことを批判し尊厳死を肯定する『高瀬舟』、安寿の淡々とした構造分析に厨子王を素直に従わせ反 narrative 反 reciprocity 反小説を貫く『山椒大夫』においても顕著であるように思われる）。かつ、それならば資源として江戸時代の考証学的知性の伝統が存在するではないか、と考え、比較さえ試みることができる。しかし本書著者によれば、そして『渋江抽斎』を読み返せば確かにそうであるように、鷗外にはもう一つ、「抽斎に比して自分は」という批判が存在する。つまり、確かに受け継ぐのではあるけれど、「くりちっく」を理解しない連中は論外として、自分もまた及びえないのではないかという自省である。しかもその本格的「くりちっく」階層再建不全は社会的条件によって与えられている。著者は大逆事件の（鷗外や荷風に与えた）衝撃を的確に捉える。継承どころか、根こそぎにされる兆候

が早くも現れたことを捉えたのである。『かのやうに』を分析する本書著者は、近代化に不可欠な国家装置を基礎づける（キリスト教の Corpus Christi 観念、大文字の擬制観念を柱とする）法人理論、機関説のバックボーン、そのものが崩壊する危険を鷗外が捉え始めていると解する。われわれは本書著者が天皇機関説事件につき研究を重ねてきていることを思い出す。本書著者は、鷗外が眼前に捉えた知的階層の再生に将来を託すが、その成否につき、厳密な吟味を怠らないようである。その点で一つ付け加えるならば、narrative とイマジネーションの再生という（「くりちっく」に対抗する）第二段、デモクラシーや市民社会に対応するステージ、を鷗外は苦手としたと思われる。否、第一段の欠落を頑固に主張したとも思われる。この点が理解されず、しばしば攻撃された。まさに第二段の構造を問題とする本書著者は、おそらくそれ故にこそ、第一段から第二段への丁寧な継承関係（の不可欠たること）を言おうとしているとも解される。実際、漱石のそれを例外として、narrative 構築の側は今ではすっかり色褪せて見える。

12) 荷風と中江丑吉の並行を探る短い「エッセー」II-7 が大変印象的である。
13) それでも、谷中の墓地の馬場辰猪の墓に触れる中で登場する（309頁）。岡義武については、『近代日本の戦争と政治』（岩波書店、1997年）351頁以下の二論考が特に重要であり、『学問は現実にいかに関わるか』（東京大学出版会、2013年）212頁以下も参照さるべきである。
14) 註7参照。反対側には知的階層が無いし、加担は知的破綻を招く。カール・シュミットの「具体的秩序」を地域主義的国際法構想に適用し普遍的規範的国際法観に対抗しようとした動きを皮肉る段で、著者は（著者の頁においては稀であるが故に効果的な）独特の諧謔を以てする。「しかるに、日本の国際法学界にとって悲劇的であったことは、「大東亜共栄圏」そのものが現実から遊離した政治的イデオロギーであり、「具体的秩序」ではなかったということである」（「国際環境の変動と日本の知識人」『学問は現実にいかに関わるか』（前註）170頁、初出1972年）。そのような浅薄な迎合が別の局面で暴発する様を描く「天皇機関説事件の政治史的意味」（『近代日本の戦争と政治』（前註）246頁、初出1995年）では、最も浅ましい意味の党派争いの手段として軍も政党も次々にわけもわからないまま美濃部達吉迫害に加わっていくメカニズムを分析する記述の中で、まさにかつて原敬が拠って立った（現在は多数であるのに権力にありつけない）政友会につき、「岡田内閣の倒閣という目前の利益のために美濃部説を排撃し、自らのよって立つべきイデオロギー的基礎を掘り崩そうとしたのである。「貧すれば貪す」である」と評する。本書でも南原繁の書簡集を読みつつ著者は美濃部達吉に思いを馳せるが、著者は南原、岡、丸山らが美濃部を押し潰す多数派の行く道には何のチャンスも無いことをよく見抜いていたことを繰り返し検証している（特に『近代日本の戦争と政治』）。事実、たった数年でどちらが勝者かは余りにもはっきりした。
15) 本書5頁。
16) それは、東大法学部の一角を核とする知的水脈であったが、これの歴史的位置を検証するのはこれからの学問的課題である。
17) 今回その大きな構図を著者は「信用」という語で括る。「政治社会における信用の崩壊」（26頁）という表現にそのことは端的に表れているが、「信用」というタームに帆

一杯風をはらませるのは 2009 年に公刊された『ウォール・ストリートと極東』の書き下ろし部分を嚆矢とするように思う。この書物に流れ込む諸篇はまだ「信用」という語を積極的には使っていない。つまり本書評対象の caesura との符合が見られる。とりわけ、『ウォール・ストリートと極東』278 頁の「財政・金融危機と経済危機と政治危機とが重合する信用の危機としての現代の危機がなぜ、いかにして生ずるのかという現下の問題を考える上で、本来の計画を縮小しても既成の成果をまとめることに多少の意味はあるのではないかと考え直し」という、強い責任感から（病を押して）出た著者の言葉は重い。そのメッセージが少しでもヨリ広く伝わるように、拙い仕方ではあるが、再び少し解説を加えよう。政治システムは協働によって成り立つ。一人一人が自発的に対価なしで動くのであるが、「他もそうするであろう、そして複合の結果高い価値が実現され、その高い価値は自分の自由と独立の保障ということに返ってくるであろう」という信頼に基づく。自分の協力を誰かが懐に収め特定の者たちの利益になるだけだと思えば成り立たない。成り立たない場合は、先に挙げた倒産の例に置き換えれば、債権者は自力でむしりうる物をむしってささやかな代償を得るしかない（キュークローペス状態）。かくしておよそ信用には二通りあることになる。人と人が信頼し合って動くということを当てにする信用。人が物を力で摑んでいるという状態を当て込むもの。政治は当然前者と親和的であるが、近代国家は後者を当て込んで財政を構築することがある。近代の経済は土地や資源を力で押さえている方の信用に基礎を有したかもしれない（実際には騙し討ちと出し抜きと暴力の応酬である）。国家がそういう経済を資源とするばかりか財政を通じて自らそのような主体となるかもしれない。それをすることと国際間で土地や資源を力で取り合うことは同じ気持ちでできる二つの事柄である。かくして、国際間で力を使ったり力を増すためにブロックを作ったりしないこと、国際間で透明な信用を創ること、は極めて重要である。現在繊細な金融制度の構築が求められている。その破綻故に実力跋扈の光景が広がっている（逆ではない）。著者が徳富蘇峰とアコラスのやりとりを「軍事と産業」というタームで括るのは正確であるが、その後（否、当時から）産業こそが軍事と致命的に結びついた。現在、産業をどう克服し、高度な実体経済を高度な信用によりどう構築するか、が課題となっている。著者が政治と金融にまたがって「信用」という語を使うのは、以上の故である。つまり「前者の信用」のみが真の信用であると著者は言うのである。

18) 本書が示唆するところによれば、冷戦終結は軍事化＝産業化ブロックの或る（一番大きな）一局面が崩れたことを意味する。何故崩壊したのか、その下で何故利益多元主義（思想的には価値多元主義、政治的現実としては圧力団体間利益調整、個人抜きの集団主義的自由主義）が生きたのか、その日本型ヴァージョンは何故必要だったのか、等がなお問われなければならないが、次に問われなければならないのは、大きな傘がはずれると、否、はずれる前からむしろこれをはずすべく、何故（利益多元主義を許さず）軍事化度を高めた大中小産業化ブロックが「キュークローペス状態で林立」するのか、何故そのキュークローペスが（Servius = Frazer が描くところの）「ディアーナの杜の奴隷王」（ノックアウト型熾減型博打型競争）をするのか、も研究されなければならない。まさに著者の視点が有るからこそ以下の画像が映るのであるが、現在、それぞれに大量

費用投下つまり大量人員と大量エネルギーを必要とする再産業化、同じく人員で端的に土地を押さえる資源開発と資源獲得、が再び最新モードになり、経済の軍事化そして「オリガキー」化を推し進めている。恐ろしく粗野な大金持ちが跋扈している。国家もここに基盤を持とうとし、また自ら（不思議なことに）単体の（！）キュークロープスとなる。かくして真の意味の政治システムに関して世界大にも個々の国家においても巨大なデフィシットが蓄積された。利益多元主義の溶解は、真のデモクラシーにとってのチャンスというよりは、政治的にも（「無党派浮動層」の単一化）経済的にも（信用の国家一元依存＝財政赤字＝ゼロ金利）単一の坩堝（経済単位の軍事化単位寄り添い）しか帰結しないのではないか。端的な単一の坩堝ならばそれは国家というファサードさえをも剝いで（本家軍事化単位）「民族」なる妖怪に via libera を与える。昨今の世界大の暴力的な風潮はその反映ではないか。「グローバル化」はこちらの方であり、著者が可能性を見た方向とは正反対である。したがって、暴力的な心理（ポップな大陸浪人的バッコス踊り）は「グローバル化」への反動ではなく、少なくとも経済なかんずく信用の現状（利益多元主義のなれの果てたる）にぴたりと寄り添い、露骨に山賊的利益を求めるものである。日本に限定して言えば、新しい戦後を意識してかせずにか「改革」をしてみたがさっぱりうまく行かず切れてしまい高速道路を猛然と逆走し突き抜けて 1930 年代まで行くつもりである、見ると周りもそうしているように見えるから悦に入っている、と私は見ている。この点最も情けないのは依然経済的階層であり、著者は「冷戦体制を持続させてきた積極的財政・金融政策の再投入によってかちえた資本市場の支持」（本書 314 頁）と的確である。著者は経済セクターが浅ましく国家に依存するこの動きの表見的成功によっても基本状況は「揺るがない」とする。ましてこの「支持」ないし指示と符牒を合わせポップな妄想に駆られ（憲法さえ軍事化＝産業化す）る政治セクターは、註 14 で触れた全くチャンスの無い路線を 80 年ぶりに再現するが、（「武力紛争」さえ 10 年前とさえ違うから）現実からおそろしく乖離し見当外れになっている。しかしその背後にある正体はむしろ製造業壊滅に見られる経済的状況、信用面でのバブル崩壊後も「来ない」戦後である。死体に群がるハゲタカのように山賊的略奪的利益を追求している者たちがいる。倒産時の債権者が夜討ちをかけて財産を剝ぎ取り逃げるのに似る。要するに、本書は以上のような現在というものを鮮やかに照らし出す。

19) 直近の課題は、世界金融が何故失敗したか、新たな金融規制をめぐるアメリカ政治システムの動向と規制の成否はどうか、等を緻密に分析することであろう。冷戦終了前（1980 年代）から金融世界のキュークロープス化、野生主義化、が始まっていた。金融方面の知見は課題の困難さに見合ったレヴェルを到底有していない。しかしまさに本書がわれわれに教えるところであるが、一旦水面下深くに潜り、前提となる知的基盤の再構築まで降りて考える必要が有る。さらには、およそ近代というものの航跡を全面的に辿り直さなければならない。その際、一旦大きくギリシャ・ローマまで引き下がる必要が有るだろう。例えば近代初期に政治システム再生のため軍事化を要したが、ブルーニやマキャヴェッリはギリシャ・ローマの範型を使って深い省察を及ぼした。そうした知的水準の現代版は構築可能だろうか。確かに、同じマキャヴェッリから産業化に連なる系譜がスタートし、古典古代には無い可能性をわれわれにもたらすと同時に、大胆な社

会人類学的メカニズムの解放・増幅がなされた。特に19世紀以来の（ナツィスから最新の部族紛争、暴力的徒党的プロパガンダに至るまで）その暴走と後遺症にわれわれは苦しむ。しかし本書の著者の如く、それらのことに省察を加えるためには、やはりブルーニ、マキャヴェッリへと、したがってそこから発する全系譜へと、鷗外から岡義武・丸山眞男そして著者に及ぶ系譜へと、最新ヴァージョンにて立ち戻る以外にない。

4　政治はどこにあるか

　私は歴史学を専攻し政治学にはおよそ縁遠い。そういう人間でさえしばしば政治の欠乏は苦痛と感ずる。それはちょうど酸素の欠乏のように感じられる。しかしこのことを感じ取るためには（酸素とは違って）その政治なるものが何であるかを明確に意識しなければならない。明確に意識する以上それが何かを明確に伝えうるはずであるが、ところがこの場合それは様々な理由で容易ではない。かろうじて、ここではまず以下の文章を引用することによりおおよその方角を指し示すこととする。

　当時、一学年六五〇人の法学部学生中、政治学科に属するものは一五〇人前後であったうえに、内容の難解をもって聞え、しかも選択科目であった先生の講義に最後まで列していたものは、二、三十人前後ではなかったろうか。それでも流石に開講の日には、あの二十一番教室に集った学生は百人をこえていた。先生は壇につくなり、出席学生をぐるりと見わたして、「この講義には、哲学にたいして自発的な関心をもつ学生だけ出席してほしい。これでは多すぎる」という意味のことを開口一番に注意されたように記憶している。……私のノートには「緒論」にあたる部分の筆記は少い。さすがに開講の辞には、私も先生の注意を守り、ペンを置いてひたすら傾聴したのであろう。……そのなかで文章体としては、次の二行がある。「政治学史は人類が政治に関し思惟せる道程の綜合的観察をいふ。しからば政治とは何か。政治とは創造である。文化的創造の業である」。これを見ると、私はこの言葉を先生の口から聞いたときの名状しがたい困惑の記憶が、まざまざとよみがえって来る。つい今しがた、二・二六事件への言及から電撃的な衝撃を受けただけに、ますます私の内心のとまどいは大き

かった。とくにその後半である。政治が文化的創造の業とは何という観念論的なたわごとか！　これがそのときの私のほとんど反射的な受けとめ方であった。……先生が開講の時間にほとんど「断言命令」のごとくにのべられた、さきの命題は、講義がすすんで、たとえばギリシャのところで、「かかる国民によつてデモクラシーは実現された。そこには頽廃が間もなく来たけれども、われわれが知るもつとも古い国家にデモクラシーが行はれたことは注目に値する。デモクラシーは国民の自覚した創造の行為なのであつた。多元的な対立を前提とし、その対立を意識し、それを超克せんとする自己創造運動は政治に固有のものであり、それはギリシャにおいてもつともよく見ることができる」というような個所にいたって、ようやくおぼろげながら見当がついたが、それでも、右の命題と、文字通り日々のアクチュアルな政治的出来事への先生の関心とを結びつける精神内面の「配線」がいかなるものか、は学生時代はもとより、その後もながく私の理解の外にあったことを告白しなければならない。
(『丸山眞男集』第10巻（岩波書店、1996年）129頁以下「南原繁著作集第四巻解説」（初出1973年））

　だとすれば、ここで「政治」と言われているものの内容を掘り下げることは極めて重要な作業であることになる。その「政治」は大変特殊な社会の営みであり、決して自明な事柄ではない。われわれが日常「政治」と呼ぶものは定かではなく概念として機能しないようだが、他方引用文における「政治」は大変に一義的であるように予感される。ちなみに、南原繁の講義に関しては、学徒出陣二年目の学年についても、教室に溢れた初回の学生は同種の警告にもかかわらず誰一人退出せずに重苦しい沈黙が続き、ついに先生の方が折れて静かに話し始めた、学生の方はせめて最期にこれに触れて死地に赴こうと必死だった、というエピソードを聞いた（その学生の一人であった片岡輝夫教授との私的な会話に基づく）。警告の内容や講義の形態に込められた（現在では稀な）精神、学生たちが追い詰められた瞬間強い渇望感に襲われたその対象、これらは明らかに政治の概念そのものに関わる。
　今日でさえ「政治」を指示するために英独仏伊西等各国語は（ラテン語さえ用いず）ギリシャ語をそのまま用い、訳さない。「デモクラシー」のよう

にいわば片仮名表記のまま使っているのである。もちろん概念の内容は大きく変質し隔たりは大きいが、それでも西ヨーロッパでは引用文のような含意が岩盤のように存在している（『福田歓一著作集』第4巻（岩波書店、1998年）263頁以下「日本における政治学史研究」（初出1986年）参照）。したがって変質の諸局面に応じてしばしば鋭い警告が発せられる（たとえばB. クリック『政治の弁証』（前田康博訳、岩波書店、1972年））。新しい概念内容を持ち込むときには緊張関係にさらされる。そうした基本的な「磁場」は近代の日本では相対的に希薄であるが、それでもまさに引用文成立の近傍に「磁場」は少なくとも一旦成立し、現在でもそうした緊張関係を意識する優れた指摘がなされる（三谷太一郎『学問は現実にいかに関わるか』（東京大学出版会、2013年）97頁以下「日本の政治学のアイデンティティを求めて——蠟山政道の政治学の模索」（初出1999年））。

　とはいえこのように言ったとて依然事柄は政治学者のみに関わるかのように見える。政治が立派に概念されればされるほどわれわれ非政治学者には無関係である、それの欠乏が苦痛をもたらすことなどありえない、否、そういう得体の知れないものならばそれこそ苦痛をもたらす、云々。しかし明らかに政治学者以外の者が苦痛を的確に表現している場合がある。確かに彼らは政治の欠落そのものを伝えるのではないかもしれない。むしろ、或る精神構造の欠落をフィクションを通じて伝えてくる。かつ、この精神構造の欠落ならばわれわれが日常的に苦しむものである。実はこの精神構造の欠落こそまさに政治を可能にする条件の欠落を示しているのである。つまり畢竟両方の欠落は同一のことに帰する。

> 謎の女の居る所には波が山となり炭団が水晶と光る。……謎の女が生れてから、世界が急にごたくさになった。……謎の女は金剛石（ダイヤモンド）の様なものである。いやに光る。そしてその光りの出所が分らぬ。右から見ると左に光る。左から見ると右に光る。雑多な光を雑多な面から反射して得意である。……欽吾はわが腹を痛めぬ子である。——謎の女の考は、凡てこの一句から出立する。……
> 　　　　　　　　　　　　　　　　　　　　（夏目漱石『虞美人草』）

　公式のジェネアロジーと現実のジェネアロジーのギャップをかいくぐって

策謀を巡らすこの「謎の女」の言語の不透明は、遠くホメーロスのアガメムノーンやゼウスに遡り、作者自身によって『マクベス』の魔女の最新ヴァージョンとされるが、他面彼はこれを近代になって突如解放された類型であると考える。確かに、突然浮上して跋扈する性質の種類のものである。とはいえ元々深く根を張った意識である。いずれにせよ、「謎の女」を苦痛と感じ始めることが政治の始まりである。これに立ち向かい、無害化する。苦痛と感じる感受性を養い、無害化の前提となる明晰な知力を獲得する。これが政治の文化的創造たる所以である。

　ただし、この苦痛の対象を単純に退治することはできない。もとよりこの作者は人間の精神構造の重要な部分にこの謎が深く根を下ろしていることを知っている。周知の如く、少なくとも「代助」から「津田」に至るまでその後の作品の主人公は内なる「謎」を切り裂くべく凄まじい格闘を見せる。一人の女を巡り交錯し、二人の女の間で迷走する。葛藤が極点に達するとき意識が晴れ、社会全体を敵にまわすもの凄いエネルギーが生まれる。つまり謎を打ち破るには謎の臨界を利用するしかない。だからこそ、近代は謎との対決の始まりであると同時にダムが決壊したような大量の謎に襲われた。謎の氷面を叩き割らなければ謎のままである。しかし叩き割ってもなおわれわれの意識は濁流に翻弄される。どうすれば底まで叩き割れるのか。この作家はこれらのことをよく知って泥まみれの戦いを続けた。

　別の作家は格闘を「くりちっく」に見出し、日本の伝統社会にもそれを発展させる芽があったことを追跡すべく江戸時代末期の考証学者の事蹟を丹念に描いた。それが古事学的（antiquarian）伝統であるにすぎない（ただしヨーロッパ知的世界の積み重ねにとって17-8世紀に属するこの層は礎石の一つを成す）こともこの作者はよく意識していた。だから主人公を弁護するに、「真の学者は考証のために修養を廃するようなことはしない」と言うのを忘れないし、また「学問はこれを身に体し、これを事に措いて、始て用をなすものである。否るものは死学問である」とも述べる。にもかかわらず続けて、（そうとはいえ）

　　しかし学芸を研鑽して造詣の深きを致さんとするものは、必ずしも直ちにこれを身に体せようとはしない。……用と無用とを度外に置いている。大

いなる功績は此の如くにして始て贏ち得らるるものである。
（森鷗外『渋江抽斎』、なお三谷太一郎「森鷗外『澁江抽齋』に見る学術と政治」『UP』335号（2000年）も参照）

　考証学の「くりちっく」をこのように或る基本姿勢（凡そクリティックそのもの）に変換した後、作者は、にもかかわらず危機が迫れば主人公が敢えて（現実の政治的決定のための）策を建ずることを記し、しかもそれが空を切り徒労に終わることを敢えて確認する。作者は、政治的決定の前提となる「くりちっく」の軽視を意識している。忘れられた考証による忘れられた考証家の発掘には、自分の状況におけるその軽視を意識するのが感じられる。そして、彼が何か苦痛に感じていることと「くりちっく」の欠落が深く関係しているということがひしひしと伝わってくる。その苦痛は、他の著作からも推して、「謎の女」より発するものであったろうと思われる。
　以上のような種類の苦痛が意識されるならばもうほとんど政治が欲せられたと考えてよい。最近もうすっかりそのような苦痛を誰も感じなくなったとすれば、われわれの命脈も尽きかかっていると心配した方がよい。
　万が一、これらの苦痛の例は西ヨーロッパの古典に通じた例外的な意識である、と言う人が居るならば、政治的空間に固有の固い信頼関係の何某かが「アントーニオーとバッサーニオー」を通過してシラーに至り、ついにはどうしたわけかこれよりさえ原典に忠実に最もナイッフ意識によってさえ掬い上げられ民衆に流布するとは一体どうしたわけか、と問い返そう。「メロスは激怒した」（太宰治『走れメロス』）は知るや知らずやアキレウスしたがって政治の原点である（めーにんあ・えーいでてっ・あー）。「メロスには政治はわからぬ」はシラーにはない立体感である。ピタゴラス教団の周縁から出た説話であれば、一旦領域に降りて新たな自由を保障すべく政治的中心に対抗するにせよ、それは政治的な性質の連帯である。この作者は極めて力強い表現で素朴な民衆の側に主人公を置き、これを軸に都市と領域の間の空間的緊張関係に独自の仕方で寄り添っている。ローマのvas（出頭保証人）が追憶されるときのような反時代的貴族的高貴さをも綺麗に拭い去っている。主人公は、領域の生活に大いに後ろ髪を引かれつつ、しかし「私を、待っている人があるのだ。少しも疑わず、静かに期待してくれている人があるのだ」と

思う。作者はよく読者をこの一点へと集中させるのに成功している。如何に貧弱であるにせよこれは格闘の新しいヴァージョンであり、われわれはいつの間にか政治から新しいヴァージョンのデモクラシーへ問題を移している。1940年に書かれ20世紀後半の日本の子供に多く読まれた、とすれば、意識というものはやはり伝わるのである。地下水脈によってではあれ。無力であったとしても、かつまた成熟しなかった（大衆的ロマンティシズムにとどまったとしても）あらゆるものを受け取るその芽はどこにも存在しているのである。開花させるかさせないかだけの問題である。しかし、それ以前に、この作者ほどにもわれわれが苦痛を忘れたとすれば、それは重篤である。

5 夏目漱石『それから』が投げかけ続ける問題

0 序

 およそ文学は、作者が自分の現実と鋭く対決することを通じて生まれる。その現実および対決の射程は様々であるが、夏目漱石の小説『それから』がほとんど普遍的とも言える射程を持つことについてはいまさら強調するまでもない。その普遍性は、しかしながら当然、まずは近代日本固有の人間と社会の奥へと深くソナーを降ろすことによって獲得されている。以下、この局面を可能な限り捉えていくこととする[1]。

 1) 本稿は、2009年度夏の北海道大学法科大学院授業「法と文学」(桑原朝子教授との共同)および2010年度春の東京大学「法学部駒場演習」および同年の夏の「Valla 研究会」を基礎としている。桑原朝子教授および北大授業と研究会に出席された多くの同僚諸氏そして各授業の学生諸君に深く感謝する。とりわけ桑原教授との対話は授業以外のそれを含め本稿成立にとって重要な役割を果たした。

1 ジャンル

 長編小説というジャンルの選択についてまず簡単に確認しておこう。これが近代独特のジャンルであることは言うまでもない。叙事詩と抒情詩が作る連関の外に立つ。後者に密接に寄り添い叙事詩と対抗する悲劇とも異なる。その悲劇に対抗して日常平面にわざと浮き上がって見せる喜劇とのみ少し共通であるが、しかし以上全ての韻文と全然違う[2]。これらの韻文が様々固有に儀礼と儀礼空間の構造を反映するとすれば、散文でしかも syntagmatique な出来事連鎖をそのまま再現してくる長編小説[3]は、一見、素朴な伝承ないし説話などに退行するかのような形式を有する。しかし後者と大きく異なる

のは、退行するが如くに見せて政治的空間に対し鋭い緊張関係を有する独自の自律的言語空間を織り成そうとする点である。まさにこの点が喜劇に似るのであるが、しかし儀礼空間つまり劇場とその周辺の社交空間を使うということがない。抒情詩のように必ずサロンを媒体とするというのでもない。非常に拡散し、ネットワークの存在を視覚の及ばないところに置くような、そのような人的紐帯の構築に関わる。構築の対象を一言で言うならば、近代独特の市民社会ということになろう。

　作者にとって、このジャンルの選択は自明であったと思われる。当時圧倒的に優勢な文学ジャンルであったからである。とはいえ、この作者は抒情詩に傾倒する文化圏にも属し、初期においてはその長編小説の内部にも抒情詩は深く浸透している[4]。抒情詩の世界を「降り」敢えて泥沼の白兵戦に身を投ずるという動機が存在したことは、漱石研究の概説的知見に属する。長編小説はストーリーの展開を通じて因果連鎖に棹さす。時間の経過の中でéchange[5]が展開される。これを切断する抒情詩的悲劇的デヴァイスを捨て、なおかつ（政治を成立させた）叙事詩に対峙し、韻律という残された最後の武器をも捨てて徒手空拳で勝負する。échangeのシステムと全面的に対決しつつも、解体するばかりではなく新たな次元で再建しようというのである。

2）　文学の概念およびジャンルについての基本的な理解は、木庭顕『デモクラシーの古典的基礎』（東京大学出版会、2003年）第1章で詳細に論じたところに基づく。したがってギリシャにおける概念構成を基準とすることとなる。最も古典的で標準的なそれを採用することを意味する。

3）　長編小説の理解の標準的な一例として、桑原武夫『文学入門』（岩波書店、1950年）112頁以下を引くので十分である。市民社会との関係は自明である。どういう市民社会とどう関係するのかは大問題であるが。桑原の「日常」「非日常」対置そして「物語」との対比は神話（枝分節社会のチャーター）とも儀礼（演劇）とも違うということを言う。これらと対峙する「日常」の側にあるということが、小説を政治権力の反対側に置く。差し当たり市民社会である。なお、短編小説については見通しを得ないが、古典ないしBoccaccio以来の長い伝統を短編の方は持つから、長編小説が特殊近代市民社会の産物であることは動かないと思われる。

4）　作者が抒情詩をよくしたことは周知の事実であり、『草枕』という、抒情詩を絵画に仮託した作品もある。この長編小説においては、抒情詩がしかしéchangeによって引き裂かれる。その瞬間、犠牲になるその個人に最高の抒情詩的モーメントが生まれる、という乾坤一擲の、あるいは逆説的な、切り返しが主題とされている。

5）　フランス社会人類学の周知の用語であるから、このように表記する。「交換」では何

のことかわからず、「贈与交換」とすれば少しはっきりするが、狭すぎる。

2　設定

　ストーリーを展開するに先立ち、作者は明確な形而上学を準備している。主人公代助を通じて例解される心身論がそれである。またその代助に門野という従者（書生）を与えることによってその心身論[6]を完結させている。従者を与えるということ、そしてまた心身論の内容、共に西ヨーロッパの古典に忠実であると言える。

　書生の門野は、「頑強一点張りの肉体を笠に着て」（16頁）[7] 生きる少々神経の通わない若い男であり、繊細な代助との間に、〈精神と肉体〉というディコトミーを形成することは明らかである。これが作中の門野の役割であるが、ところが、最初から代助は自分の肉体について過度の注意を払う人物として描かれる。最初の場面で、目覚めたばかりの彼は「心臓の鼓動を検し始めた」（7頁）のであった。以後このタイプの主題は執拗に、特に各章の冒頭に、現れる。そればかりか、「実際彼は必要があれば、御白粉さえ付けかねぬほどに、肉体に誇を置く人である」（9頁）。もちろん、その肉体は門野のそれと対照的である。「彼の尤も嫌うのは羅漢のような骨骼と相好」（9頁）である。それでも、肉体の側に、あるいは肉体の側にも陣取る[8] 点で門野と共通点を有する。

　このことは代助が息子であることと深く関係する。テクストはいきなり「代助の父は長井得といって、御維新のとき、戦争に出た経験のある位な老人である」（30頁）と世代を特定してくる。父子関係をパラデイクマの基幹に据えることの宣言である[9]。代助は par excellence に息子 filius であるということになる。定義上父 pater の下に付く。しかし同時に定義上、下に従者を従える。つまり中間である。上下を心身に置き換えるならば、父と門野の中間にいて、精神的存在ながら身体を重視し、肉体的な存在ながらその肉体は余りにも繊細であるということになる。少なくともヨーロッパの古典的なトポスによればそうであり、そしてそのトポスによれば、息子は定義上放蕩息子[10] であり、そしてその恋愛は社会の存立に関わる[11]。そして現に父は以下のように説教する。「「そう人間は自分だけを考えるべきではない。世の中

もある。国家もある。少しは人のために何かしなくっては心持のわるいものだ。御前だって、そう、ぶらぶらしていて心持の好いはずはなかろう。そりゃ、下等社会の無教育のものなら格別だが、最高の教育を受けたものが、決して遊んでいて面白い理由がない。学んだものは、実地に応用して始めて趣味が出るものだからな」（36頁）。

このカリカチャーには矛盾が忍ばせてある。そして、代助が父を苦手とする、ないし全く受け付けない、のは、父の価値観と自分のそれが正面衝突するからというより、この矛盾故である。「代助にいわせると、親爺の考えは、万事中途半端に、或物を独り勝手に断定してから出立するんだから、毫も根本的の意義を有していない。しかのみならず、今利他本位でやってるかと思うと、何時の間にか利己本位に変っている」（36頁）。そしてこれは決して父の個人的な資質の問題ではない[12]。父はがんじがらめの構造として時系列に沿って形成されてきたものを体現しているにすぎない。まず代助は「誠者天之道也」という父のモットーが気に食わない。「［しかし］人の道にあらずと附け加えたいような心持がする」（39頁）。誠実は作品を貫く重要なテーマであるが、ひとまず息子は他人のためというより自分のために生きたいようである。ならば父の誠と息子の利己が衝突するのか？　父の「誠」の背後には、かつて藩の財政危機に際し町人に正直に話して藩を救い藩主から感謝されたというエピソードが存在する（信義と利益）。さらには、兄のために加勢する形で争闘に巻き込まれ、相手を殺した廉で兄とともに命を奪われる寸前で、潔さとは対極の取引を意味する有力縁故によって救われ、しかるにその兄はしばらくして京都で浪士に殺された（信義と利益に加えて暴力）、という事情が存在する（46頁以下）。そして今、父は実業家であり、利益を追求している。そしてこの変化が一個の明確な断絶であったならばともかく、十数年前には藩主の家計の立て直しのために尽力する、という曖昧な癒着を引きずる（39-40頁）。そのうえ、立て直しの手段は「自分で風呂の薪を焚いて見て、実際の消費高と帳面づらの消費高との差異から調べにかかった」（40頁）という古色蒼然たる経済合理性の追求であった。作品の以後の部分で執拗に繰り返されるのは、古い権力の階層が経済的階層にそのまま横滑りし、それだけならばまだしも、新しい権力の階層との間の相互依存が濃厚で、政治的階層も経済的階層も自立しない、という図である。信義も利益追求もともに贋

物であり、政治的階層の価値原理に新しい市民的価値原理を突き付けようにも、対抗が初めから成り立たない、というのが代助を生殺しにするやりきれないデフィシットである。

　もちろん古典的な（ギリシャ・ローマの）トポスにおいても、古い政治的階層が古い信義をそのまま振り回し、それが古い経済と無媒介に癒着している（区別はされていても新しい中間障壁を欠いている）、しかもその癒着を（信義だけの昔に比して）トレンディーであると錯覚している[13]、ことが痛烈に批判される。そのような父を息子と従者が壊滅させるのである。ところがこのトポスも妥当しない、ことをこの作品の主人公は鋭く洞察している。「誠実だろうが、熱心だろうが、自分が出来合の奴を胸に蓄わえているんじゃなくって、石と鉄と触れて火花の出るように、相手次第で摩擦の具合がうまく行けば、当事者二人の間に起るべき現象である。……「御父さんは『論語』だの、王陽明だのという、金の延金を呑んでいらっしゃるから、そういう事を仰しゃるんでしょう」「金の延金とは」……「延金のまま出て来るんです」」(40-1頁)。第一に、信義が本物でない。それにはディアレクティカと政治が必要である。そういう媒介がなく何かの教えを端的にそのまま実行するような無媒介な思考では到底信義には至らない。第二に、その結果、信義と言いながら（精神的な高みを有しえず）物的な世界、それも素材（「金の延金」）を生で摑む最も粗野な形態、と無媒介に繋がっている。つまり、政治的な意味の信義が存在しないから、権力が生のまま経済の方に降りてきたところに生ずる混乱を糺して経済の方面における新しい信義を打ち立てるなどということもできない。新しい信義は、経済であるばかりか、市民社会でもあれば、独立した自由な知的空間でもあるはずであった。経済的合理性の中の信義の問題、否、経済的合理性を基礎付ける信義の問題（例えば市場のインフラとしての透明性確保の問題）は息子の中間的性質、つまり父でもなく門野でもない中間的なレヴェル、に対応する。息子はそのレヴェルを構築したがっている。それは土地の上で端的に現物を摑む関係（「金の延金」）ではもはやありえない。ところが父は息子にそれをさせる（オレは政治だ、オマエは物を摑んでいろ）。否それどころか、自分でそれをしているのである。

　6）　吉田煕生「代助の感性──『それから』の一面」『國語と國文學』58巻1号（1981年）

7）　以下便宜岩波文庫版の頁を指示する。
8）　後述のように、三千代を求めることに対応する。政治的平面を降りるのであるが、なおかつそこから透明な空間へ再度上昇する。
9）　父＝家長ないし明治民法典の家や姦通罪の脈絡で読まれることが多く、比較的近年でも例えば石原千秋「反＝家族小説としての『それから』」『反転する漱石』（青土社、1997年）がある。しかし「家」や「姦通罪」はこの作品に重要な刻印をとどめない。父の描かれ方に注意を払わなければならない。むしろ、その捉え方が不正確であるとしても、江藤淳「『それから』と『心』」三好行雄他編『講座　夏目漱石』第3巻（有斐閣、1981年）のように明治第一世代と新しい世代の対立を見る方がテクストに忠実である。
10）　「高等遊民」という解釈が非常に流布している（例えば、吉本隆明『夏目漱石を読む』（筑摩書房、2002年）56頁）。「高等遊民の挫折」を描きこれを批判したとか、西欧的個人主義を批判したとか、の解釈は誤りである。「高等遊民」が定義上息子であるとすると、父が完全に自立した経済基盤を有するため、息子を（婚姻による同盟等のために）駒として利用する必要がない、のでなければならない。その結果息子は知的なことに専心できる。ところが代助の父や兄は汗みどろになって不条理な空間で働くしかなく、その富は不安定で、兄はほとんど家で食事をしない。代助を佐川に「嫁がせる」のに必死である。作者は自立的基盤を有する知的階層の不成立を問題としている。にもかかわらず、「働かない遊び人」それ自体許せないところへもってきて、その遊びが知的ときた日には言語道断、という解釈ばかりが最近でも再生産されるのであるから、大笑いである。
11）　Plautus に始まる古典喜劇においてこの恋愛が成就しなければ全ては成り立たず、そして古典喜劇が成り立たなければあらゆる種類の市民社会が成り立ってこなかったのであるから、このように言える。息子が頭のよい奴隷の助けを借りて父を騙し芸妓を請け出すことが「ブルジョワジーの（経済）社会」の基礎付けにどのように関わるか、については、木庭顕『法存立の歴史的基盤』（東京大学出版会、2009年）699頁以下を参照。
12）　丸山眞男「超国家主義の論理と心理」（1946年）における著名な引用（『丸山眞男集』第3巻（岩波書店、2003年）23頁）は目を引くが、丸山の論文の基本テーゼにとって最も適した引用であったかどうかはわからない。少なくともその後の丸山の「古層」をそのまま投影するわけにはいかない。第一に、『それから』では特定の文学的トポスとしての父が意識されているのであり、第二に、明治体制におけるブルジョワジーの未発達という特定の癒着構造が作者の念頭にある。Plautus の父が「息子がえげつない金儲けをしない」と言って嘆き、愛と友情と芸術と酒に浸る息子が父を沈没させ観客が大笑いする、のに対比されている。対するに代助の父は、最後に平岡と結託することからして明らかなように、平岡の不透明な来歴を形成する構造と深い関係を有する。後者は先行作品（『坊っちゃん』や『猫』）で描かれる構造と基本的には同一である。これらのことと日本型ファシズムの個性がどう関係するのか、は高度な研究課題である。通底する

精神構造があるのかどうかは自明ではない。丸山の一連の論考はこうした大きな研究課題を指示したものとして基底的であると解されるべきである。
13) Plautus, *Mostellaria* の Theopropides を見よ。木庭『歴史的基盤』（前掲註11）725頁参照。

3　問題

　成功の前提条件を欠くにもかかわらず、主人公は新しい信義を築く使命を帯びている。そうでなければこの作品は書かれなかったであろう。素材として不適格な信義は父の「兄弟関係」であるが、ならば代助が新たな質のそれを築く以外にない。Xの上にX´を築きたいのだが、Xがあやふやであるから難しい。しかしそれでもX´構築に向かわざるをえない。果たしてどのようにして？

　まず、現に代助は「兄弟関係」の中に居る。しかも二重にである。実の兄誠吾との関係は第5章に描かれる。誠吾は父とともに実業に従事し、そして代助は実業世界の背景をなす園遊会で誠吾と会う。そしてそのまま二人は鰻屋に回り、そこで代助は兄に金策を頼む。しかし断られる。「義理や人情に関係がないばかりではない、返す返さないという損得にも関係がなかった」（74頁）。誠吾は、父と違って、混乱なく新しい経済合理性に同化しているように見える。ただ、その経済合理性は義理と損得を合わせ有する。どちらにも該当しなければ全く動かない、信用を与えない、という限りの合理性である。代助が貸すための原資を融通するという話なのであるが、この兄弟は結局義理と損得の曖昧な合理性を越えるものを持たない。

　もう一つの兄弟関係は文芸上のものである。「殆んど兄弟のように親しく往来した」（21頁）。二人の関係は友情であるが、友情と兄弟関係は文芸上等価である。そしてこの友情、代助と平岡の関係、が作品の主題であり、代助の使命はここに懸かる。それにしてもこの友情は ipso facto に代助の目標達成を意味するのではないのか。本当の友情であり、作者は「犠牲」（21頁）という語を与える。それでいて自由闊達でもあり、「娯楽」（21頁）という語も与えられる。息子に相応しい新しい連帯ではないのか。「そうしてその犠牲を即座に払えば、娯楽の性質が、忽然苦痛に変ずるものであるという陳腐

な事実にさえ気が付かずにいた」(21頁) という作者のコメントは不吉であるが。

　作者はいずれにせよこの友情を時間の彼方に置く。そもそも échange は時系列に沿う。そしてその過程でこそ不透明な関係が発生する。平岡は友情の高みから「京阪地方」に降りる。実は後述のように代助もまた凡そ降りないというわけではなかったが、しかしどうやらレヴェルの差があり、代助は降りてもなお相対的に上にとどまる。とはいえ、平岡が降り立ったのも奈落の底ではないはずである。土地の上でなく銀行である。高度な透明性と信用の世界のはずである。ところが、「支店長が、自分に万事を打ち明ける如く、自分は自分の部下の関という男を信任して、色々と相談相手にしておった。ところがこの男がある芸妓[14]と関係って、何時の間にか会計に穴を明けた。それが曝露したので、本人は無論解雇しなければならないが、ある事情からして、放って置くと、支店長にまで多少の煩いが及んで来そうだったから、某所で自分が責を引いて辞職を申し出た」(27頁)。平岡は使い込まれた金を自ら補填した。ただしそれを支店長が貸した。作品全体の中でも鍵になるくだりである。作者が対峙している相手が最も端的に姿を現した瞬間である。絵に描いたような échange であり、絵に描いたような、今日に至るまでの日本の原風景である。単に不正というのではない。これを読んでも実際にどうしてそうなるのか真相がわからないほどの不透明が強烈である。作者はもちろん、ここをぞんざいに描いたというのではなく、このようにしておいたのである。次に、不透明ではあるが、はっきりしていることがあり、それは、頂上が責任を取らないようにするため、犠牲が行われるが、それはそれでまた先送りされ、結局循環している、ということである。前提として、平岡が就任後、次第にむつかしい理屈など持ち出すことなく互いになあなあで仕事をする関係を支店長と結んでいった、そしてそこでは利益を互いにやったりとったりしていた、ということが存する。要するに義理と人情は利害打算を意味する。苛烈冷酷である。打算を離れた連帯でもなく、明快な経済的合理性でもない。完全に、父の「利他かと思えば利己で、利己かと思えば利他である」思考空間と同質である。

　代助が構築すべきものはどうやらこれらとはコントラストを成すべきものらしい。平岡はこの事件の結果東京に戻って来る。このことは一方で、平岡

との間の「兄弟関係」構築の使命が再びアジェンダに上るということを意味する。第2章、そして特に第6章において、二人はさしあたり昔の友情の復活を祝うという姿勢からスタートする。盃をあけ、書生談義をする。しかしふと代助は「急にいうのが厭になった」(91頁)のは何故か。代助はあやふやながら父が構築している天上にぶら下がって生きており、平岡は地にまみれて帰って来た。二人の立場の違いが亀裂を生むのは当然か[15]。しかしそれはまた楽しい書生談義の対象でもあろう。そもそも、二人の出自の違いは初対面から明白であったはずである。亀裂はむしろ、二人とも「降りた」と確信しており、しかしその「降りた」平面が異なるところに生じている。代助は、彼なりに挑戦した結果三年前とは大いに違った自分になったと考えているのである。「三、四年前の自分になって、今の自分を批判して見れば、自分は、堕落しているかも知れない。けれども今の自分から三、四年前の自分を回顧して見ると、慥かに、自己の道念を誇張して、得意に使い回していた。鍍金を金に通用させようとする切ない工面より、真鍮を真鍮で通して、真鍮相当の侮蔑を我慢する方が楽である。と今は考えている」(87頁)。重要な伏線である。輝かしい政治的連帯としての友情から離脱し、苦痛(ストレス)をもたらす政治世界の功名や虚飾を避けてひっそり自然に生きるというEpicureanismである[16]。庭は不可欠の要素である。代助はガーデニングに余念がない[17]。代助はここへ「降下」したと自負しており、そしてそこから上下に父と平岡を鋭く刺す。世界の構造に繋がる彼らの空間は悉く無理に無理を重ねたストレス過多なものであり、そこには何の未来もない。それを言う代助の長口舌(91-2頁)は「文明批評」として繰り返し引用される[18]。

しかし代助のこの発言は、平岡の妻、三千代の「何だか厭世のような呑気のような妙なのね。私よく分らないわ。けれども、少し胡麻化していらっしゃるようよ」(93頁)によって強烈に跳ね返される[19]。「厭世」と「呑気」はEpicureanismが正確に伝わった証しである。「胡麻化し」という以上は、この立場に自分は反対だというのではなく、内在的にどこかに虚偽が潜んでいるということであろう。虚偽が最も匂うのは、「悉く暗黒だ。その間に立って僕一人が、何といったって、何をしたって、仕様がないさ。……これじゃ駄目だ。今のようなら僕はむしろ自分だけになっている。そうして、君のいわゆるありのままの世界を、ありのままで受取って、その中僕に尤も適した

ものに接触を保って満足する」（92頁）である。何故ならば、一瞬似ていると思うのは全くの錯覚で、これでは「自然に反する」ストレスの多い、締め付けに汲々と従うただのconformismeにほかならない。代助の大演説は論理的に繋がっていない。明らかに「胡麻化し」はこの近傍にある。

14) ここではまだ芸妓がネガティヴな動機を成すことに注意。
15) 小森陽一『世紀末の予言者・夏目漱石』（講談社、1999年）79頁以下は、代助と平岡の対立を、食べるために働くことを拒否するか、受け容れるか、というように解釈した後、作者自身の職業選択問題を絡め、資本主義下における自己実現と経済的生存との分裂が指摘されていると読む。「恋愛を貫けたのは生活の心配のない王侯貴族であった」という迷走はおくとしても、「働く」はここでは平岡の銀行での具体的な行状を意味しており、代助の批判はここに向けられている。「凡そ両立しない」とか「資本主義下では両立しない」とかの陳腐なことを言いたいのではなく、或る固有の（差し当たり日本近代の）構造が問題とされている。
16) さしあたり、cf. C. Wilson, *Epicureanism. A Very Short Introduction*, Oxford, 2015, p. 93ff.
17) cf. Wilson, *op. cit.*, p. 85.
18) 佐藤泉『漱石　片付かない〈近代〉』（日本放送出版協会、2002年）58頁以下参照。まずこれは全然「文明批評」ではない。高々日本の近代化のあり方を批判しているにすぎず、かつ、近代化や西洋化それ自体を批判しているのでない。無理を指摘し、脱兎のごとく突っ走る暴力的な様を嫌っている。嫌う対象は二重である。「西洋」に無理に追いつくこと。その「西洋」のあり方（他に圧迫を加える様）。ならば「西洋」を切ればよいかと言えばそうではなく、「西洋」と日本の関係が悪いと言う。つまり「西洋」と別の関係を持たなければならないと言う。別の関係を求めるならば別の「西洋」を探さなければならないであろう。これを探すには初期近代にまで遡ってボタンのかけ違いを修正しなければならないであろう。否、初期近代と古典古代の関係を見直さなければならないであろう。ボタンのかけ違いは植民地主義にまで及び世界の構造を決定付けている。「だから働かない」と言っているのである。もちろん、これは主人公の考えであって、作者は批判に転ずる。
19) この科白も頻繁に批評の対象となる。「だから働かない」という結論がしばしば攻撃のターゲットとなる。確かに論理の飛躍はありそうであるが、「社会は分析できても自分のことが解決できない矛盾」や「幼稚さ」が三千代によって指摘されているとする（よく見かける）解釈は成り立たない。三千代が父の意味不明の御説教に同調していることになる。それともここで三千代は「でも自分のことはどうしてくれる」と迫っているのだろうか。しかしそうだとすると読者はここで本を抛り出すであろう。

4　問題の変幻、「胡麻化し」の先送り

　「胡麻化し」の探求はしかし、作者でも読者でもなく主人公自身が遂行する。まず、「胡麻化し」を白日の下に置くためのエイジェントが平岡の妻、三千代であることは言うまでもない。「胡麻化し」を指摘した本人である。主人公はこの女を介して探求することであろう。まずはこの女にアプローチしなければならない。上京後初めて平岡が代助を訪ねる。代助はその予期の中で写真帳を取り上げる。しかし「中頃まで来てぴたりと手を留めた。……代助は眼を俯せて凝と女の顔を見詰めていた」(17頁)。次の機会、平岡を待つ代助のもとにやって来るのは平岡ではなく三千代であった (第4章)。悪くない徴候である。

　しかしやって来たのは実は女ではなく金であった。「「少し御金の工面が出来なくって？」」(60頁)。問題が二重にすり替わった。男が女に、女が金に。二重の先送り (renvoi) であるが、果たしてどれが本体でどれが見掛けか (Proteus)。三千代は信用を与えよと言っている。少なくとも直接的には、支店長から借りた金を返さなければならずに困っているというのでない。平岡のところに凡そ信用が欠落し、費用が投下できず生きていけない。信用欠乏のセンサーつまりカナリアとして三千代が居る。「この女にこんな気恥ずかしい思いをさせる、平岡の今の境遇」(61頁) という語が裏付ける。なおかつ、生活のためというより他のことの借金に追われ生活にも困っているのである。支店長とのことに発する平岡の暗い面に対応する彼の遊興が借金の理由である。三千代の病身も遊興へ駆り立てる理由として暗示されるが、ならばますますそこに信用を流さない頂点の責任は重い。不透明な信用構造にどっぷり浸かってしまったからこそ病身の妻に費用が投下できないのであるが、同じ原因から借金して遊興にのめり込み、不透明な信用構造に一層はまってしまった。とはいえ、平岡が自業自得であるとしても、犠牲になるのは三千代である。そして現に女は救いを求めてやって来た。

　女が金に化けてやって来てくれたために、「胡麻化し」の謎解きはその女を救うに在りと出た。救うためには信用問題を解決しなければならない。かくして女は金にすり替わる。緊急の問題は金であり、その限りでこちらが問

題の実体である。この問題抜きに三千代にアプローチしうると考えるのは重ねての「胡麻化し」であろう。「少し御金の工面が出来なくって？」はまたしても鋭い「胡麻化し」の指摘でもある。

既に触れた兄、誠吾の出さない金はこれに関わった。「少し胡麻化していらっしゃるようよ」は作品中の時系列においてこれよりさらに後に来る（三千代に言われる前から代助は探偵を始めていたことになる）。その時点で自力でこの信用を調達する力が代助にはないことが明らかになっていた。次に代助が向かう先は誠吾の妻、つまり嫂の梅子である（第7章）。代助にとって今やはっきりと金銭は三千代獲得の前提問題であると自覚されている（101頁以下）。しかし切迫した代助の懇願に対する梅子の答はまたしても「善ござんすよ。胡魔化さないでも」（106頁）。ようやく解決に乗り出せばその解決がまた「胡魔化し」だというのである。しかも梅子の答は代助の日本社会分析を凌ぐほど精確である。「本当の車屋なら貸して上げない事もないけれども、貴方には厭よ。だって余りじゃありませんか」（108頁）。政治的階層に見えてその実を欠く、否、経済的階層として自立しない、父や兄に、さらにまた依存する息子代助には本当の信用が入らない。日常の依存に対応する当座の信用に関する限り梅子は相対的に独立の信用源であるが、これで代助を救えば、筋が違って来る。こんなことで代助の問題が解決してしまっては不条理で、小説が終わってしまう。代助は最も根底の信用欠損の問題にチャレンジしなければならない、というのである。

この嫂もまた作者の精緻な人物配置の上で不可欠の要素である[20]。「嫂と芝居の評をしたりして帰って来る。代助はこの嫂を好いている。この嫂は、天保調と明治の現代調を、容赦なく継ぎ合せたような一種の人物である」（31頁）。江戸時代において、父兄弟が体現した野卑で混乱した信義の空間に対抗した、しかしながら寄生的な、辛うじて享楽的な、階層を mutatis mutandis に今明治の世で体現している、と作者は言うのであろう。幾何学的位置の上で代助と符合する。それどころか、これがなけなしの資源であるとこの作品において考えられているふしがある。三千代を評して、「色の白い割に髪の黒い、細面に眉毛の判然映る女である。ちょっと見るとどことなく淋しい感じの起る所が、古版の浮世絵に似ている」[21]（56-7頁）。それだけに、この嫂に頼りたくなるのは当然だが、しかしここから金が直接流れるようなら

ばそれは短絡である。

　ならば金はどこから出るのか。梅子からというルートでなく、この構造から代助に出るならこの道だという正しい出方は実は用意されている。代助にしてみればこれほど簡単なことはないのである。特に梅子の立場からはこの道筋がことのほかよく見渡せる。梅子は自身家長の妻の役割を担い、婚姻の結節環たることを通じて様々なéchangeそして社交の媒体でもある。婚姻による結節を再生産することをも任務としている。かくして金銭の融通を頼む代助は却って梅子から縁談をもちかけられる（108頁以下）。別に話がそれたというわけではない。金の問題がまたぞろ女の問題に戻っただけの話である。現に、いよいよ父から呼び出され本格的に迫られた代助は「独立の出来るだけの財産が欲しくはないかと聞かれた」（133頁）。この財産があれば確かに三千代を救うことができる。そうか、このシステムはこうやって代助に信用を与えるのか。

　と、早合点してはならない。既に梅子に金策を頼んだ折、「父と兄が、近来目に立つように、忙しそうに奔走し始めて、この四、五日は碌々寝るひまもない位だという報知である」（105頁）。次いで新聞に日糖事件なるものがのる[22]（112-3頁）。父と会う直前、兄は「「何ともいえないよ。こう見えて、我々も日糖の重役と同じように、何時拘引されるか分らない身体なんだから」」（131頁）と言った。そして父の勧める縁談である。そもそも「財産が欲しくないか」ときかれた時、代助は「財産は佐川の娘が持って来るのか、または父がくれるのか」という疑問を持つが、答は曖昧なままであった（133頁）。佐川の娘に対し消極的な代助を前にして父は「「誰でも御前の好なのを貰ったら好いだろう」」と迫る。そして「好なの」が居るわけでもないという代助の曖昧さに切れる。「「少しはこっちの事を考えてくれたら好かろう」」。代助は「突然父が代助を離れて、彼自身の利害に飛び移ったのに驚ろかされた」（135頁）。やがて父の家で見合いの席が設けられる。終わった後、しかし「不幸にして誰も令嬢の父母を知らなかった。けれども、物堅い地味な人だというだけは、父が三人の前で保証した。父はそれを同県下の多額納税議員の某から確めたのだそうである。最後に、佐川家の財産についても話が出た。その時父は、ああいうのは、普通の実業家より基礎が確りしていて安全だといった」（195頁）。少なくとも長期的には、結婚後の代助の財産を保証

するのは佐川である。何故ならば、父の経済的基盤は権力の変動に対して脆弱であり、その分不安定である。父との最後の会見において、父が初めてはっきりとものを言ったため、代助の気持も晴れる。「父は普通の実業なるものの困難と危険と繁劇と、それらから生ずる当事者の心の苦痛[23]および緊張の恐るべきを説いた。最後に地方の大地主の、一見地味であって、その実自分らよりはずっと鞏固の基礎を有している事を述べた。……「そういう親類が一軒位あるのは、大変な便利で、かつこの際甚だ必要じゃないか」」（260頁）。つまり商工業の階層は寄生的であり[24]、地方の大地主の階層の信用に依存せざるをえない。もし三千代を通じて平岡に融通するのであれば、結婚を通じて佐川から来る信用を流すことになる。要するに父とその階層が経済的に[25]自立していない。

だからと言って佐川が自立しているわけではおそらくない。旧藩主の事例からして、作品中において地主階層も少なくとも経済的には自立していないことが暗示されており、逆に父の階層にもたれかかる局面もあろう、基盤は脆弱だろう、と思われる。権力中枢の短期の変動に相対的にヨリ鈍感なだけである。父はこれを言うにすぎない。

代助の問題は余裕のある自立的な信用によってしか解決されない[26]。それがないここには結局出口がない。にもかかわらず一旦幻想を抱き兄や嫂に借財を申し入れたのは、矛盾というより代助得意の社会分析のどこかに欠陥があるということを予感させる。代助の意識のどこかに「胡麻化し」があるということである。作者は先送りによってこのことを明らかにした。返す刀で、問題のまたの名がトータルな信用構造であるということも示唆した。このように、気の毒な主人公は全てを照らすべく遠回りする。

20) 梅子については、母説や姉説がある（例えば佐々木充「『それから』論——嫂という名の〈母〉」『國語と國文學』66巻1号（1989）=『集成』第6巻（前掲註6））。が、見当はずれで、二人が遊び友達であること、そして梅子がmatronaとして社交と結合の媒体であること、を重視すべきである。
21) 桑原朝子教授の私的な示唆によると、「天保調」と「古版の浮世絵」はコントラストを成しているとのことである。確かにこのような表現には重要な意味が送り込まれているのが普通である。梅子と三千代をさらに分ける何かが江戸時代の大きな時代区分と関係する可能性は捨てきれない。その時代区分を要請する変化とは何か、これを作者がどう捉えたのか（つまり近代との関係）は巨大な歴史学的課題である。

22) 小森陽一「代助と新聞——国民と非国民の間で」『漱石研究』10 号（1998 年）79 頁以下が参考になるが、平岡の新聞社での役割、そして寺尾の商業出版での立場、等レジームにおけるメディアについての作者の不吉な予見も見落とせない。
23) ここは作者自身が隠れた仕掛け、Epicureanism のタームを明かしてしまったくだりである。間接話法である。
24) 柄谷行人『増補　漱石論集成』（平凡社、2001 年）430 頁以下は「新興ブルジョアの自己欺瞞」を読み取るが、主人公自身がこの自己欺瞞に陥っていると見て、「反ブルジョア的」で「自然な」姦通と「公式的な」「文明批評」がとって付けたように結合していると解し、次いで作者自身がこの欺瞞を共有するとでも言うつもりか、描かれる主人公において「他にかえがたい個体としての存在は一向に姿をあらわさない」し、彼が「生きた血肉をそなえていない」と作品糾弾に向かう（510-1 頁）。しかし、姦通こそは少なくとも Machiavelli, Mandragola 以来「ブルジョア」のテーマであり、姦通の成否は「ブルジョア」の成否を分ける。代助は不成立の父を向こうに回して成立にチャレンジする。それを描く作者はその挑戦の内的な欺瞞を鋭く描くが、挑戦には溢れんばかりの共感を示す。長口舌も恋愛もブルジョワジーの成立に関わる点で一致しており、作者は明らかに階層としてのブルジョワジーの成立を問題としている。そこに日本社会全体の問題を見出しているのである。
25) 漱石の作品は、長編小説の常套に従って、信用をタームとして編まれる。石原千秋は、「当然家長が管理すべき遺産が、何故か、叔父さんによって管理され、横領されるという話が繰り返し出て来ます」と発言し（『漱石研究』10 号（1998 年）31 頁）、川本三郎は、「お金の話がこんなに多かったか」（同 17 号（2004 年）5 頁）と驚く。『それから』を経済小説として読むのは、若林幹夫『漱石のリアル——測量としての文学』（紀伊國屋書店、2002 年）116 頁以下である。「横領する叔父」は資産というものを支える信用の構造を示すための古典的パラダイムであり、「お金の話」は Molière や Balzac を引くまでもなく市民社会の基礎に関わる。「市民社会と言っても現実のお金が無ければ」とか、「所詮ブルジョワの強欲社会でしょ」という話でもなく、漱石が私生活において他の作家に比べてお金に執着したかどうかという話でもなく、逆に、社会と人間のあり方の質がお金によって表現できるのである。白い百合でも愛を表しうるように。したがって、この作品は経済を扱ったものである、というのは逆の誤りである。小森陽一『漱石を読みなおす』（岩波現代文庫、2016 年（初版 1995 年））162 頁以下のように、金銭と愛を二律背反で捉え（『金色夜叉』）金銭が愛の領分を侵犯していると読むのも誤りである。要するに人間と社会をトータルに扱っているのである。文学の定義である。
26) Plautus, Mostellaria では友人の eranos が全てを救った。他の作品では主として父の自立した資金力をここへ回すことが目標とされ、それで足りる。

5　問題のトポグラフィー

　信用を調達して三千代を救うという主題は確かにしばし読者をハラハラさ

せるが、考えてみれば、もし三千代を救うだけならば佐川でもよかったのである。しかし読者は主人公がその道を行かないのを見届けてほっとする。それは三千代を断念することを意味する。構造への屈服である。この構造から独立の信用で三千代を救うのでなければならない。それは三千代そのものを求めることを意味する。何でもいいから信用を与えるというのでは、どうしても平岡を介することになるから、平岡は遊興に使ってしまうかもしれず、三千代の生存を助けることにさえなるのかどうか。もっとも、主人公はこのギャップになかなか気付かない。注意深い読者がドキッとするのみである。否、それどころか三千代の生存を救ったとしても平岡を助けるだけかもしれない。どうしても直接でなければならない。それは二人が二人だけで結ばれるということを意味する。

　サスペンスはこの作品全体を貫く。この作品が恋愛小説かどうか見解が分かれるが、動かないのはこの作品がミステリーだということである。まずは信用のミステリーへと迂回した。迂回自体ミステリーである。そしてもちろん文学は迂回である。しかしもちろん、早晩信用の問題は三千代救済の問題へと帰って来る。さらには三千代を物理的に求める方向へとそれていく。

　探究する主人公の物理的運動を作者は丹念に描く。三千代は平岡の妻であり平岡の庇護下にあるから自分のところには居ない。論理的に三千代を求める行動は空間的な運動を伴う。作者は実際の地名を使い東京の地図上にこの動きをプロットしていく。その動きが余りに精密に計算されているため、興味の尽きない解釈問題となり、多くの考証を生んだ[27]。それでもなお以下のように若干付け加える余地が残っているのである。

　引っ越しの際を除けば、代助が最初に平岡の家を訪ねるのは第6章においてである。三千代の現在地を示す平岡の家のトポグラフィーは案の定信用をタームとするものである。「東京市の貧弱なる膨脹に付け込んで、最低度の資本家が、なけなしの元手を二割乃至三割の高利に廻そうと目論で、あたじけなく拵え上げた、生存競争の記念であった」(83頁)。ここいらは主人公がよく見通せる事情であり、作者と主人公は視座を共有している[28]。代助の学生時代、三千代は谷中の清水町の兄の下宿に居た (99頁)。それも狭いに違いなかったが、作者の記述のタームは異なった。対するに父は青山に在り、ここと代助が住む神楽坂の間の動線は第8章冒頭に描かれる (111頁)。代助

の家は神楽坂もずっと上るようである。

　これを伏線として重要な記述が現れる。「どこか遊びに行く所はあるまいかと、娯楽案内を捜して、芝居でも見ようという気を起した。神楽坂から外濠線へ乗って、御茶の水まで来るうちに気が変って、森川町にいる寺尾という同窓の友達を尋ねる事にした」(113-4頁)。この volte-face は何を意味するか。何故90度折れ曲がるのか。寺尾を記述する作者のタームは再び信用である。寺尾はその日暮らしの売文業であり、慢性的資金不足である。それでも知的ミリューであるべきはずが、そちらの蓄積つまり知的信用もゼロであり、翻訳でしのぐその翻訳すら代助にきかなければ立ち行かない[29]。当然詰まらなくなった代助は本郷通りを戻り、四丁目から再び電車に乗り、伝通院前まで来る。単に家に帰るだけであるのに何故か叙述はここに一旦停車する。家に帰ると、梅子から不十分ながら小切手が届いている。これを早速届けなければならない主人公はようやく pretext が見つかったかのように取って返す。「五軒町から江戸川の縁を伝って、河を向へ越した時は、……坂を上って伝通院の横へ出ると、細く高い烟突が、寺と寺の間から、汚い烟を、雲の多い空に吐いていた。代助はそれを見て、貧弱な工業が、生存のために無理に吐く呼吸を見苦しいものと思った」(117頁)。煙を吐く煙突が寺の建物の間から見えるというのであるから、「その近く」に住むという平岡の家は、坂を上った伝通院から見て見下ろす位置に在るということになる[30]。つまり、神楽坂からであると、江戸川に下り向こうに上ったその先もう一度降りた位置に在る。伝通院はこの空間的分節の分節点、降りる途中に一旦中空に開けた平面、を表す。その平面は本郷の分岐を含めて銀座に繋がる。しかし平岡へは伝通院の分岐をさらに降りるのである。中空を生きたい代助は古い意識のまま一旦は銀座へ行く。そうではないとばかりに無意識に寺尾へ折れ曲がるが、もっと違ってしまったと言うので引き返す。しかし本当はこの平面に居てくれたらという三千代を求めているのである。もちろんこれは幻想で実際にはこの平面を奈落へと降りなければならない。青山にぶら下がった神楽坂を降り、伝通院辺りに銀座でも本郷でもない真の浮かぶ瀬があると思いきや、そこには何もなく、三千代は小石川の悲惨から一体どこへ引き上げようか、途方に暮れざるをえない。

　次は三千代が来る番である。「大抵は伝通院前から電車へ乗って本郷まで

買物に出るんだが、人に聞いて見ると、本郷の方は神楽坂に比べて、どうしても一割か二割物が高いというので、この間から一、二度こっちの方へ出て来て見た」(148)。三千代は息を切らし、喉の渇きを訴える。

或る日代助は散歩に出る。「草臥る所まで堀端を伝って行く気になった」が、新見附まで来ると「電車が苦になり出したので、堀を横切って、招魂社の横から番町へ出た。そこをぐるぐる回って歩いているうちに、かく目的なしに歩いている事が、不意に馬鹿らしく思われた。目的があって歩くものは賤民だと、彼は平生から信じていたのであるけれども……」(154-5頁)。そして帰ると、「「やっぱり、三千代さんに逢わなくちゃいかん」」(158頁)。平岡を通じて救うという構想は飛び越えられ始めている。しかし残念ながらそこで森川町から寺尾が来る。むろんまたぞろ知的信用が切れたのである。外国語訳をききに来た。寺尾が帰ると「代助は門を出た。江戸川まで来ると、河の水がもう暗くなっていた。……何時ものように川辺を伝わないで、すぐ橋を渡って、金剛寺坂を上った」(162-3頁)。「竹早町へ上って、それを向うへ突き抜けて」(164頁)平岡の家の前に行くが、しかし留守のため、仕方なく（おそらくそのまま伝通院前から）電車に乗り、本郷へ出て、乗り換えて神田に至り、ここのビアホールで酩酊する。父の複合的階層にぶら下がっていてもしようがないが、かといって三千代は捉えられず、結局本郷・神田の線で酔い潰れるのであるから、寺尾と選ぶところはない。

代助は一旦戦線放棄を考える。「始めは父の別荘に行くつもりであった。しかし、これは東京から襲われる点において、牛込におると大した変りはないと思った。……自分の行くべき先は天下中どこにもないような気がした。しかし、無理にもどこかへ行こうとした」(177頁)。代助の地理学は一見完璧に見えるが、おそらくどこかに「胡麻化し」があるから行く場所がないのであろう。仕方なく、そこから銀座、新橋、鍛冶橋、丸の内、とクルクル回るばかりでくたびれ果てて電車で家に帰る。

27) 例えば武田勝彦『漱石の東京』（早稲田大学出版部、1997年）。
28) 若林『漱石のリアル』（前掲註25）137頁以下は、平岡の住居につき、究極のところ近代化＝市場経済化の帰結と捉える。青山の側に反対の極があり、そこには父の過去にとどまらず、「人のために泣く」代助も居るし、坊っちゃんと山嵐の互酬性もあるという。しかし父と平岡の連携を説明しえない。父が互酬性を捨てて市場に乗り換えたと解するほかないが、しかし作品は父がこの間如何に連続的であったかを強調する。若林は

アレントの「富と財産」を互酬性(市場の対極)に重ねるが、アレントの少々雑な理解においてさえ政治と互酬性は対極に立つ。この作品において互酬性は「支店長事件」であり、平岡のチクリに極まるグルの構造であり、したがって父がその中枢に居る。この構造こそが都市の粗悪な不動産投資の主体であり、父を通じて産業化の主体であり、佐川を通じて地方の農村と関わり、さらには将来平岡を通じて血と土の植民地に繋がっていく。力と徒党が物を言う限り構造内は市場の真っ逆さまであり、かくして平岡の住居は市場の産物ではなく市場不全の結果である。作者が問題としているのは、市場や信用やブルジョワジーがやって来たということではなく、やって来ないということである。

29) 寺尾は『三四郎』の与次郎の後継であり、知的階層における信用の恒常的不足がもたらす弊害についての作者の一貫した批判的視線を確証することができる。知的に蓄積がなく、右の物を左に流しその日暮らしをしている。贔屓の引き倒しという最悪の結果をも招きやすい。自立していない。ジャーナリストや批評家ばかりか学者や作家にも妥当する。

30) この点、私は武田『漱石の東京』(前掲註 27) 204頁、220頁に微かに不満である。登り切ったところ伝通院の脇に平岡の家を見るのであるが、私は、主人公はそこから少し見下ろし、おそらく少し入る、つまり下るのだと思う。216頁以下の考証のとおり江戸川の谷と小石川に上る坂がポイントの一つであるが、その先「竹早町へ上って、それを向うへ突き抜けて、二、三町行くと」と、正面に煙突が見えるという高さを合わせると、代助は平岡の家に向けて下るのであり、この家は少なくとも登り切った頂きに在るのではない。したがって、「昇りつめた伝通院のそばに、……三千代が住んでいた……理想の女性像がゆらめいていた……」は少し違う。江藤淳(後出註 32)が(鈴蘭について)言うように「谷間にひっそりと咲く」のである。

6 échange の連鎖

既に述べたように小説というジャンルは échange を怖れない。むしろそれを全く新しい次元で復興する。そうして市民社会を紡ぐ。その市民社会は経済社会を基礎付ける。

この小説でも問題解決への誘いは(échange の一方の典型)金銭貸付の依頼という形でやって来た。他方初めから主人公は(échange のもう一方の典型)女[31]が気になって仕方がない。全篇その壮大なクレッシェンドである。問題の解決がこちらの方面に存することは疑いない。

読者の誰もが決定的な意義を認めてきた第10章において、主人公は真っ白な鈴蘭を生けて仮眠をとる。元々「不安に襲われる」癖があったが、これが起こってきたためである。「そこである人が北海道から採って来たといっ

てくれた鈴蘭[32)]の束を解いて、それを悉く水の中に浸して、その下に寐たのである」(139頁)。何故「そこで」なのか、自明な解決法ではない。不安に対応するかのようにこのところ代助の散歩は、確かに江戸川に出るものの、目白台を見上げるばかりで、小石川の坂を上ろうとはしない(142頁)。逆に「三千代がまた訪ねて来るという目前の予期が、既に気分の平調を冒している」(143頁)。不安はしたがって échange に乗り出す不安であるが、これは避けられないばかりか、むしろだからこそ、これにクリアな形態を与えることが唯一の脱出法である。かくして、論理的に、鈴蘭は échange のクリアな形態を呼び出す記号でなければならない。それ自身贈り物としてやって来た。しかし花でありかつ白い。

　鈴蘭は記号を呼び出す記号であるから、やって来るのは記号としての贈与交換である。「手に大きな白い百合の花を三本ばかり提げていた。その百合をいきなり洋卓の上に投げるように置いて、その横にある椅子へ腰を卸した。そうして、結ったばかりの銀杏返を、構わず、椅子の脊に押し付けて、「ああ苦しかった」といいながら、代助の方を見て笑った」(145頁)。白い鈴蘭の贈与は paradigmatique に白い百合の贈与を呼び出したが、記号の signifiant を運ぶ女がついて来た。それでなお女は signifiant である。しかしこの女は元の記号の signifiant を物的に扱って見せる。signifiant は物的な性質を持つから、女と鈴蘭は signifiant どうし物的な関わりは簡単だが、ここは女が先送り連鎖をショートカットで清算し、端的に物的代謝する主体となり、そのことを見せて新たな次元を指示する記号となったのである。「「今あれを飲んだの。あんまり奇麗だったから」と答えて、鈴蘭の漬けてある鉢を顧みた[33)]。代助はこの大鉢の中に水を八分目ほど張って置いた」(147頁)。銀杏返を椅子に押し付けて構わないのも同様のショートカットである。signifiant の反乱、実質要求である。これにより女は掛け替えのない主体、三千代になる。

　とはいえ、実質がまた記号連関でなければならない[34)]。少なくとも échange である。ただ、異次元の高度なものでなければならないと言っている。端的に物的な関係へと関係が送られているわけでは毛頭ない。かくして、白い百合の出番である[35)]。「「この花はどうしたんです」……「好い香でしょう」……「そう傍で嗅いじゃいけない」「あら何故」「何故って理由もないんだが、いけない」……「貴方、この花、御嫌なの？」……「じゃ、買って来

なくってっても好かったのに。詰まらないわ」……「僕にくれたのか」」(149-50頁)。「昔し三千代の兄がまだ生きていた時分、ある日何かのはずみに、長い百合を買って、代助が谷中の家を訪ねた事があった。……三千代はそれを覚えていたのである」(150頁)。三千代の端的な仕草は再び signifiant の反乱を通じての記号作用のレヴェルアップを示唆している[36]。構造へと降りろとばかりに。差し当たりはしかし、ヨリ構造的に時間軸上に展開された贈与交換へと主人公が送られる。三年前が呼び出される。三千代は作者の高度な仕掛けの聡明なエイジェントである。

　そもそも、女と思ったら金が来た日、「上にした手にも指輪を穿めている。上のは細い金の枠に比較的大きな真珠を盛った当世風のもので、三年前結婚の御祝として代助から贈られたものである」(58頁)。この指輪は最初多分に怪しい性質のものである[37]。谷中の清水町での麗しい兄弟関係（98頁以下）の中で代助は三千代と知り合ったのだが、三千代の兄菅沼と平岡と代助の「三兄弟」のうち、菅沼が伝染病で母と共に死ぬと、兄の庇護は代助の庇護に転化し、代助の尽力で平岡と三千代は結婚する。折しも、「多少の財産と称えられるべき田畠の所有者であった」三千代の父が「日露戦争の当時、人の勧に応じて、株に手を出して全く遣り損なってから、潔よく祖先の地を売り払って、北海道へ渡った」(206頁)。作者の記述タームは専ら信用である。小規模な地主であった三千代の父は信用の問題に引っかかって没落した。三千代には一切信用がついていない。佐川の娘とコントラストをなす。三千代は天涯孤独である。指輪はまさにここで代助から小さな信用が入ったことを意味したのである。指輪を粗末にはできないから三千代は負担を負う。大事な何かを債権者に押さえられた債務者同然である。もっとも、この物的たるが故に最も警戒すべき échange でさえ、平岡の離反により全てを削ぎ落とされた今の三千代にとって命綱である。もっとも、さりげなく代助に見せる三千代の意図はもちろん別のところにあったかもしれない。

　鈴蘭ショックの後、代助は素直に三千代のところに行けなくなる。「近頃代助は前よりも誠太郎が好きになった」[38] (153頁)にもかかわらず「嫂に調戯って、誠太郎と遊ぼうと思ったが、急に厭になっ」(154頁)たことと関係する。強烈なのを食らって échange 拒否症候群に輪をかけたのである。その要素のない誠太郎。しかしくっついている嫂は échange 元締めである。しか

し怖いそのéchangeから逃げられなくなっている。「自分の脳裏に願望、嗜欲が起るたびごとに、これらの願望嗜欲を遂行するのを自己の目的として存在していた」(157頁)のだが、今や不思議なほど混乱してしまい、そして唯一の脱出法こそは先述の「「やっぱり、三千代さんに逢わなくちゃいかん」」(158頁)。エピクーロス派のéchange拒否という高みから、勝負のéchangeをしてまさにこれを克服しなければならなくなったということである。

とはいえ最も洗練され確立されたéchangeならば梅子が担っている。父兄弟の粗野で虚偽の信義より代助がこちらを好んだ所以である。勝負のéchangeの前に、「そうですかéchangeでございますね」とばかりに代助は梅子の一計によってあっさり歌舞伎に連れて行かれる（11章）。歌舞伎座はこのとき遠回しの見合いの場であり、代助は佐川の娘と引き合わされる。しかし客席には大勢芸妓が居る。代助は双眼鏡で眺める。「代助は、感受性の尤も発達した、また接触点の尤も自由な、都会人士の代表者として、芸妓を選んだ。彼らのあるものは、生涯に情夫を何人取り替えるか分らないではないか。普通の都会人は、より少なき程度において、みんな芸妓ではないか」(176頁)。「此所まで考えた時、代助の頭の中に、突然三千代の姿が浮んだ」(177頁)。都会の芸妓ではなくやはり田舎の土地持ち女だ、というのではない。佐川よりは芸妓だという明白な判断が先行している。むしろ芸妓の延長線上、その解放され自立した形態として三千代が閃いたのである。これはすとんと腑に落ちる解である。実家の没落、兄の死、要するに三千代は天涯孤独である[39]。そればかりではない。芸妓は定義上実力の下に置かれている（人身の自由がない）から、ただ手を差し伸べればよい相手ではない。請け出さなければならない。三千代は今平岡に囚われている。しかも代助には資金がない。息子であるからである。要するに完璧である。これ以上の条件はない。現に代助は兄に揶揄される。「「何だか元禄時代の色男のようで可笑しいな。凡てあの時代の人間は男女に限らず非常に窮屈な恋をしたようだが、そうでもなかったのかい」」[40] (187頁)。図星である。

第12章冒頭の「嫂の肉薄を恐れた。また三千代の引力を恐れた」(177頁)は重要である。エピクーロス派の透明な交わりからéchangeの坩堝に投げ込まれる、代助はその恐怖を覚えた。かくして、どこかへ出かけなければならないがどこへ行っていいかわからない。それでも代助はまずやはり結局三千

代の方へ来る。旅へ出る前にもう一度逢っておこうという口実であった（181頁）。三千代は指輪を嵌めていなかった（182頁）。梅子の信用もフローの補塡に消えた。平岡の就職もフローの破綻を回避しなかった。そして三千代の大事な物をおそらくは他の債権者に押さえられた。見かねた代助はキャッシュを渡す。占有に火がついたからである。しかしかつて代助自身、親がわりのつもりか友人の細君に指輪を贈った。自身譲渡担保の海に棹したではないか。それを更新するつもりか。案の定、翌朝正式の見合いの席へと代助は召喚される（184頁）。こちらもまた、代助得意の社交（188頁）の板子一枚下は土地の上の信用である。

代助は「自然を以て人間の拵えた凡ての計画よりも偉大なものと信じていた」（197頁）と作者は代助の Epicureanism を再確認して第13章をスタートさせると、わざわざそれを裏付けるべく主人公に「赤坂のある待合」（201頁）に寄らせている[41]。しかし赤坂を経て、代助は三千代に辿り着き直す。代助は、三千代が「次の間へ立って行」き「用簞笥の環を響かして」取り出した小箱から指輪を取り出すのを見る（203頁）。代助の金銭は生活に費消されず指輪を請け出した。そして代助は新たなる債権者ではない。三千代の所作は大事な何かを埒外に置くという意味を帯びる。否、三千代の簞笥はその願望を体現している。この échange の syntagmatique な連鎖が syntagmatique な連鎖でありながら paradigmatique な飛躍を遂げたように、指輪のこの請け出しが三千代自身の解放を呼び出すということを、ヒロイン自身が明確に描いて見せたのである。「世の中を憚かるように、記念の指環をそこそこに用簞笥にしまっ」（203頁）たのは、これが道ならぬ恋のシンボルだから世間の指弾を恐れたというのでは全くなく、社会の凡ての力学からの切断を意味している。物的な関係は不透明の源泉であるが、儀礼がそうであるように高度に蒸留すれば一義性をもたらしうる。まして身体は、これを質に取れば最も恐るべき権力を獲得しうるが、それだけに反対に人格の一義性、掛け替えのなさの楯である。

第14章で代助はいよいよ決心を固める。まず父から信用を仰ぐ道（佐川）を断つべく青山を訪れるが、父の不在により替わりに梅子に衝撃的な告白をする。その後に三千代と逢うことになるが、問題は自分が三千代のところに行くか、三千代を自分のところに呼び出すか、であった。「彼は三千代を普

通の待合などへ呼んで、話をするのが不愉快であった。やむなくんば、蒼い空の下と思っていたが、この天気ではそれも覚束なかった。といって、平岡の家へ出向く気は始めからなかった。彼はどうしても、三千代を自分の宅へ連れて来るより外に道はないと極めた」(236頁)。「降りて入る」のは最悪であり、しかしこれらの側へと奪ってくるのでもいけない。「蒼い空の下」となるが、幸い、神楽坂は青山ではない。かつ青山と結ぶ橋を叩き落とした以上は、二人が独立のポイントに集結するとも解しうるのである。代助は「白百合の花を沢山買って」(237頁)そこへ三千代を呼び出す。「三千代は固より手紙を見た時から、何事かを予期して来た。その予期のうちには恐れと、喜と、心配とがあった」(239頁)。白百合の香りがéchangeの連鎖を意識させる。三千代は「「あの時分の事を考えると」と半分いってやめた。「覚えていますか」「覚えていますわ」「貴方は派手な半襟を掛けて、銀杏返しに結っていましたね」「だって、東京へ来立だったんですもの。じきやめてしまったわ」「この間百合の花を持って来て下さった時も、銀杏返しじゃなかったですか」「あら、気が付いて。あれは、あの時ぎりなのよ」「あの時はあんな髷に結いたくなったんですか」「ええ、気迷れにちょいと結って見たかったの」「僕はあの髷を見て、昔を思い出した」」(241頁)。円環を閉じえて代助は上機嫌である。代助は極めて困難な大決断をした。その困難さを十二分に意識しうる。しかしともかくéchangeの坩堝に身を投じえた。それもことのほか敢えてréelなéchangeである[42]。

　この決断によって、主人公は初めて問題の解明に近付く。「「あの時兄さんが亡くならないで、まだ達者でいたら、今頃私はどうしているでしょう」……「兄さんが達者でいたら、別の人になっている訳ですか」「別な人にはなりませんわ。貴方は？」「僕も同じ事です」……三千代はその時、少し窘めるような調子で、「あら嘘」といった」(243頁)。「「僕は、あの時も今も、少しも違っていやしないのです」……三千代は忽ち視線を外らした。そうして、半ば独り言のように、「だって、あの時から、もう違っていらしったんですもの」といった」(244頁)。作者はまたしてもヒロインに見事な洞察力を付与した。そして代助を答のすぐ目の前にまで連れて来た。それでもなお主人公は気付いたかどうか。確かに解明への道を行くべく進路を修正した。しかしそれで済むと思っている。それが答だと思っている。どうやら「胡麻

化し」の問題はとことん主人公の死角に入ってしまっているようである。念のため言えば、死角は今や、「図式ばかりで実行が伴わない」類のものではない。彼は実行に出た。死角は認識に関わり、そしてどうやら三千代の兄が欠けて平衡が失われたことと関係しているらしい。いずれにせよ、実行とその方向は正しいから、認識に足りない点があっても、「「僕の存在には貴方が必要だ。どうしても必要だ。僕はそれだけの事を貴方に話したいためにわざわざ貴方を呼んだのです」」(244頁)は受け容れられる。にもかかわらず、やはり抗弁は付されるのである。「「打ち明けて下さらなくってもいいから、何故」……「何故棄ててしまったんです」……「残酷だわ」」(246頁)は、それでも一旦「「残酷では御座いません。だから詫まるのはもう廃して頂戴」」(247頁)と許されたように見えるが、むろんそうではなく、責任つまりさらなるéchangeの問題ではなく、認識の問題だというのである。だから「「ただ、もう少し早くいって下さると」」(248頁)は決定的である。それでも、「「じゃ僕が生涯黙っていた方が、貴方には幸福だったんですか」」には、「「そうじゃないのよ」と三千代は力を籠めて打ち消した。「私だって、貴方がそういって下さらなければ、生きていられなくなったかも知れませんわ」……「それじゃ構わないでしょう」「構わないよりありがたいわ」」(248頁)。

31) 部族形成神話の根幹にジェネアロジーがあるためにこうなる。女を交換財とするなどけしからんという話ではない。話つまりパラデイクマのヴァージョン屈折が多くの社会構造を媒介しうるのであり、文学は特別の社会構造を創出しうる。水田宗子は、『漱石研究』10号（1998年）の座談会において、代助は「ジェンダー化」（?）され、女と同じ位置に立つ、つまり家長の交換手段となりかかるので、「エディパルな家族」（?）から恋愛によって脱出しようとし、ところが三千代の要請で再生産させられる、というような解釈を披露している。代助は佐川の線を斥けるが、婚姻の規律から逃れるのが目的ではないし、三千代に婚姻や家族形成の願望があるのでもない。彼女はこのままでもいいと言っているのである。Euripidesが子殺しばかり描いたとしても当時のギリシャ社会で子殺しが大流行であったことを意味しない。このことはテクストを読むだけで簡単にわかる。この作品の主題は恋愛でさえなく、代助と三千代は、取り残された小さな単位というものを全て代弁する。汚い字でも立派な詩を書けるのと同じである。

32) 鈴蘭については、江藤淳『漱石とその時代　第四部』（新潮選書、1996年）263頁以下参照。

33) 「果たして詩のために鉢の水を呑んだのか」(147頁)以下の代助の講釈は余計だった。作者が主人公に乗り移って一緒に照れている。作者が創造したこの行為は、詩的な反対で、記号による先送りを遮断する行為である。三千代は「実体に戻ってこい」と言って

いる。しかし「花より団子」というのではない。先送り遮断が記号として働く。物としての signifiant が反乱し、自分は signifié のためにあるのではない、と独立する、ことが現代美術の特徴であるとしても、signifiant がただの産業素材に戻るのではないことと同じである。

34) 姦通の実行行為を暗示するという（よく見かける）解釈は誤りである。三千代は身体の一義性を通じて、自分を直接求めて欲しいと言っている。その意味は、あらゆる怪しい取引からの解放である。

35) 百合と銀杏返について小森陽一、柄谷行人他『漱石をよむ』（岩波書店、1994年）120頁以下は、代助と三千代の障壁を示す寓意であるとする。しかし寓意ではなく、これを通じて échange をする媒体であり、パラデイクマとしてのその échange がヴァージョン偏差を示す、その偏差をヴィークルとして駆動するコードの上の項目、コードたる classification のシステムにおける classème である。その意味で、浜野京子「〈自然の愛〉の両儀性――『それから』における〈花〉の問題」『玉藻』19号（1983年）=『集成』第6巻（前掲註6）が示すように両義的であり、「女性を謎のままに置き、禁欲を示した」のではない。

36) 代助もこのことは理解していると思われる。鈴蘭がなければただの誘惑である。「呑んではいけない」は、だから、衛生上の注意でないのはもちろん、単なる誘惑拒絶でもなく、深い意味を持つ共同行為へのたじろぎである。

37) この指輪についてはなかなかしっかりした分析が既になされている。中で、「世の中を憚かるように」（203頁）を姦通のタブーと関連付ける斉藤英雄「「真珠の指輪」の意味と役割――『それから』の世界」『日本近代文学』29号（1982年）=『集成』第6巻（前掲註6）よりも、関係が復活しても「昔そのまま」ではないと解する遠藤祐「指輪のゆくえ――『それから』の〈物語〉」『玉藻』24号（1989年）=『集成』第6巻の方が一層優れる。

38) 批評において誠太郎はほとんど論じられないが、この変化は注目に値する。『彼岸過迄』の美しい叙情詩的パッセージ（「雨の降る日」）を引くまでもなく、「子」はこの作者にとって生命線の一つである。『門』において、夫婦は子を失い続ける。小さな孤立した単位の中にそっと置かれた掛け替えのないものであるが、信用がそこに入らないのである。何故入らないかと言えば、『それから』で問題にされたのと同じ不透明なメカニズムが資産を崩すからである。『門』では母方の叔父の後見問題という locus classicus が選ばれた。そして誠太郎が気になり始めたのは、代助が初めて、小さな孤立した単位を築くことへと方向付けられたからである。自分の物は相手の物、相手の物は自分の物、という兄弟関係ではなく、互いの掛け替えのない物を尊重し合う、そうした結合の単位である。

39) 小谷野敦『夏目漱石を江戸から読む』（中公新書、1995年）125頁以下は、三千代が長く生きられない体であるということを、江戸時代における遊女の境遇、そして失うものがないという立場、に重ねる。優れた解釈である。しかし、三千代がかつて平岡に嫁いだのは生活のためで、今は死を前にして失うものがないから掟に反する恋に身を委ねるのである、という結論は全く成り立たない。

40) 小谷野『江戸から読む』(前註) 131頁がこの科白に解釈を与えている。代助の行為が世話浄瑠璃のパタンをなぞったものにすぎないことが暗に揶揄されているというのである。徳兵衛・お初のパラデイクマが捉えられている。しかしこの範型が表面的に理解されているという作中批判は存在しないし、またそのように作品を批評することも当たらない。むしろ揶揄の側に冷たい視線が向けられている。問題をそのようにしか見ない厚い伝統への批判がある。桑原朝子教授の私的な示唆によると、既に触れた「古版の浮世絵」と「元禄」が連動しているという。近松の時代に登場し近松が批判しその後全てを制圧した何かが明治以後も残存しているということかもしれない。小谷野は、江戸時代の「男女女」から西洋の「男男女」にずれていると指摘する。三角関係ではないから、これも見当はずれであるが、Philolaches/Philematium に発する伝統と近松に発する (押さえつけられた) 伏流とがここでどのようにディアクロニクに交わっているのかを探求することは実に魅力的な研究課題である。

41) 石原『反転する漱石』(前掲註9) 233頁以下は、三千代に対する思いがつのる中で代助が待合に行くことを詰り、ほとんど非難している (『漱石研究』3号 (1994年) の座談会における津島佑子も同様)。しかし代助にとっては佐川の娘と反対の方角を指示する記号なのである。芸妓は洗練つまり都市を意味しており、さらに三千代に連なるとすれば、最も孤立した女を意味する。心底惚れてこれを請け出す、という脈絡に三千代は位置している。石原は、代助が家に刃向いながら、実は指輪や「紙の指輪」で家を再生産することしかしない、未来の家父長そのものである、という。しかし小説を何かその通りに実践するパラデイクマとして読むほど馬鹿げたことはない。登場人物へ向けての倫理的非難はこのことを意味する。芸妓を請け出して妾にする家父長をイメージしていると思われるが、遊女と心中する資力のない手代か、もっと正確には古典喜劇をこの作者は下敷きにしているのである。そういうコードを使って何か別のことを言おうとしている。そのコードは家父長と全然関係ないのである。

42) 念のため言えば、鈴蘭の水も指輪も領域の上の信用をどうにかしろというメッセージではない。或いは、bona fides の信用を産業に回す回路を構築せよというメッセージではない。領域の問題をひとまず解決しえていなければ、ここでの課題である bona fides の信用は立ち上がらない、というのである。つまり債権者が領域の占有を尊重するということである。そのヴァージョンも少しアップし、古典喜劇では (réel な échange でありながらまさにこれを克服するトゥールである) causa liberalis、つまり人権保障の原型ということになる。指輪の占有の尊重が箪笥の中で掛け替えのない人格の尊重に化けたようなものである。

7 「胡麻化し」の深層

むろん、これは全く解決ではない。何が誤りかはわかったとしても、何故誤ったかはわかっていない。代助はなお「胡麻化し」を理解していない。否、

答を手にしながらそれを答であると理解していない。三千代がこれほど明晰に指摘するのになおポカンとしている勘の悪い主人公には、突進し大破する以外に答に逢着する方途がない。

　思い返せば、代助にとって平岡は兄弟にも似た親友であった。「昔しの自分なら、なるべく平岡によく思われたい心から、こんな場合には兄と喧嘩をしても、父と口論をしても、平岡のために計ったろう」(87-8頁)。しかし二人はそれぞれに「降下」し、それを経て二人とも変わり、二人は激論する。「平岡はとうとう自分と離れてしまった……平岡は、人に泣いてもらう事を喜こぶ人であった……代助は、人のために泣く事の好きな男であった」(124頁)。友情が今破れて三千代を争うに至った？　その後の二人の境遇が二人を隔て代助の高踏と平岡の現実を対立させる？　否、作者は始めから欺瞞が潜んでいたことを残酷に明示している。「平岡のため」？　「人のために泣く」？　どちらも代助の父にこそ相応しい。つまり始めから音程が狂っている。であるのにこれを友情であると思ったのならば、それは虚偽であり、「胡麻化し」との関係に強い嫌疑がかかる。「三千代を平岡に周旋したものは元来が自分であった……今日に至って振り返って見ても、自分の所作は、過去を照らす鮮かな名誉であった。けれども三年経過するうちに自然は自然に特有な結果[43]を、彼ら二人の前に突き付けた……平岡は、ちらりちらりと何故三千代を貰ったかと思うようになった。代助はどこかしらで、何故三千代を周旋したかという声を聞いた」(125頁)。

　実際第13章で指輪の密会を果した後になお代助の頭は混乱している。三千代への金銭の給付を三千代が平岡に話せない、つまり頂点への信用の供与により間接的に三千代を救う道が取れない、と知って「「一つ私が平岡君に逢って、能く話して見よう」」(205頁)などと間抜けなことを言う。三千代を平岡のもとで救うアプローチを捨てたのではなかったのか。そのサインを送る三千代の必死の演出は全部無駄だったのか。代助は「実業を諦めて」新聞社に勤め始めた平岡を職場に訪ねる。この期に及んで、少なくとも経済の方面で夫婦関係を立て直させるべく説教に行くのである。兄弟ではない！相手は女衒だ！　しかも御前が女を売った！　否、恩寵として与えた！「「実は君に話したい事があるんだが」」……「「そりゃ、僕も疾うから、どうかするつもりなんだけれども、今の所じゃ仕方がない。もう少し待ってくれ玉

え。その代り君の兄さんや御父さんの事も、こうして書かずにいるんだから」……「君も大分変ったね」[44]」(211-2頁)。結局、「平岡の本体を見届ける事は些とも出来なかった。……何のために平岡を新聞社に訪ねたのだか、自分にも分らなかった」(216-7頁)。全てが虚偽なのだから当然である。代助が先の大演説の延長のような時事評論を平岡の前でやって空を切ることも注目に値する。

　代助の大事業が始まったため、ここからしばらく平岡は舞台に登場しない。全てが終わって、代助は平岡を呼び出すが、なかなか平岡は現れない（事実上の最終章たる第16章）。三千代が病に臥せているという情報だけが到達し、代助の焦燥は増す。ようやくやって来た平岡は、三千代から、何か詫びることがあり、その内容は代助からきいてくれ、と言われている。これと呼び出しに何か関係があるらしいが、一体何のことやら、と訝しげである（283頁）。作者は、平岡に対する主人公の告白の文言を明らかにせず、それが淡々と事実を述べるものであったことだけを伝える（284頁）。代助は「裏切り」という語を用いて詫びるが、むろん、平岡に全く通用しない。受けるべき制裁の存在も平岡を納得させない。代助は三千代を愛しており、平岡は三千代を愛していない、というロジックも不条理の念を払拭しない。何故ならば、仮にそうだとしても、「「君は三年前の事を覚えているだろう」」(287頁) という抗弁が簡単に成り立つからである。周旋したのは代助本人であった。話は必然的にここへ落ちて来る。以下、二人は自ら進んで犯人を正確に同定し、作品の鍵を明かしてくれる。

「「二人で、夜上野を抜けて谷中へ下りる時だった。雨上りで谷中の下は道が悪かった。博物館の前から話しつづけて、あの橋の所まで来た時、君は僕のために泣いてくれた」……「僕はその時ほど朋友をありがたいと思った事はない。嬉しくってその晩は少しも寝られなかった。月のある晩だったので、月の消えるまで起きていた」「僕もあの時は愉快だった」……「君は何だって、あの時僕のために泣いてくれたのだ。なんだって、僕のために三千代を周旋しようと盟ったのだ。今日のような事を引き起す位なら、何故あの時、ふんといったなり放って置いてくれなかったのだ」……「その時の僕は、今の僕でなかった。君から話を聞いた時、僕の未来を犠牲にしても、君の望みを叶えるのが、友達の本分だと思った[45]。それが悪かった。今位頭が熟して

いれば、まだ考えようがあったのだが、惜しい事に若かったものだから、余りに自然[46]を軽蔑し過ぎた。僕はあの時の事を思っては、非常な後悔の念に襲われている。自分のためばかりじゃない。実際君のために後悔している。僕が君に対して真に済まないと思うのは、今度の事件よりむしろあの時僕がなまじいに遣り遂げた義侠心だ……」」(288頁)。付け加える余地がないほど明示的である[47]。

　この小説はミステリーであると述べた。実はミステリーの中のミステリー、ミステリーを創建したとされるSophoklesの『僭主オイディプース』を鮮やかに踏襲するものであった[48]。つまり聡明な糾問官が精緻に捜査すればするほどますます犯人は自分であることが動かせなくなっていく。何の罪か。友情をそれと正反対のものと混同した罪である。これはただclientelaであり、庇護者気取りの親分風であり、押し付けた物に譲渡担保を設定し債務者を縛り上げる債権者に似た行動であった。要するに父や平岡と同根であった。「胡麻化し」の正体がついに明らかになった[49]ことだけは疑いない。

43)　「自然」は、三千代を与えて頂点を気取るのと反対方向を指示する。したがってEpicureanである。

44)　金の返済を迫られたとしか考えない平岡は、スキャンダルを質に取りすっかり明ら様にヤクザであるが、変わったわけでは決してない。そして代助もまた、三千代によれば、(真の友情の持ち主に見えたのに)「あの時から、もう違っていらしった」(244頁)。

45)　E. Rostand, *Cyrano de Bergerac* を漱石が知らないわけがない。その上演はセンセーショナルな成功を収め、森鷗外は解説のようなものを書いている。自分が惚れた女に恋する若い戦士仲間のために求愛の詩を書いてやる、というのは19世紀末のフィクションであるが、友情を恋愛に優先させるというのは、実在のCyranoがそれに属した17世紀前半のles libertins éruditsの基本精神であっておかしくない。かつての代助の意識もさしあたりこちらのつもりだったのであり、父とは違うつもりだったであろう。にもかかわらずそこが容易にずれ込むというのが作者の批判である。

46)　この「自然」も註43のそれと同じである。

47)　小谷野『江戸から読む』(前掲註39) 110頁以下は、代助が何故三千代を平岡に譲ったのかという問題に最も誠実に立ち向かった考察である。一部の批評がこの筋書を不自然と見なし「作品は失敗している」と違和感を表明するのを見て、しかし何故そのような筋書が選ばれたかと問い返す。ただし与えられる解は全く説得的でない。当時代助には恋心がなく、今三千代が積極的に動き、他方代助に結婚問題が持ち上がったので、これを回避するために彼にとって三千代の動きが好都合でこれに乗った、そのために後から「実は当時から気持があった」という筋書を必要とし、「では何故あの時」に対して義侠心というさらなる筋書が与えられた、というのである。これでは作品を理解でき

ない他の批評と同じである。小説、とりわけミステリーの生命は「ありえないことが起こる」ことである。皆それを期待している。自然主義は、ありそうなことを並べることと正反対で、厳密な解剖を経ると常識がかくも無残に打ち砕かれるものかと楽しむためのものである。
48) 柄谷『漱石論集成』（前掲註 24）435 頁は、Oidipous を想起した点で優れた直感を示すが、「自然のレヴェル」における「不意打ちのような」「突然の自己認識」であると解釈してしまう。Oidipous の場合、自分自身の精密な糾問によるのであり（それが作品のポイントであり）、代助の場合も、（柄谷がその功績を否定する）三千代の知的誘導と（柄谷がその部分のテクストの解釈を無視する）平岡との共同作業が存在する。Sophokles の作品については、木庭『デモクラシー』（前掲註 2）291 頁以下参照。
49) 江藤淳『夏目漱石』（日本図書センター、1993 年、初版 1956 年）92 頁以下は「ディスイリュージョン」を言い当てる。しかし「英雄的な自己犠牲」が「制御しえぬ運命的な力」によって脆くも崩れ去る、という内容理解には賛成できない。主人公は「文明批評的文化論的性格」（キャラクター）として擬似文学的にすぎない、という指摘も、作為に対して自然という初期の批評以来のクリシェを引き摺るものであり、テクストから懸け離れる。

8 二つの自然

　友愛は Epicureanism の支柱である[50]。代助は、権力を忌避し自然を奉じ庭を愛でる Epicurean を志した。友愛に関して重大な混乱があったとすると、彼の Epicureanism に大きな疑問符が付く。裏から言えば、彼の軌道修正は元来の立場つまり Epicureanism を捨てるものではなく、正しいそれに復帰する性質のものであることは確かである[51]。問題はどこに混乱が在ったのかである。作者は主人公にこれを探究させている。
「「処世上の経験ほど愚なものはないと思っている」」（24 頁）という代助の立場は作品を通じて変わらず一貫している。平岡が染まった échange の泥沼は初めから峻拒しているという意味である。「「世の中へは昔から出ているさ。ことに君と分れてから、大変世の中が広くなったような気がする。ただ君の出ている世の中とは種類が違うだけだ」」（24 頁）。つまり広く領域に乗り出す。だから、精神世界というよりは遙かに感覚的な世界である（25 頁）。とはいえ、平岡の泥臭い土地から距離を取り、これから切り離された[52]という意味における限り都市の方に親近感を持つ（28 頁）。城壁外だが都市に近接する庭を拠点とするという意味である。見事に Epicurean である。だから

nil admirari は厭世ではなく、これを指す。つまり都市の政治と領域という二大ストレスを避ける、それでいて大いに現世的な、空間を指す。音楽（ピアノ）も芝居もこの線に沿っている。日本の現状を批判する例の長い演説（91-2頁）も軌を一にする。無理をして神経衰弱に陥っているというロジックである。自然の理に逆らうところから苦痛が生まれるという Epicureanism[53] に忠実である。この苦痛を避けるというのがこの立場の倫理教説である。

　作者は代助の意識の変化を微細に描く。既に見た、三年前の自分と今の自分を対比する真鍮のメタファー（87頁）は、さらによく読むと示唆的である。Epicureanism に降りたことの意識ではあるが、純金でなくとも混ざり物は混ざり物でこれも自然であるというのである。自然は自然でも純粋ではなく混ざり物だというのである。Epicureanism が二つに枝分かれしているようにも読める。そして、「人間はある目的を以て、生れたものではなかった……無目的な行為を目的として活動していた」[54]（156-7頁）は、今や形骸化した Aristoteles 的政治の拒否を意味する目的因の排除であり、典型的な Epicureanism の宣明であるが、主人公は今、ここからさらに重要な枝ヴァージョンへと入っていく。つまり「願望嗜欲を遂行」（157頁）してきたが、それでもストレスを避けるために「生活欲」を適度に抑制してきた[55]（158頁）。ところが自然の延長線上にくっきりと三千代が現れ、そして何よりもバランスを崩してでも彼女を求めなければならない（「逢わなくちゃいかん」）。バランスを崩すなど Epicureanism からして最低であるように見える。ところがそれも自然だ[56]と代助は言い始めた。確かに Epicureanism への下降自体問題解決への第一歩であった。しかしそれでもなお「胡麻化し」があったとすれば、この微妙な修正と関係しているのではないか。そして、かつての義侠心は Epicurean な友愛と何の関係もなかったかもしれないけれども、この微妙な修正を経ないことが、振り返ってなおその誤りに気付かせないことと深く関係しているのではないか。もし当時から Epicurean な友愛への傾向があったとするならば、この修正を経たヴァージョンでなければ偽の友愛に陥りやすいという病理があるのではないか。するとこの修正は偽の友愛を予め排除する処方でもあり、究極的には父や平岡という病に対する処方でもあろう。

　Epicureanism に棹さす以上は、文芸の基本パラデイクマを通じて、初期近

代そしてギリシャ・ローマでの積み上がりから逃れられない。翻ってみれば、Epicureanism の友愛はデモクラシー下 demos の結合とピタゴラス教団を経てさらにその原型たる Hesiodos 的基盤を通じ遠く政治的連帯に遡る。政治的連帯はさらに戦士の結び付きと瓜二つである。「代助は昔の人が、頭脳の不明瞭な所から、実は利己本位の立場におりながら、自らは固く人のためと信じて、泣いたり、感じたり、激したり、して、その結果遂に相手を、自分の思う通りに動かし得たのを羨ましく思った」(218頁) は、先に見た、この期に及んでまたぞろ平岡に指図しようとして大失敗をした後の感想であるが、「昔の人の不明瞭」はこの瓜二つによって騙されるということではないか。つまり父やかつての代助が区別できないばかりか、ギリシャや初期近代の Epicurean にとっても落とし穴なのではないか。或る重要な発展の刻印によってピン止めされなければ Epicureanism は常にこの危険と背中合わせなのではないか。刻印が三千代であることは言うまでもない。「此所で彼は一のジレンマに達した。彼は自分と三千代との関係を、直線的に自然の命ずる通り発展させるか、または全然その反対に出でて、何も知らぬ昔に返るか」(219頁)。主人公は天意と言い換える。「「今日始めて自然の昔[57]に帰るんだ」と胸の中でいった」(238頁)。「昔」は Eicureanism である。「胡麻化し」のそれと自然のそれがあり、いま後者に帰ると言っている。当然、自然は新たに厳密な刻印を帯びる[58]。「こういい得た時、彼は年頃にない安慰を総身に覚えた。何故もっと早く帰る事が出来なかったのかと思った。始から何故自然に抵抗したのかと思った。彼は雨の中に、百合の中に、再現の昔のなかに、純一無雑に平和な生命を見出した。その生命の裏にも表にも、慾得はなかった、利害はなかった、自己を圧迫する道徳はなかった。雲のような自由と、水の如き自然とがあった。そうして凡てが 幸（ブリス）であった。だから凡てが美しかった」(238頁)。真の Epicureanism である[59]。「雨は依然として」(238頁) 空から真直に降っていた。「二人は雨のために、雨の持ち来す音のために、世間から切り離された。……二人は孤立のまま、白百合の香の中に封じ込められた」(240頁)。これが刻印である。

　Epicureanism は元来恋愛に積極的ではないと言われる[60]。ローマに渡り Lucretius においては恋愛のストレスを避けるべく愛がなければ性的交渉のみは勧奨されるとも言われる[61]。しかし Lucretius の前に Plautus の喜劇におけ

るヒーローとヒロインが居るのではないか[62]）？　息子は人為の構築物（政治的階層としての自己形成）が嵐の前に全て崩れ去るという経過に身を委ねる。嵐というのは一人の芸妓を請け出す方向に駆り立てる力である。ヒロインの方も、商売を捨ててこれに身を委ねる晴れ晴れしさを歌う[63]）。これがEpicureanismでなくして何であろう？　実は自由人の娘であったという市民権（市民的連帯と友愛、Epicureanism原型？）なる神の手にハッピーエンドを依存するギリシャ新喜劇に比して、ローマ喜劇は、自然の粒子の端的な衝突の連鎖によって人身解放を達成し、実力から逃れるだけでなく、これを叩きのめした。しかし何よりも息子と芸妓が結ばれるという強烈な磁場が全てである。

　にもかかわらず、この刻印、つまりこの「自然」は自然には与えられない。喜劇においてさえ息子は価値観の総体の大崩壊を経験し、ヒロインは周囲の懐疑に抗わなければならない。断絶ないしliminalな跳躍を要するのである。この動機を作者は冒頭から鳴らし続ける。「胡麻化し」に対応して主人公はしきりにこれを怖れる。最初は心臓の鼓動が止まること（7-8頁）。次は第4章冒頭の刑人。これは若き日の父による殺人、父の兄が惨殺される場面、を導く。場面は直ちに「縁側の硝子戸を細めに開けた間から暖かい陽気な風が吹き込んで来た。そうして鉢植のアマランスの赤い弁[64]）をふらふらと揺かした。日は大きな花の上に落ちている。代助は曲んで、花の中を覗き込んだ。やがて、ひょろ長い雄蕊の頂きから、花粉を取って、雌蕊の先へ持って来て、丹念に[65]）塗り付けた」（52頁）に滑り込む。Epicureanismの牙城たる庭に今大事件が起ころうとしている。次には「ダヌンチオ」の赤と青[66]）（第5章冒頭）が来る。もちろん緑がよいに決まっている。白ではあっても、鈴蘭の水を飲まれれば誰でも十分に驚く。その先にはもちろん「一大断案」（220頁）が存在し、そして「賽を投げなければならな」（220頁）いのは当然である。「久しぶりに髪を刈って髯を剃った」（222頁）のも切断のため区切りをつけたのである。最初にしたことは縁談の断りであった。それが父の留守で不発であったならば、次は三千代への告白であった。それを経て、「代助は凡てと戦う覚悟をした。彼は自分で自分の勇気と胆力に驚ろいた」（251頁）。

　しかし真の切断はもちろん三千代との結合であり、かつこれによる平岡との友愛の切断である。われわれは代助が与えられた課題が友との連帯であっ

二つの自然

たことを忘れてはならない。そして、三千代との結合はéchangeの究極型であり、échangeを拒否する連帯と真正面から衝突する。しかるに、まさに「一人の女をめぐって友と激突する」：このパラデイクマは凡そ社会組織の原点ではなかったか。全ての発展した社会組織の素材たる部族原理の中枢を担う部族形成神話である。なおかつ、文学の成否は、通常不安定均衡に収束するこのパラデイクマに内在する相対立するヴェクトルを純化濃縮して取り出しざっくり引き裂きうるかどうかに懸かっていたのではなかったか。もちろんこの場合唯一有意であるのはその発展ヴァージョンである。平岡が三千代を押さえ、その上から代助が押さえ、結果平岡と代助は曖昧かつ重畳的に三千代を押さえている。この関係が切断されなければならない。切断されていないことを定義上不自由という。平岡はその押さえ合いのために三千代を犠牲にしてきた。逆に重畳解体つまり一義性は取引不可すなわち掛け替えのないという感覚を生む。三千代の解放である。そしてここが解放されると取引不可となるという逆のロジックも自明である。そして、ここが解放されて初めて代助と平岡の間には真の友情が生まれる。つまりその前には一義的でなければならず、一義的たるためには一切妥協なく争わなければならない。

　以下のパッセージにおいて三千代の死が意味するところは、以上のような可能性の消滅である。曖昧な関係は同様になくなるかもしれない。しかしそれは平岡が死んだ三千代を代助に叩き付けてポトラッチ型のéchangeをゲーム・オーヴァーにしたというにすぎない。一種のteknophagiaである。Zeusに自分の子を料理して食べさせたTantalosを誰もが思い出す。これも切断かもしれないが、三千代が生きている、つまり解放される、ことによって達成される切断とは根本的に異なる。「「三千代さんをくれないか」……「うん遣ろう」……「遣る。遣るが、今は遣れない……」」（289頁）。「「時々病人の様子を聞きに遣ってもいいかね」「それは困るよ。君と僕とは何にも関係がないんだから。僕はこれから先、君と交渉があれば、三千代を引き渡す時だけだと思ってるんだから」……「あっ。解った。三千代さんの死骸だけを僕に見せるつもりなんだ。それは苛い。……」」（291頁）。「「そんな事があるものか」といって代助の手を抑えた。二人は魔に憑かれたような顔をして互を見た。「落ち付かなくっちゃいけない」と平岡がいった」（291頁）。

50) cf. Wilson, *op. cit.*, p. 84f., 105. "alliance" でなく "like-minded" individual 相互の結びつきである。政治権力の追求を非常に嫌った。

51) 「代助の改心」は古くから批評を支配してきた。悔い改めて以後刑に服したというのである。比較的近年のほとんどカリカチュアのようなケースを挙げればこの種の解釈が如何に馬鹿げているかを言うことができるだろう。吉本『夏目漱石を読む』(前掲註 10) 55 頁以下は、宿命 vs. 反宿命の葛藤において反宿命の方向に苦闘したのが漱石であり、『それから』における反宿命は代助の「高等遊民」たる生活であるが、代助は宿命＝自然に屈してこれを放棄せざるをえない、という。「父親のほうの理屈はたいへん筋がとおっていて、ひとりでに知識人の批判になっています。……平岡の言い分のほうが生活人の妥当な考え方です。代助の考えでは……という理屈にならない理屈……ドラ息子のだらしない振る舞い方……」というのであるから、まるで代助は「ブラブラしていないで働け」という父の言い付けに従って働くことを決意したかのようである。父のロジックの欺瞞をあれだけ周到に描いたのに、それが全く読まれなかったと作者は思うであろう。なお、一般に日本の批評において、文学上のパラデイクマを一般的な行為指示のパラデイクマとしてうけとりその是非を論ずることが多いが、ここではそれが極まり、父や平岡のお説教はアイロニーなしに自らの訓示に採用された。

52) P.-M. Morel, *Épicure. La nature et la raison*, Paris, 2009, p. 198ff. が優れた説明を提供する。Epicureanism における友愛 philia は、知者間の自然の同盟 foedera naturae (Lucretius) であるという。

53) cf. J. M. Rist, *Epicurus. An Introduction*, Cambridge, 1972, p. 122ff. 殊更の快楽の追求は心理的な苦痛を必ず伴い、かつしばしば事後の肉体的苦痛も伴うから、Epicureanism はひどくこれを嫌う。

54) 瀬沼茂樹『夏目漱石』(東京大学出版会、1970 年) 162 頁以下は「エピクロス主義」「機械論的人生観」「目的の排除」を正確に読むかのようである。しかし、この思想故に三千代との結婚という厄介を避けたが、三千代はこれを揺さぶるべく登場した、とあらぬ方向に飛んでしまう。「代助の高踏的な快楽哲学の論理は冷酷な現実の論理によって、空中の楼閣のように否定し去られる」というのである。一部の Epicureanism が恋愛をストレスと見なす傾向を有することは確かだとしても、代助が三千代を求めるのは自然に衝き動かされてのことであると作者は言っている。まして、現実と衝突したからおよそ思想を捨てたなどということはただの非論理である。思想を何か現実でないものと思っているのではないか。この作品がこの種の考えられない珍妙な反発を多く生んだことだけは確かである。作品が対峙した闇それ自体の深さを暗示する。

55) この抑制を「道義欲」と作者は表現するが、ストア派的態度と紛らわしい。しかしここでは明らかに Epicureanism 完遂のための節度 (cf. Rist, *Epicurus*, p. 100: "sober reasoning" によって "pleasure" を得る) である。

56) 第 13 章の「自然の愛」は (金剛石と対比された) 馬鈴薯と共にあり、地上ないし地中にさえ降りなければならない、そうでなければ自然は貫徹しない、という趣旨である。指輪の主題と深く関係している。

57) 「自然の昔に帰る」はどうやら crux らしい。昔つまり三年前に帰れば三千代を平岡

に譲るのであるから、それは不自然のはずではないかというのである。酒井英行「自然の昔──『それから』論」『国文学研究』82集（1984年）＝『集成』第6巻（前掲註6）は、「自然に抵抗」していた昔に回帰することを「自然の昔に帰る」という代助には、彼自身自覚できていない錯誤がある、という。確かに酒井が言うように、（昔を三年前とすると矛盾するから）「生以前の生」のことであるなどという解釈よりは矛盾とする方が少しましである。しかし「自然の昔」と言っているのであるから、中学生にも読めるとおり、「自然でない昔」があったのであり、それは平岡に三千代を譲ったclientelismであった。これに換えてあるべきはずの「自然の昔」を対置しようという単純な思考である。昔が軸になって自然と非自然がpolarityをなしているにすぎない。

58) 批評は当初からこの「自然」に固執してきた。三好行雄「『それから』──同時代批評と評価の変遷史」『國文學　解釋と鑑賞』29巻3号（1964年）＝平岡敏夫編『日本文学研究大成　夏目漱石』I（国書刊行会、1989年）参照。「近代的自我に苦しみ自然に帰ろうとする漱石」という古い「則天去私」理論の最後のヴァージョンとして瀬沼『夏目漱石』（前掲註54）170頁以下は、「社会と個人を統一」したり「超越」したりするものとして「自然」を理解する。これらについては石原千秋『漱石の記号学』（講談社、1999年）が冒頭で鋭く批判し、いずれにしても最近は見られなくなった。だからと言って的を射た解釈がなされるようになったわけではない。自然を反知性や本能や反制度や現実的ないし世間的と解する傾向が認められる。熊坂敦子「『それから』──自然への回帰」（1973年）＝『集成』第6巻（前掲註6）は、高等遊民が「自然の児」となって人間回復を目指すものの、恋愛は現実生活に定着せず、結果は惨憺たるもので、「高等遊民は浮き上がったまま終わる」という。梶木剛『夏目漱石論』（勁草書房、1976年）29頁以下は、（clientelismでなく）「距離を取った知的態度」と「自然」を対比する。山本勝正『夏目漱石文芸の研究』（桜楓社、1989年）も、「文明批評」の立場が作中人物たちから攻撃され破綻して自然に至るが、これが果たして「自然の愛」として救済になるのか、愛としても持続するのか（余計なお世話）、と疑問を呈する諸説を援用して作品不成功を暗示する。しかも、この「自然の愛」はもう一つの自然たる平岡との友情を踏みにじっており矛盾しているとする。柄谷『漱石論集成』（前掲註24）21頁以下は、制度（婚姻）を破るものとして自然＝姦通を解する。どれもテクストから離れて支離滅裂の頭の中をさらけ出すばかりであるが、中でも酒井「自然の昔」（前註）は病理の分析に最適である。この作品は「理論家の自己解体」の物語であり、平岡のロジックが現実的であるのに対し、代助の理論は非現実的であった、丁度そのように三千代への愛は非現実的である、人の掟に背くことを正当化するために天意を自己陶酔的方便として使った、作者は田山花袋や西田幾多郎の線に立って主人公を厳しく断罪している、という。ここまで来ると悪意ある捻じ曲げである。論者たちの自然概念は不明瞭なばかりか特有のバイアスを帯びているが、主人公の新しい観念世界はまさにこの傾向それ自体を批判する意味を込められている。初期近代のヨーロッパで自然概念は強烈に規範的であり、人為と洗練を意味している。放っておくとそのようになるメカニズムを周到に破壊するのである。前者が真の自然、後者が偽の自然である。それぞれ三千代であり、clientelismである。自然の昔と非自然の昔である。非自然の昔と自然の今を対置すれば、人

為を解いて抛り出すという通俗的自然概念しか現れない。厳密に自然の駆動力を引き出す洗練の極みというニュアンスが出ない。

59) Morel, *op. cit.*, p. 161ff. は、多くの概説書のように身体的な快不快から直接倫理的価値に至ると解釈するのでなく、自然が affectio をもたらしたところに自らの意思で従う、そういう自由と責任が存在する、というところに Epicureanism の moral theory を見る。

60) Wilson, *op. cit.*, p. 95ff. Morel, *op. cit.*, p. 179 は Diogenes Laertius を引く。つまり、遅い時期から振り返って「概して Epicurean は恋愛にも性的交渉にも消極的である」と見なされた。

61) Wilson, *op. cit.*, p. 97. Morel, *op. cit.*, p. 179ff. は、Lucretius の複雑な性愛観を分析している。子孫を得るという観点から自然の性愛を肯定し、ストレスを避けながら恋愛もこれに近付けるべしとする。

62) Epikouros と Lucretius の間の変化については、木庭顕『法存立の歴史的基盤』(東京大学出版会、2009 年) 1217 頁以下で (Lucretius が少なくとも Demokritos からの乖離を示す限りで) 若干示唆した。しかしもちろん、Epikouros のテクストが (書簡以外) 残らないため Epikouros の考えを Lucretius を使って再構成するのであるから、Epicureanism の経時的変化は学説において余り論じられない。ギリシャ新喜劇から Plautus という経路を使った分析、Plautus と Lucretius の間の関係の分析、等々は全く手つかずである。したがって、ここで示した Epicureanism 内のヴァリアントないし対立は仮説にすぎない。なお、本書 6 論文で Plautus を下敷きとする Molière の問題としてもう一度触れる。優れて Epicurean な 17 世紀 les libertins érudits の自己転回を取り上げる。

63) Plautus, *Mostellaria*, 85ff. (Philolaches); 157ff. (Philematium). 結局、恋愛＝社会 vs. 性的交渉＝自然という Lucretius 的観点に立つのでなく、そういう自然をそのまま社会の中に実現してしまおうとするのである。

64) 作品中の赤については文献も多いが、まずは江藤「『それから』と『心』」(前掲註 9) 55 頁以下を参照。赤と白の関係は、白が透明な échange を、赤が勝負に出たポトラッチ型のそれを指す。

65) ガーデニングは Epicureanism のコアであるが、「何事によらず一度気にかかり出すと、どこまでも気にかかる男であった」(66 頁) というミニチュア細工風の丹念さは、あくまで精確に libertin érudit に主人公を位置付ける作者の意思の現れである。20 世紀初頭以降の東京においてこうした階層が現実的なものであったかどうかわからないが、江國滋は、『漱石研究』2 号 (1994 年) の座談会において (202 頁以下)「いいなあ、代助は」と思ったと回顧している。1924 年生まれでその自己形成を私がたまたまよく知る東京山の手出身の或る知識人は、無類のコレクターで博識であった (子供の頃訪ねるのが憧れとスリルであった) 叔父 (1900 年前後生まれ?) から強い影響を受け取ったと追憶した。なお、丸山眞男「個人析出のさまざまなパターン」(1968 年) ＝『丸山眞男集』第 9 巻 (岩波書店、1995 年) 396 頁は、「インテリの私化、原子化」の一例として代助を挙げるが、これが政治システム成立や市民社会的連帯の挫折を直ちに意味するわけではない。隔絶された基盤を有する偉大なコレクターたる libertin érudit が 17 世紀前半のヨーロッパにおいて如何に政治を支える階層を裏打ちしたか。代助が赤い焔に包まれ助

ける者を得られないことの方こそ、市民社会の挫折を物語っている。
66) 蓮實重彦『夏目漱石論』(青土社、1978 年、新装版 1987 年) 171 頁以下を参照。よく polarity を捉える。しかしその polarity を作者がどう使って何を言おうとしているのかは関心外であるようだ。静謐の Epicureanism と激流に身を任せるそれの対比に関わる。

9　壁

　かくして「胡麻化し」は解明された。主人公は軌道修正に成功した。めでたし、めでたし、とは行かない。例の長広舌において代助は胸を張ってスタート地点に立ったところを見せたつもりであったが、三千代から一笑に付された。そもそもスタート地点に立ちえていないというのである。そこで大探索を開始し、それに成功した。しかし本題はもちろんスタートすることではなくゴールすることである。

　換言すれば、ここまではヨーロッパの伝統において正しい選択をするという点に尽きる。その選択は近代日本に固有の捻れによって妨げられていた。しかし体勢を立て直してこの捻れそのものにチャレンジするという険しい岸壁はなお厳然と聳えているのである。否、ポイントを突く正しいアプローチを主人公が得た以上は、主人公はいよいよ袋だたきにされることであろう。作者は、この作品に関する限りそこから先を追わず、ただ袋だたきにされるという未来を暗示するのみにとどめている。しかしその構図をリマインドすることは忘れてはいないのである。

　「「今貴方の御父様の御話を伺って見ると、こうなるのは始めから解ってるじゃありませんか。貴方だって、その位な事は疾うから気が付いていらっしゃるはずだと思いますわ」……「もし、それが気になるなら、私の方はどうでも宜う御座んすから、御父様と仲直りをなすって、今まで通り御交際になったら好いじゃありませんか」」(270 頁)。やっとスタートに値する考えに辿り着いたとしても、代助はスタートすることの意味をどこまで見通しているのか、読者は不安になる。その見通しがなければ「胡麻化し」に戻りかねない。話が信用の問題へと迂回したのはまたしても無駄ではない。三千代を何が何でも請け出すことに決めたとしても、ここで父に依存するのでは元の構造に絡め取られてしまう。「「漂泊でも好いわ。死ねと仰しゃれば死ぬわ」

……「このままでは」「このままでも構わないわ」「平岡君は全く気が付いていないようですか」」(271-2頁)。三千代の「このまま」は信用のタームである。代助が父と絶縁しこのまま信用が断たれても構わないというのである。それを代助は、三千代が平岡のところにいたまま二人が密かに会う、という表面的な意味で受け取る。作者は、言葉の二義性という古典的な技巧を使って代助が三千代にまだ追いつかなければならない距離を照らし出す。この場面では、代助はまだ平岡と談判するつもりである。いずれにせよ、主人公は自分の決断が社会全体を敵に回すということをまだ理解していない。「「じゃ、どうでも」」(272頁)。作者は一貫して三千代に驚くべきほど透徹した見通しを与えている[67]。「平岡との関係については、無論詳しく尋ねる機会もなかった。会に一言二言それとなく問を掛けて見ても、三千代はむしろ応じなかった。ただ代助の顔を見れば、見ているその間だけの嬉しさに溺れ尽すのが自然の傾向であるかの如くに思われた」(266頁)。作者はここでも「自然」という語を与えている。

実際、平岡はこの関係について代助の父に密告する(最終17章)。ひょっとすると、父の事業のスキャンダルも材料になったかもしれない。いずれにせよ、金銭を得たと思われる。平岡は「僕も一人なら満洲へでも亜米利加へでも行くんだがと大いに妻帯の不便を鳴らした」(163頁)ことがある。この先の日本の暗い未来を示唆する[68]が、平岡はこの先悪質な人物になることが予想されるし、なるほどこういうメカニズムでこのような人物が生産されるのか、と思われる。暢気なのは、代助が「こういう生活」をいつまでも続けられると思ったことではなく、ようやく憎悪と嫌悪を覚えながらも、平岡を友人である、少なくとも友人であった、と思ったことである。

平岡の密告を受けて、兄が代助のところへやって来る。代助が真実であることを告白すると、兄は代助を面罵し、そして一切の関係を断つ。そう言えばもう一つの兄弟の関係があった、と読者は思わされるが、今や二つがつるんで[69]代助を責める。そうなれば当然、「三千代以外には、父も兄も社会も人間も悉く敵であった。彼らは赫々たる炎火の裡に、二人を包んで焼き殺そうとしている。代助は無言のまま、三千代と抱き合って、この燄の風に早く己れを焼き尽すのを、この上もない本望とした。彼は兄には何の答もしなかった。重い頭を支えて石のように動かなかった」(298頁)。

銀行支店のエピソード以下作者が執拗に追求するメカニズム[70]が孤立した代助と三千代を確実に潰すであろう。しかし、それは反社会性を罰せられるのでないことはもちろん、「胡麻化し」の代償を支払うのでもない。主人公は今初めて社会に正しく立ち向かったということである。三千代の全ての台詞と「この上もない本望」が作者のそうしたメッセージを明確に伝えてくる。誤読の余地はない。主人公には今近代日本の社会のメカニズムがはっきり見えている。むろん、長広舌の立場が誤っていたというのでない。初めてその裏を取ったのである。

67) 鷗外の安寿に似る。
68) 周知のとおり、『門』で全面展開されるテーマである。そこでは、満州は小六の学資が尽きることと同義であり、かつ安井の学業断念とも（おそらく）同義である。彼をそこへ追いやったと主人公は罪の意識を持っているが、畢竟信用の弱さがそのような分子を生み出す。何故信用が脆弱かと言えば、叔父のように資産を壊す人間がいるからであり、何故壊しうるかと言えば、資産を託された人物に信頼に値する資質がなく、また透明性を担保する制度が未発達だからである。漱石と植民地の関係を論ずる論考は近年は多いが、その中で、存外鋭い視点を漱石が有したのではないかとする側に私は説得力を感ずる。
69) 父・兄と平岡というカリカチャーに近い類型の射程には驚かされる。不透明な利益集団のボスたちに対して、弾かれた分子が結託を求めて暴力や謀略に訴え、結託成立後、また弾かれる分子が出てくる、という繰り返しである。20世紀半ばの破滅に向かう経過、そしてバブル経済後の長い闇の中で、特にそうである。繰り返しの度に暴力的な密度が高まる。犠牲を強いる者、自らを犠牲に供する者が増える。
70) テクスト上常にそこに聳える山のように明白であるにもかかわらず批評においてこのメカニズムがほとんど論じられないのが不思議である。私のような一般読者の方が、例えば『坊っちゃん』におけるそのカリカチャーを楽しみ、これに無鉄砲に挑む主人公を痛快がる。その主人公が欠点だらけときているので、共感が溢れる。同じ痛快さが『虞美人草』から得られるし、同じカリカチャーを笑うその笑いの主をも笑い飛ばす破壊的な笑いこそが『猫』の人気の秘密である。『草枕』は、そのメカニズムの犠牲者こそが絵になる、と追悼の形で深く刺した。後期の小説においては、同じメカニズムが主人公の内面で怖れられ、自らの内面に巣食うことが苦にされる。意識の内奥に戦線が移る。夏目漱石の作品が古典的であると言いうるのは、このように、最も古典的な文学が立ち向かったものを端的に相手にしたからである。文学はその問題のメカニズムの前でじっと立ち止まり、じりじりと解剖していく、決して処方箋を出さずに。むろん、近代の文学、否、既に古典の抒情詩や悲劇でさえ、まして喜劇などは、さらに先の問題に取り組んだ。だからここで真っ正直に最初の問題に取り組む漱石の姿勢は少々ナイッフに見える。過ぎるくらい端的である。しかも、古典では叙事詩の任務であったから、小説

を使ってのことであれば、不調法であったろう。しかしこの事情が独創を生んだことは疑いない。かつ作品に文学としての古典的な価値を与えた。むろん、全て作者が問題に切実に取り組んだからである。

10　エピローグ

　この作品の主題はよく知られたものであった。問題は楽しく解決されるはずであった。放蕩息子が天涯孤独な娘と結ばれる。例えば芸妓を請け出す。父を瞞してその資力を引き出したり、友人がその資力で救ったり。頭のよい奴隷がその知恵のみによって見事に問題を解決して見せたり。作者は誰よりもこの伝統を熟知している。近代日本社会にこのジャンルの文学が成り立つ基盤が一切存在しないことも熟知している。にもかかわらず敢えてこれをぶつけた。無意味なことを敢えてしてみたのでないのはもちろん、これが成り立たない現実を指摘したのでもない。ぶつけるならばこれであると信じた。つまり、これをぶつけることが近代日本の社会にとって現実的であると言いたいのである。そして読者は説得される。

　文学は定義上、自らが直面する社会的現実に極大化された亀裂を入れることである。作者が開けた亀裂は戦慄を走らせるほど構造的であった。喜劇をぶつけてむろん喜劇とはならず、必然、主人公とヒロインは追い詰められ、社会の中に誰一人味方する者のいない「最後の一人」となる。置かれたのは喜劇であるから、この文学は劇中劇となる。かつ、「最後の一人」であるから悲劇とデモクラシーであるかというと、そうではない。特有の変形叙事詩を以て臨む。亀裂を Achilleus の原点において入れるつもりである。つまり主人公に始原の跳躍と断絶を強いる。

　このようなつるべ落としは強いられたものである。本来文学は一層また一層と積み上げていくものである。しかしそれが可能でないという現実に作者は直面している。一から踏襲する道は塞がれている。かつ、自分の現実に立ち向かうのが文学である。すると、一から始めるのと等価の作業を見通しのきかない錯綜した対抗堆積に対してしなければならない。つるべ落としの亀裂を入れる以外にない所以であるが、現実の一義性に対応して亀裂を入れるポイントは一つであろう。この作品のサスペンスはここから生まれる。

結果、近代日本社会の最も根底的な欠陥があぶり出された。その射程は現代に及ぶ。かつ現代われわれは忘れてしまっている。つまりこの課題をいまだクリアできないどころか、問題探究において少しの進歩もない。否、問題自体を忘れてしまっているのである。その証拠に、この作品をさっぱり読み解けない。

とはいえ、この作品の意義は以上にとどまらない。少なくとも、複合的に捻れて見通しのきかない現実に対して文学するというのは一層高度なことであろう。そればかりか、ギリシャ・ローマの古典的範型におけるように整然と一枚一枚積み重ねるということが初めから不可能である場合どうするか、という問題が定義上近代であるから、これは紛れもない近代文学の王道である。

だからこそ、亀裂のポイントを探る作者は言わば理論上の発見をした。つまりその発見は日本の近代社会にとって有効であるばかりか、凡そ近代市民社会の、少なくとも19世紀型市民社会の、限界を突くものとなった。しかも、限界を突く数多の仮説の中で、古典から初期近代に達する層の忘却を指摘する陣営に与しながら、なおかつそうした層の或る特定の微妙な転回点（知的友愛からmeretrix解放への転調）を基底的と考えるものであった。19世紀型市民社会のイムパクトが極東にも及ぶという状況下において、一点でのみ刺すならばここだというのである。

もちろん、これが唯一の正解であるかどうかはわからない。しかし、まさに月面まで正確に来てなおそのどこに着地するか争うように、初期近代の層まで降りてなおそのどこを以て正しい引き金とするか争う緊張感ないし対抗関係自体は極めて現実的であった（次の6論文参照）。少なくとも日本の現実に計り知れないほど響いていくのでそのことがわかる。

小説というジャンルは、近代市民社会という固有の歴史的形成物を紡ぐことに関わる。作者は紡ぎ出しのここしかない特定的な一点を突き止めたようだ。そして、処方は、先立つ問題として政治システムの不存在が存するということもはずしてはいない。しかもなお、後者の問題にアプローチするにも市民社会の方から始めよ、というのである。ちなみに、処方のこの型はおよそ近代というものの成り立ちに忠実である。その限りでこの解は普遍性を持っているのである。

6 森鷗外と「クリチック」

0 序

　森鷗外晩年の『渋江抽斎』(1916年) 以下の作品、研究者によって「史伝」と称される一群の「小説」、については、かなりの研究の蓄積があるものの、なお謎が残る。批評の当惑は刊行時に極大であり[1]、近年になるほど専ら称賛の的となっていく[2]が、本格的な解釈作業はなお将来の課題であり、とりわけ歴史学的思想史的分析はなお乏しい[3]。

　もっとも、こと歴史学ということになると鷗外の文芸全体の解釈や評価に十分説得的なものがない[4]。中断後再開された創作活動の意義、とりわけいわゆる「歴史小説」の文芸的価値についても同様のことが言える。ひょっとすると、「史伝」というピースの謎を解くと鷗外解釈のどこかすっきりしない部分を払拭できるかもしれない。このジャンルにおいて一体彼が何をしているのか、これは小説として、文学として、知性として、一体何なのか。

1) 『抽斎』に対する新聞連載直後の和辻哲郎の批判（と『伊沢蘭軒』における鷗外の反撃）については、三谷太一郎「『渋江抽斎』の文化史的観点——和辻哲郎の鷗外批判によせて」同『人は時代といかに向き合うか』（東京大学出版会、2014年）257頁以下に譲る。
2) 石川淳『森鷗外』(1941年) が評価を覆したとされる。『抽斎』に関する限り、抽斎への作者の個人的な敬愛が「用無用」や世間の（著者と主人公双方への）評価を超越する点に石川は痛快さを覚えるようである。後に述べるように自律こそが作品の強烈なメッセージであるから、こうした読みは間違ってはいないが、社会がトータルに conform-iste であった時代をも感ずる。『断腸亭日乗』を通じて荷風の（例えば文壇や文化人の迎合に対する）憤りはよく知られるが、荷風が『抽斎』を早くに高く評価したことも周知の事実である。ただし石川の覚えた爽快感が両義的であることは、唐木順三『鷗外の精神』(1943年) がよく示す。石川の批評を読んでの作であるが、自律を「自己を超え、

歴史を超え」るところに見出す。『山椒大夫』でなお抜けられなかった「歴史の緊縛」を「異常なる人物」との「邂逅」により超える、というのだが、いかにも意味不明の「超克」時代に相応しい。伊藤整『小説の問題』(1947 年) は戦後の評価を決定づけたと言える。西欧から輸入した「自我の解放」の道具たる小説の限界を感じて古き倫理思想を描いたというのである。いずれにせよ、鷗外の視野の真ん中に座っている考証学のヨーロッパと中国における歴史的意義を誰も見ていない。

3) 三谷太一郎の言及 (「森鷗外の歴史認識——江戸時代観と同時代観」『人は時代と』(前掲註 1) 224 頁以下) が唯一重要なものと言える。これについては以下若干の註で触れる。本稿は三谷の解釈の基本線を支持し、これを裏付けるものである。ただ、若干のニュアンスを付け加え、細部の修正を施す。

4) 大雑把な傾向は、例えば清田文武「研究の回顧と展望」平川祐弘・平岡敏夫・竹盛天雄編『講座 森鷗外』第 2 巻 (新曜社、1997 年) 440 頁以下によって見ることができる。

1 考証学

「史伝」と称されるジャンルは鷗外固有の idiosyncratic なものであり、ほとんど hapax に近い。鷗外自身の言葉によれば、「哲学」と対比されるところの「歴史」に属した。元来自分が従事する「自然科學の統一する所なきに惑ひ」哲学へ赴く。しかし他方で「歴史」もするのであり、こちらは (意外にも)「自然科學の餘勢」で「ジエネアロジツクの方向を取らしめた」。ただし「何故に現在の思量が傳記をしてジエネアロジツクの方向を取らしめてゐるかは、未だ全く自ら明にせざる所で、上に云つた自然科學の影響の如きは、少くも動機の全部ではなささうである」[5]。つまり「歴史」という文学―ジャンルの中の伝記という部分であり、かつ固有の特徴はジェネアロジーだというのである。自然科学の延長線上にあるという意識も極めて重要である。これらがわれわれの解釈の対象である。

そうすると、伝記であるから、一個人が主人公となり、しかも「史伝」においては彼に系譜で繋がる人々の伝記も書かれる。では誰を主人公に選ぶか。権力の点でも芸術の点でも無名の極めて特殊な人々が選ばれた。つまり日本の江戸時代後期に特有の形態を示す考証学者[6] を鷗外は主として取り上げた。われわれの解釈はこの事実を説明できなければならない。何故彼はこのような選択をしたのか。

鷗外はそれぞれの作品中で何故その人物を取り上げるかの説明に余念がな

い。とりわけ最初の『渋江抽斎』においては、どうしてこの人物に行き着いたのかの経緯が詳細に述べられる。続く作品ではこの人物との縁故によって説明されるから、『渋江抽斎』の導入部は特に重要であることになる[7]。

　鷗外は本格的な創作に復帰し、さらにいわゆる「歴史小説」を書く段階になり、「徳川時代の事蹟を捜った」(15頁)[8]。「そこに「武鑑」を検する必要が生じた」。かくして彼はこの『武鑑』を収集する。収集中に「弘前医官渋江氏蔵書記」という朱印のある本にたびたび出会った。他方、「武鑑」というジャンルが何時どのように始まったかを知らなければならないというので調査をする。調査が一定の成果に到達すると、それは目録のようなものになる。ところが調査中にまさに自分が到達したのと同じような目録に遭遇する。それは刊本ではなく写本の形をしているが、著者の名はなく、同じ「渋江」の蔵書印があるほか、「文中に所々考証を記すに当って抽斎云としてあるだけである」(18頁)。ここで鷗外は「ふと渋江氏と抽斎とが同人ではないか」と思う (19頁)。そしてその人物に興味を持つのである。

　調べてみれば、渋江抽斎は弘前藩の藩医であり、かつ考証家もした。つまり今の自分と同じである。しかも自分より数段上である。「抽斎が哲学文芸において、考証家として樹立することを得るだけの地位に達していたのに、わたくしは雑駁なるヂレッタンチスムの境界を脱することが出来ない」(24頁)。「抽斎はかつてわたくしと同じ道を歩いた人である。しかしその健脚はわたくしの比ではなかった」。これが『渋江抽斎』という長編を鷗外が執筆する理由である。

　まず考証学への着眼が存在すること自体再度確認しておかなければならない。考証学というのは、もちろん、中国近世に発達した学問ジャンルであり、経学つまり古典解釈本体と分節的に区別された、解釈作業の前提となる、テクスト自体の伝承や語の歴史的意味などについての探究をするものである[9]。どんなに目覚ましい哲学的体系的解釈をして見せたとしても、基礎に取るテクスト自体が誤っていたならば、根底からその解釈は覆る。語の意味を取るときに時代錯誤であれば物笑いの種で、勝手に自分の見解をテクストに押しつけているにすぎない。これらの点を踏まえて解釈しなければならないのであるが、前段の探究が活動としても担い手としても大いに分化したのが中国近世であった。その探究は極めて根底的包括的となった。例えば言語自体に

ついての深い理解に及ぶので、音韻論が発展する。時代考証のための物的論拠を求めて考古学的関心が生まれる。明末以来の中国における知的世界のこうした変化は当然江戸時代の日本の中国古典解釈に影響を及ぼす[10]。

しかるに、おそらく事実としても、そして少なくとも鷗外が着目するところとして、日本の考証学は少々個性的であった。つまり経学に資するという本来の脈絡をはみ出すのである。中国近世において既にそうである部分があったかどうか、問題である[11]が、例えば渋江抽斎が「経子を討めたばかりでなく、古い「武鑑」や江戸図をも翫んだ」(24頁)という部分が重要である。つまり古典の解釈を追求する「経書の学」の射程外に考証の対象を拡げていたのである。鷗外が彼の活動をまとめて、まず医者であり官吏であり、しかし同時に「経書や諸子のような哲学方面の書をも読み」、そのほかに「歴史をも読み」、さらにこのほかに「詩文集のような文芸方面の書をも読んだ」とする (23-4頁) ことにも対応するであろう。しかしとりわけ、言わば世俗の事柄につき考証をし、かつ世俗の詩文を創作したのである。もちろん中国においても経学と詩歌が一体の教養であったが、鷗外が着目した人々においては後者が相対的にヨリ独立しており、世俗的という比喩が妥当すると思われる。

むろん抽斎が本来の考証学、つまり中国古典に関するそれの大家でもあったことは疑いなく、現に(死後出版された)『経籍訪古志』の著者として彼は知られた。しかしその側面の活動は鷗外の叙述の中心には置かれず、他の作品でも主人公たちのその方面の仕事について詳細な紹介や評価が見られるわけではない。鷗外が興味を持ったのはその外の活動であった。そうだとして、何故そこに彼は興味を持ったか。そもそもその外側をどのようにして、つまりどのようなカテゴリーで捉えたか。この問いは鷗外「史伝」における文学活動を解く鍵になるものであろう。

5)「なかじきり」(1917年、『鷗外全集』第26巻(岩波書店、1973年) 543頁以下)。
6) 考証学という側面からの研究もないわけではなく、鷗外自身の「考証」についてすら研究がなされ、彼の資料の使い方は間違いを含めて吟味の対象である。にもかかわらず何故考証学を取り上げたのか、彼の取り上げ方にはどのような特徴があるのか、なかなか納得のいく説明に遭遇しない。否、そもそも説明に遭遇しない。
7) 以下では『抽斎』を主として取り上げる。「史伝」の中の主要三作を比較し解釈することが盛んに行われるから、それとの関係で一言すれば、以下は、『抽斎』を軸として

『伊沢蘭軒』（1916-7 年）も優に解しうると考え、『北条霞亭』（1916-21 年）の示す偏差を別途重要な問題として分析する（註で述べる）。
8) 以下『抽斎』について便宜岩波文庫版で引用する。
9) 中国の考証学について、その内容のコンパクトな紹介は島田虔次「清朝末期における学問の情況」（1967 年）＝同『中国思想史の研究』（京都大学学術出版会、2002 年）521 頁以下によって得られるが、管見の限り一応の歴史的全体像として参照しうるのは B. A. Elman, *From Philosophy to Philology. Intellectual and Social Aspects of Change in Late Imperial China*, Cambridge, Mass., 1984 のみである。鷗外のテクストの個々の箇所の意味を理解する際においてさえも中国の考証学についての知識の必要を痛感するが、本稿では断念せざるをえない。近藤光男『清朝考證學の研究』（研文出版、1987 年）や吉田純『清朝考証学の群像』（創文社、2006 年）は歴史学的分析自体に背を向けるし、濱口富士雄『清代考拠学の思想史的研究』（国書刊行会、1994 年）はプロテスタンティズムから解釈学への系譜を引く見当外れで、しかしこれを木下鉄矢『「清朝考証学」とその時代』（創文社、1996 年）が「およそ思想史をした」と攻撃する始末である。
10) 日本の考証学については、そもそも研究が極めて乏しい。その中で、中国のそれとの比較ないし伝播における変質の問題に敏感な眞壁仁「徳川儒学思想における明清交替──江戸儒学界における正統の転位と変遷」『北大法学論集』62 巻 6 号（2012 年）が唯一参考になる。
11) 島田「清朝末期」（前掲註 9）530 頁以下は、中国でも考証的傾向が歴史学や「諸子学」に及ぶとする。しかしこれらも儒教の正統的観念体系との関係で位置付けられている。

2 「クリチック」

鷗外は「武鑑」の系譜を探る時、その「武鑑」なるものが確定されなければ起源も探れないということを言うために「デフィニションを極めて掛からなくてはならない」と述べる（16 頁）。「『足利武鑑』……というような、後の人のレコンストリュクションによって作られた書を最初に除く」とも述べる。「沼田さんは西洋で特殊な史料として研究せられているエラルヂックを、我国に興そうとしているものと見えて、紋章を研究している」ともある。発見した抽斎の写本につき、「マニュスクリイ」であるとする（24 頁）。先に触れた部分には（18-9 頁）、写本作成者を探索する際の形態学的分析の記述がある。「マニュスクリイ」はキーワードである。活動の基礎には「コルレクション」が存在する（34 頁）。「迷庵も梄斎も古書を集めたが、梄斎は古銭をも集めた……抽斎も古書や「古武鑑」を蔵していたばかりでなく、やはり古

銭癖があったそうである」(46頁) というのも重要なパッセージである。
　最後の「古銭癖」について「ニュミスマチック」を省いているが、まず鷗外がいちいちフランス語で言い換えるということは極めて重要である。鷗外は訳しにくい概念に遭遇するとそのままフランス語表記をする癖を持つ。しかしここはその癖の一例ではない。極めて意図的に一連のフランス語テクニカル・タームを貼り付けて解説しているのである。つまり既に強い意味における解釈が籠められている。
　次に、フランス語テクニカル・タームによる解釈は解釈対象が経学に資するに限定されない活動であることと関係している。もちろん古銭学などは本来の考証学においても古典解釈の補助手段である。しかしここでは、中国から日本への転移が大きく作用し、ヨーロッパ近世において中世史が（ギリシャ・ローマ的古典でも聖書でもない対象の解釈作業として）浮上したように、日本固有の制度史や系譜がジャンルとなっているのである。
　鷗外は考証学の本来の部分、つまり経学に接続する本来のそれ、に戻る中で以下のように言う。「迷庵は考証学者である。即ち経籍の古版本、古抄本を捜り討めて、そのテクストを閲し、比較考勘する学派、クリチックをする学派である」とある (45頁)。またしてもフランス語である。この語が批判や批評一般のことでもなく、I. Kant の Kritik でもなく、フランス近世の (la) Critique であることは自明である。連射された他のフランス語タームとの連接関係からそのように言える。そしてこの「クリチック」こそが鷗外の関心の的である考証学の中核であることになる。差し当たりは考証学のうち物的な意味のテクストに関わる部分、つまり経学に最も近い部分の活動を指す。がしかし明らかにこれはさらに補助的な諸分枝を嚮導する原理でもある。そしてまさに「クリチック」という原理を共有するが故に分枝は経学と関係を有しない対象にも及ぶ。その意味で「クリチック」こそが、鷗外が興味を持った全活動領域を貫く。あるいは、外周部分では経学本体という目標がないから「クリチック」のみが際立つ。そこに鷗外は関心を寄せたと言うことができる。
　それにしても、何故このようにフランス語表記を畳みかけるのだろうか。明らかに、ここにもこれがあり、あれもある、同じ組み合わせ、同じコンステレーションがある[12]、それを発見したという思考である。フランス語にな

るのは、連接が元来フランスで形成されたからに違いない。通常、輸入ないし伝播を推測させる。この場合それがどうだかはわからない。しかし鷗外がフランスに原連接を見て、これをカテゴリーとして事象を切り取り、このようにして自己の関心の対象を発見したことだけは確かである。すると、この原連接はわれわれの解釈問題にとって決定的に重要であることになる。それが何かということを理解しなければ、彼が何故それを摑んだのかを考えようもない。

しかるに、鷗外が次々に繰り出すフランス語単語の故郷は簡単に突き止めうる[13]。17世紀後半のフランスにおいて或る極めて個性の強い知的活動が成立したのであるが、これらの単語はその知的活動のメルクマールとなるものである。なるほど、それらは15世紀イタリアの人文主義と共に始まったのであり、他方鷗外が親しむ19世紀ドイツの実証主義の基盤を成すものである。この実証主義においても論拠の吟味に理性的蓋然性判定ではなく具体的な物的痕跡が要求される。しかしantiquarianismと今日の研究者によって称せられる活動が突出して露現するのは17世紀後半のフランスの極めて特定的なミリューである。ベネディクト派、それもMauristeと呼ばれるグループ、彼らの拠点たるパリのSaint-Germain-des-Prés修道院、他方で王権が組織したl'Académie Royale des Inscriptionsが代表的な組織である（かつこの両者の間には密接な関係があった）。Mabillon[14]が代表的な人物である。しばしば定冠詞を伴いcを大文字とする（la）Critiqueもしくはこれと等価なéruditionは彼ら自身が使い、また他の人々が彼らの代名詞として使った中心的な語であり、訳すことのできない独特のタームである。まさに「クリチック」である。彼らはéruditであると言われたが、「学識ある」と文字通り訳してもニュアンスが伝わらない。鷗外が「エリュヂ」と書いたとしても異としえない。

12) 物的痕跡への固執がこの連接を人文主義的姿勢ないしphilologisme一般から区別する。テクストの物的側面、碑文や古銭や壺などの考古資料、語の音韻、等々。物的一義性が権力や利益の介入による解釈の恣意性に対する批判の拠点となる。ちなみに、Elmanによる限り中国の考証学のレパートリーはこれと遜色がない（天文学と考古学につきop. cit., p. 180ff.、碑文学につきp. 188ff.、系譜学につきp. 197f.）どころか、音韻論の突出した発達は目覚ましいものである（p. 212ff.）。何が何故違うかは今後の検討課題であるが、知的世界の全体像を押さえるのでなければ比較は可能でない。後述するように（認識が

妥当かどうかは別として）鷗外のアプローチはこの点で間違っていない。
13) Elman, *op. cit.* は人文主義ないし Valla を挙げるが、以下に見るとおり鷗外は明確に 17 世紀の érudition によって考証学を捉える。確かに、14-5 世紀人文主義が antiquarianism の要素を含んだことは疑いないし、中国近世の考証学が antiquarianism よりも広い関心を有したことも疑いない。しかしイタリア 15 世紀について既に人文主義本体と antiquarianism の間の亀裂を言いうるように、考証学についても経学本体との間の若干の緊張関係を言いうるように思う。テクストの原義を探究して既存の解釈を批判するという度々登場する傾向に対して、考証学は原義探究に広い意味の物的論拠を求める点が異なるとすると、確かに人文主義にも後者の面が存するものの、それに抜きんでた地位を与えるかどうかでやはり antiquarianism と異なるのであり、人文主義と漢学や日本の古学を比較しうるとは思えないが、antiquarianism と考証学の間の比較は一定程度有効であると思われる。
14) cf. B. Barret-Kriegel, *Jean Mabillon*, Paris, 1988.

3 江戸末期考証学者たちの libertinage

しかるに、鷗外の作品は考証学者の経学外的知的活動のさらにその外側を記述し、かつこの部分が主要である。その記述自体もちろん考証学にイムスパイアされたものであり、自身言うところの「ジェネアロジー」が軸になる。かつイマジネーションによるのでなく考証による。考証学者たち自身の外側の活動ないし生活、その家族や周辺の人々のそれ、を叙述する鷗外の筆致は実に生き生きとしており、多くの読者を魅了してきた。

少なくとも『抽斎』に関する限り、叙述の焦点が放蕩に置かれていることは疑いない。まず、当時の因習がそれら一連の行為を非難し時に制裁を加えることは疑いなく、この点自体叙述される。次に、主人公自身はと言えば、自身それら放蕩に手を染めるが、しかし限度を心得ている。他方周辺の人物はしばしばこの限度を逸脱し、制裁を被る。主人公は彼らを叱責したり訓育したりしようとはするが、非常に寛大であり、密かにシンパシーを感じているのではないかとさえ思える。そして作者はと言えば、この主人公に同意しつつ、それ以上の共感を寄せているとも解される。ただし、いずれの場合も放蕩のジャンルによって態度を異にするので、この点に注意しなければならない。

まず主人公自身、大の芝居好きである[15)]。元々考証家の階層は武士ではあ

るが、江戸の商人と密接な関係を有する。神田新石町の菓子商、真志屋五郎作は、「奇行もあったが」、熱狂的な観劇者であったばかりか製作も手がけ、「レシタション」に秀で、文章も「善くした」（71-2頁）。彼は「劇神仙」を号したが、抽斎は彼に師事しこの号を譲られるほどであった。伝記部分を終えて抽斎の事蹟を総括する部分（63章）においても、「好む所は何か」の中で芝居は別格であった（「いかに劇を好んだか」（187頁））[16]。将軍に謁見した後に控えるように（「要路の人」から）言われながらも7年後には再開する。歌舞伎が主たる対象であったが、（大阪の「蕩子」たちが創始した）「照葉狂言」にも熱中したし、能をも楽しみ謡曲を嗜む。鷗外は続けて絵画、「「古武鑑」「古江戸図」「古銭」の蒐集[17]、大名行列の観察（儀礼への偏執的好奇心）、そして「庭園」を列挙する[18]。これらが芝居と連帯の関係にあると言うのである。

　森枳園は最終的な配偶者五百と並ぶ副主人公である。まず抽斎の考証学はこの人物の実働抜きには成り立たない。かくして初め彼は主人公の盟友である。ところが彼は主人公を遙かに超える芝居好きであった。熱中する余りとうとう舞台に立ち、このことが露顕し、失職し、借財を重ね、夜逃げしなければならなくなる（87頁以下）。「しかし枳園の性格から推せば、この間に処して意気沮喪することもなく、なお幾分のボンヌ・ユミヨオルを保有していたであろう」（90頁）。枳園は大磯で医者として開業し、やがて江戸にも復帰する。それでもなお外出時には芝居の中のような格好をし、「成田屋」と声をかけられると（團十郎になり切っているので）「立ち止まって見えをしたそうである」（111頁）。枳園復帰に際しては抽斎は妻五百を通じて全面的に経済援助をする（113頁以下）。枳園は抽斎に対してほとんど食客[19]的立場に落ち着いたと思われる。

　主人公のこの秘かな共感を作者はエスカレートさせ憤然たる抗議をする[20]。「抽斎が後劇を愛するに至ったのは、当時の人の眼より観れば、一の癖好であった。どうらくであった。啻に当時において然るのみではない。是の如くに物を観る眼は、今もなお教育家等の間に、前代の遺物として伝えられている」（69頁）。

　放蕩の極は「吉原通」であり、「身受」をすることであった。五百の兄、栄次郎はこれをしようとして危うく勘当されかかるが、五百のとりなしで免

れる（104頁）。しかし「その隙に司［というその女］を田舎大尽が受け出した」ため彼は「鬱症」になる。

　主人公の次男、優善は「少時放恣佚楽」[21]で「塩田良三という遊蕩夥伴」を持った（142頁）。良三は蘭軒門下で、二人は学友だったが、「あらゆる遊戯に耽」り、「寄席に看板を懸け」、「共に高座に登った」。「夏になると、二人は舟を藉りて隅田川を上下して、影芝居を興行した」。吉原に遊び、借財を拵えた。優善はとうとう出奔の後主人公によって座敷牢に入れられる（143頁）。にもかかわらず、良三は勘当されると「抽斎の家の食客となった」（151頁）。主人公のこの態度につき鷗外は「才を愛する情が深い」とコメントするが、優善もまた一人前の学者として育てられる。

　作者は、抽斎の師の一人池田京水が実父ないし養父から「廃せられた」（62頁）点に関し[22]、「放縦不羈にして人に容れられず」という「放蕩」がその理由であったことを認めつつ、京水が「凡庸でなかったこと」を挙げて、「養父独美が視ること尋常蕩子の如くにして、これを逐うことを惜まなかったのは、恩少きに過ぐというものではあるまいか」と述べる（63頁）。

　もっとも鷗外は、京水の後を継いだ瑞長が踏襲した恒例の「春の初」の「発会式」に抽斎が「往って見ると、名は発会式と称しながら、趣は全く前日に異っていて、京水時代の静粛は痕だに留めなかった。芸者が来て酌をしている。森枳園が声色を使っている。抽斎は暫く黙して一座の光景を視ていたが、遂に容を改めて主客の非礼を責めた」（86-7頁）としている。若干の形態の享楽には主人公共々厳しい姿勢を保つ。

　何故鷗外は考証学者たちないしその周辺の以上のような側面に殊更着目するのだろうか。儒学者自身の享楽、息子たちの放蕩、はそれ自身社会規範との間に緊張関係を持ち、ましてそれを町人がするのではなく武士がする、しかも儒学者である。その矛盾に好奇心を持ったのだろうか。しかし鷗外はこれを逸脱とは考えず考証学者たるに必然的に付随すると考えている。だからこそ、町人の通常の遊興の面には否定的で、京水の放蕩は静粛を保ち、芸者の酌は峻拒された。鷗外は「コオル・ヂプロマチック」（121頁）と言うごとく極めて相互に密接なコミュニケーションを保つ自律性の高い横断的な階層を描いているつもりである。階層を貫く精神として快楽の追求は柱であるが、その快楽は富や権力に遠いことを不可欠の要素とする。大量に芸者を雇うこ

と、身請けすること、は「田舎大尽」のすることなのである。快楽の最高の形態は庭園に存する。否、書物の蒐集や考証学への没頭自体に存する。ストレスをもたらす権力や財の交換から解放された自律が快楽のポイントであり、考証学とこの形態の放蕩を貫くのはこの意味の自由である。

　鷗外の視点がかくも特殊であるとすると、その出所の特定も容易である。考証学への着目が17世紀後半のヨーロッパ特にフランスの特異な「クリチック」ないしéruditionを引照するものであったとすると、考証学者とその周辺の独特の快楽主義を見るときの鷗外の眼鏡は、17世紀前半の同一地域のles libertins éruditsと称せられる人々[23]によって構成されている。17世紀後半のCritiqueは、このles libertins éruditsが開始したことを受け継ぐものであった。彼らのlibertinageは、まずは社会規範からの逸脱、それへの鋭い挑戦を意味した。しかし彼らの生き方はこれを目指すものではなく、実用、つまり権力と利益、を超越し遊びを楽しむ、邪魔されずに楽しむ、ことを追求した。その楽しみの中でantiquarianismは柱を成す。写本や古銭や考古資料や化石などの蒐集と鑑定・整理・分類である。天文観測もまた重要であった。詩作、演劇[24]も不可欠である。友愛は彼らの命であった。恋愛を排斥しないまでも、明らかにこれに優越するのである。実力の要素を排除する理想の地を意味する庭園も彼らの趣味であった。天空と並んで権力と利益に決して動かされない物的自然は彼らの支えであり、近代の自然科学は彼らの中から生まれたと言ってもよい。ギリシャ・ローマの文物は重要な媒体であったが、哲学は中でも重要な関心事であった。以上の傾向の全てに合致するEpicureanismは彼らの代表的な思想であった[25]。Epicureanismにとって心身の苦痛からの解放が快楽であり、快楽は直ちに倫理的な価値であった。しかるに苦痛とは唯物論的に概念された心身の原子の配列状況が乱されることであったから、権力と財力に深く関わるストレスの大きい奢侈や消耗を伴う酒池肉林は最も避けるべきことであった。かくして物的世界の知的探求は快楽の最大のものである。権力や利益から解放されこれらを批判する判断の構築もまた同様であった。éruditionとlibertinageは深く結びついていたのである[26]。

15）『蘭軒』でも芝居は見逃されていない。柏軒は「木挽町の芝居見物」をし、これには抽斎夫婦も加わった（『鷗外全集』第17巻（岩波書店、1973年）424頁）。榛軒、柏軒、抽斎等はそろって七代目團十郎の勧進帳を観る（551頁以下）。ただ観るだけでなく、

古い本と照らし合わせるのである。舞台の上からこれを見とがめた役者側は、芝居のはねた後これを問い合わせる。芝居と éruditionの接点である。また一同は「小野の家に子供の祝事があつて、茶番の催をした」(593頁) そもそも「其頃伊澤の家には屢茶番の催があつた」とされる (580頁)。

16) Elman, *op. cit.*, p. 12 によれば、揚州の商人は考証学と劇場の双方につきパトロンであったという。しかし考証学者自身が演劇に熱中したということは窺われない。

17) 榛軒の骨董趣味については、『蘭軒』583頁。

18) この他に『蘭軒』では盛んに川遊びが登場する。51頁等々。不忍池も文人贔屓の場所である。そしてこの点に関する限り、霞亭も同様である (『鷗外全集』第18巻 (岩波書店、1973年) 163頁等)。

19) 食客 (parasitus) が古典喜劇において鍵を握る役の一つであることは言うまでもない。木庭顕『法存立の歴史的基盤』(東京大学出版会、2009年) 755頁参照。Machiavelli, *Mandragola* をも挙げることができる。

20) 鷗外と演劇との関係については、金子幸代「近代劇の誕生――鷗外と戯曲」『講座森鷗外』第2巻 (前掲註4) 173頁以下が優れる。

21) 山崎一穎『森鷗外・史伝小説研究』(桜楓社、1982年) 117頁は、何故鷗外が「蕩児」を造形したかと問い、それは遊興を生かして劇評という芸術活動にまで「昇華」させたからであるという。山崎は、史伝小説の趣旨を、「修養に支えられて崩壊することのない」「生き方に疑問が生じない」「旧い秩序の絶対的価値が信じられる世界に自己を解放」するところに見る (120頁以下) から、「蕩児達」のハッピーエンドは彼には不協和音と映る。改心により何とか作品に収まるというのである。

22) 『蘭軒』(前掲註15) 462頁以下参照。作者自身のミステリー愛好は、描写対象への同調の結果である。

23) R. Pintard, *Le libertinage érudit dans la première moitié du XVIIe siècle*, Paris, 1943 が基礎研究である。

24) 彼らの中の代表的人物、Gassendi を師と仰ぐ Cyrano (cf. Pintard, *op. cit.*, p. 330) の劇作を挙げるだけで十分である。もちろん逆に1630年以降の劇作の爆発 (R. Zuber, *La littérature française du XVIIe siècle*, Paris, 1993, p. 37ff.) が les libertins érudits によるというわけではない。しかし演劇は束の間利益と権力を遮断し人々を横断的に繋ぐ。そもそも17世紀の古典文学の形成にとって la République des lettres 内 érudits 相互の公開の弾劾合戦は不可欠の要素であった (Zuber, *op. cit.*, p. 5)。

25) もちろん les libertins érudits は個々人様々な哲学的傾向を示したが、Epicureanism が一つ抜きん出た傾向であった。Gassendi に関する Pintard の古典的な記述 (*op. cit.*, p. 477ff.) を参照のこと。Epicureanism にとっても近代受容史の重要なステップであった (cf. C. Wilson, *Epicureanism at the Origins of Modernity*, Oxford, 2008, p. 19, 24ff.)。

26) Elman, *op. cit.* を参照する限り、中国の考証学者に関して放蕩の要素、まして Epicureanism の要素は伝えられていない。少なくとも階層を特徴付ける圧倒的な要素ではない。鷗外のレファレンスが17世紀フランスであることを示す重要な徴表である。

4 自律的知的階層

　以上の推論が正しいとすれば、鷗外が渋江抽斎の如き人物を取り上げた理由は明白である。17世紀前半にヨーロッパ規模で現われた歴史的に特定される階層を引照基準として掬い取れる、と彼が考えるものがあったからである。そのような階層が何故彼にとって重要であったかと言えば、まずは考証学そのもののエッセンス、「クリチック」を決定的な要素と考えたからであろう。そして次に、何故「クリチック」をするかという問題に関わるが、自律的な階層が鋭利な批判を突きつけうる社会構造がエッセンシャルだと考えたからであろう。

　現に、作者は江戸末期の考証学者たちと自分を重ねて見る。彼自身の端的に実践的なモデルなのである。自分の進むべき道を指し示すと考えられている。かつ、作者は自分はその域に達しないと考えている。そのことを「ヂレッタンチズム」という語で表現する。この「ヂレッタンチズム」という自己批判を理解するためには『抽斎』作品中の二つのエピソードを見なければならない。そこで「クリチック」の知的意義が明確に捉えられている。

　浦賀に米艦が訪れると幕府は武士たちに武装令を出す。しかし彼らは貧しく武装どころではない。津軽藩では抽斎の建議で金銭貸与が実施された（140頁以下）。鷗外の叙述に力が入る。長々と序を寄せる（138頁以下）。学問も「身に体し」「事に措いて」「用をなす」のであるが、しかし本当に用をなすべく「造詣の深きを致」したいならば、しばらく「用と無用とを度外に置」かなければならない。「大いなる功績」はこのようにして初めて獲得される。しかるに、この度外視の期間は一生どころか何世代にもわたることがある。その間「学問の生活と時務の要求とが截然として二をなしている」。後者が迫った場合学者が学問を擲つこともあろうが、それはどのくらい学問的には損失か知れない。しかし抽斎は敢えて「古書を講窮し、古義を闡明する」「校勘の業」を中断した、というのである。翌年抽斎は「藩の政事に喙を容れた」（148頁）。当主と幹部を除き大半を江戸から国元に帰すという提案である。これは極めて合理的な判断であったが、江戸にとどまりたい人々の利益ないし情緒に合しなかった。このため抽斎らは孤立する。

全篇の一つのクライマックスは、主人公が幕府から召されて仕えることを余儀なくされるだろうという見通しを得た場面である（158頁以下）。しかし津軽藩に仕える使命もあるから板ばさみになる。栄達など初めから眼中にない抽斎は、この板ばさみをほとんど口実として隠居を決意する[27]。「これからが己の世の中だ。己は著述をする」。しかし惜しいことにこの計画が実現する前に抽斎は突然死を迎える。

　つまり、「ヂレッタンチズム」は、「政務」および職務に邪魔されて[28] 考証学やこれと連接的な楽しみに専心しえないことを指す。その辺りの不徹底を言っているのである。ということは、考証とこれに連接する楽しみは一群の事柄と鋭い対立緊張関係にあるということである。そしてこの対立緊張関係は、儒学内にあると想定される以下のような対立緊張関係と何某か繋がっているものであると思われる。

　「考証家の立脚地から観れば、経籍は批評の対象である。在来の文を取って渾命に承認すべきものではない。是において考証家の末輩には、破壊を以て校勘の目的となし、毫もピエテエの跡を存せざるに至るものもある。支那における考証学亡国論の如き[29] は、固より人文進化の道を蔽塞すべき陋見であるが、考証学者中に往々修養のない人物を出だしたという暗黒面は、その存在を否定すべきものではあるまい。しかし真の学者は考証のために修養を廃するような事はしない。ただ修養の全からんことを欲するには、考証を闕くことは出来ぬと信じている」（168-9頁）という下りがある。さらに「然らば学者は考証中に没頭して、修養に遑がなくなりはせぬか。いや、そうではない。考証は考証である。修養は修養である。学者は考証の長途を歩みつつ、不断の修養をなすことが出来る」（171頁）。経学本体つまりテクストの解釈自体と前提的な考究の間にどのような関係を築くかという問題が提起されている。前者は「修養」と呼ばれることからして明らかなように、実践と深く関わる。もちろん「政事」とは相対的に独自である。しかし考証学と「政事」の間の関係が考証学と「修養」の間の関係とどこかパラレルであることは否定できない。

　すると、社会の様々な組織体の活動ないしその方向付けをめぐる争いから、そしてまたこれらのことのためにする知的活動から、自由な知的活動が、鷗外の目指したものである。しかもおよそ知的活動の精度にとって致命的な部

分を握っている知的活動である。ひるがえってこれは社会組織の活動の方向付けの精度をも左右し、窮極の場合には用に供されなければならない。しかしその精度は社会組織の活動の方向付けを全く度外視しなければ生まれないのである。かつそのように枢要な知的活動は一人ではなくまさにその知的活動を通じて繋がる人々の交流によって実現される。鷗外はこの意味で高度に自律的な階層の中に自己を置くことを欲したのである。érudition と libertinage は強固にこの自律性を支える。

17世紀前半のヨーロッパの les libertins érudits が、人為によっては動かしえない物理的自然に棹さす唯物論である Epicureanism をバックボーンとして選んだのも、自律性を裏打ちするがためであった。諸々の権力や利益に左右されない知的境地である。特に教会と彼らは鋭く対立した。そして彼らはその立場において国際的に連帯した。まずはその蒐集趣味において書簡が彼らを結びつけた[30]。多くの場合、彼らはブルジョワジーや法服貴族であり、実力的な要素を極小化された基盤を郊外の城もしくは館に持つ[31]。つまり一歩静謐へと隠遁しているのだが、同好の士と書簡で繋がるばかりか、パリのサロンに進出し[32]、ここで Descartes や Hobbes を庇護し育む[33]。教会の中にさえ人脈を持ち、Galilei を救うために影響力を行使した。諸権力から自由な彼らは新しい王権の基盤でもあった。

初期近代のヨーロッパにおいては、この階層の批判的自律性が政治システムの形成を導いた。政治システムは、直接政治権力を担わないアクティヴな公衆を必要とする。デモクラシー段階ではこの公衆が一層分節し、独立の知的階層として政治的階層をリードする。近代では先にこの知的階層の原基が成立し、形ばかりの政治を支えた。鷗外がこの側面を知らないはずはない[34]。「政治」との緊張関係を明確に特定するのであるから疑いない。

なおかつ鷗外が半世紀前と自分の時代を比較し後者の劣位を意識するのだとすれば、差し当たりそうした知的階層の欠落を見出しているに違いない。まずは自分自身がそうした知的階層の一員たるには不徹底であるという自省がある。自分の時代の知的活動のその知の質に対する深刻な疑念もあることであろう[35]。「クリチック」はその欠落部分の中核であろう。考証学者ばかりを主人公に選んだのであるから。

27) Elman, *op. cit.*, p. 131ff. は、中国でも 18 世紀になると官職を辞して考証学に専心する者が現われ、その中には地方史の編纂をする者もあった、という。しかし Elman は、もちろん科挙との関係を基本と考えており、彼らは自分の官職を諦めてもパトロニッジを通じて科挙への人材供給を目指す人々であったとする。清朝自体の批判は許さないという権力からの掣肘も決定的であったとする。

28) 山崎正和『不機嫌の時代』(新潮社、1976 年) 78 頁以下は、家の半公的な性質を言う。1910 年前後の文芸に、公を明治国家に接収された (「家庭が極端に「私」的な場所に変はつた」) 新世代の鬱屈を見て、『抽斎』には古い安定した生活様式への憧れを読む。テクストは反対に、「政事」との緊張関係、『霞亭』になるとそのほぼ完全な消失、を伝えてくる。また、家という感覚はなく、家族は開かれた知的交流の媒体である。

29) 島田「清朝末期」(前掲註 9) 540 頁参照。公羊学については 532 頁以下参照。日本においても考証学無用論が見られたことが内藤湖南を挙げて指摘される。頼山陽にも同様の姿勢のあったことが知られる。鷗外は和辻の批判に対して『蘭軒』の冒頭で反論し、「山陽茶山」の側しか見えない視野の狭さに苛立っている。

30) Elman, *op. cit.* は揚子江下流域の商人のネットワークを強調する。彼ら自身が考証学者であるわけではないが、その物的資源によってパトロンたりえたのである。antiquarianism は写本の蒐集を基本とするから、大きな財力を必要とする。商人であったことの問題、パトロンにとどまったことの問題、商業の性質、等々の比較史的問題は全て今後の検討課題である。

31) Peiresc について、Pintard, *op. cit.*, p. 87.

32) Pintard, *op. cit.*, p. 89.

33) この知的ミリューの歴史的政治的意義は公知の事実である。

34) 三谷 (前掲註 1) 243 頁は抽斎等周辺の「非政治的な知的共同体」が「[明治維新を実現する] 政治共同体」形成に繋がったという仮説を提示する。そこで引かれる (Habermas の) 一般的な文芸的公共性のモデルも妥当しないわけではないが、鷗外のテクストに即するのならば、17 世紀前半の事象を参照すべきであろう。すると、(この 243 頁では少し不鮮明であるが、256 頁の結論部においては明確に語られる)「維新の先駆者として顕れた頼山陽と旧文明に埋もれた伊沢蘭軒・渋江抽斎とを対比し」が一層説得力を増すであろう。鷗外の (自己批判を経た) 同時代批判という三谷の鋭い視角は一層クリアになるであろう。ポイントの一つとして Critique も浮かび上がる。

35) 三谷 (前掲註 1) 239 頁は「啓蒙主義的・功利主義的・実用主義的」という語を使う。254 頁は「機能的等価物」という語を使う。対するものについて 256 頁では「離脱したはずの……実証主義的な学問」という語が使われる。おおまかにはそのとおりであると本稿も解釈する。少し言い直せば、以下でも触れるとおり、19 世紀に生まれた実証主義への批判があり、また実証主義批判の諸々の思潮への幻滅があり、実証主義ないしその祖型でさえ根付いていない日本の状況への危惧がある。

5 文芸化の脈絡

　ならば、「ヂレッタンチズム」を克服して考証学に身を捧げてみればよいではないか？　何故そうではなく彼らのことを書くのか。なるほど書くにあたっては考証学のようなことをする。しかし明らかにそれを語って見せるにすぎない。実演である。実演もまた芝居である。鷗外は自分が les libertins érudits になりきるつもりは全くない。それでは團十郎になりきる森枳園を笑えなくなる。否、鷗外の筆致には、自分の探究を実演したり[36]、むきになって演劇を擁護したり、森枳園と紙一重のところがあることは確かである。しかしそれをコミカルに演出している。自分を笑っている。まさに文芸上の演出であり、煙に巻くことが好きなこの作者一流の自己宣伝にもかかわらず、これは小説もしくはその代替物である。つまり小説と同じ、もしくはそれに替わるナッラティヴなのである。すると、あくまでターゲットは市民社会であり、かつて政治を基礎付けた階層への着目があったとしても、あくまでそれは市民社会のための資源としてのことである[37]。かつ、小説というジャンルの中身を置き換える必要を切に感じているのであるから、日本の市民社会不存在という病に効く注射は19世紀ヨーロッパの標準処方ではなく、数々の新処方でもなく、自分が提示する全く独自のものだ、というのである。一つ前の基層をせめて再解釈して意識の底に置く（しかしその通りにするためのモデルとはしない）ということを内容とする。かつこのことを言うための表現形式はこの内容に相応しいものである。

　事実、この観点からして初めて鷗外の文芸的選択が理解しうる。つまりまず編年体である。抽斎死後にわたって一族や周辺の人物の事蹟を編年体で述べる。年代記を擬古的に再現するのである。『抽斎』では後半に至って顕著となるのみであるが、以後完成されていく形式である。年代記ではあっても、社会の大きな変動は微かにしか扱わない[38]。主人公が切羽詰まって「政事」に介入した場合のみである。『抽斎』以後この面も少なくなっていく。第二の特徴は自ら言うところのジェネアロジーである。誰某の子、誰某と系図を辿って行く叙述形式である。年代記とジェネアロジーを合わせれば、各年に家族の構成がどうで年齢がどうで状態はどうか、理想的にはこれが全てとな

る。その中で主人公の学問が乱れなければもっとよい。静謐と穏やかな交友、詩作。『霞亭』に至って自ずとその境地が実現したかの如くである。全くEpicureanそのものである。

　近代に固有のジャンルとしての小説も、とりわけ抒情詩に対抗して古い物語を復興し、ただし出来事の連鎖を鋭利な分析の対象として描く。虚構によりその連鎖を紡ぎ出しておきながらそれに対してアイロニーを向ける。このようにして政治システムに対抗的な市民社会を支える意識を構築しているのである。鷗外は、これと全く異質に見えるがしかしやはり同一の位置に立つ文芸を提出した。年代記やジェネアロジーに先祖返りし、アイロニーがなく、したがって破綻しない。しかし自律的な出来事の連鎖が厳然とそこにある。

　鷗外が初めロマン主義に近かったことはよく知られる。ロマン主義は、19世紀型市民社会の公式思考様式たる実証主義と同根ながら対抗的な動機を潜ませる。ロマン主義からこそ反実証主義の諸動向が生まれる。20世紀初の鷗外、文芸に復帰した後の鷗外、にとって実証主義は自らの自然科学においても問題であった[39]であろうが、文芸においてはさしずめ自然主義として目の前にあった。鷗外が象徴主義やNietzscheやHartmannやIbsenを追いかけて実証主義・自然主義の克服を模索したことは周知の事実である。ファウスト伝承に興味を持った徴表も存在する[40]。実証主義批判の主力、神話研究や社会人類学、へはもうわずかな道のりである。これらはもちろん17世紀的éruditionの上にのみ築かれ、そしてまたその遠い子孫である。一旦実証主義に統合された後、今そこから独立しようとしている。そして、このような（広い意味の社会学的な）方向は、それぞれ摘出したい問題は異なるものの、大雑把に言っていずれも19世紀型市民社会の脆弱を批判しこれを再構築しようとしたり葬ったりしようとするものである。

36)　柴口順一「『伊沢蘭軒』と『北条霞亭』──いわゆる史伝の位相」『講座　森鷗外』第2巻（前掲註4）416頁以下は、主人公等の事蹟を考証する主体としての「わたくし」が、『抽斎』においてはまだ部分的で、『蘭軒』で初めて大部分となり、『霞亭』で全面的となる、と分析する。確かに、『霞亭』の様式美は完成されたものであり、その分、『抽斎』における「わたくし」に見られるアイロニーは消えている。

37)　鷗外が江戸後期の考証学の比重をどう見たか、儒学主流における冷遇を見たか、三谷の仮説と反対に、ヨーロッパとは決定的に違って「政治的共同体」には繋がらなかった（乖離と切り捨てがあった）かもしれないという疑念を抱いたか。むろん、そのよう

なところをこれ見よがしにはしないが、鷗外が韜晦の名手であることを計算に入れると、私にはこうした可能性が捨てきれない。鷗外は素材として捉え、しかも元来の政治のための加工ではなく、市民社会のための転用をねらっているのではないか、と考える。

38) 小堀桂一郎『森鷗外　批評と研究』(岩波書店、1998 年) 340 頁以下は、「史伝」を小説ではなく「歴史」と解し、三代にわたって社会変動体験を描く『蘭軒』を随一とする。歴史というジャンルの理解に唖然とせざるをえない。鷗外は叙述形式の問題を考え抜き、「クリチック」という「歴史」の心臓部に通じている。

39) 山本俊一「鷗外と脚気問題」『講座　森鷗外』第 3 巻 (新曜社、1997 年) 330 頁以下参照。専門を余りに離れるが、鷗外は実証主義の罠に陥ったかもしれないと思う。(当時最先端の) 単一病原の確定である。素朴でサウンドな経験主義を欠いたかもしれない。しかし最後の時期にはこの点の密かな反省もあったのではないか。『カズイスチカ』がそれを窺わせるし、「史伝」の「クリチック」自体その現れではないか。

40) 『ファウスト考』(1913 年、『鷗外全集』第 13 巻 (岩波書店、1972 年) 3 頁以下)。K. Fischer の Handbuch の抄訳であるが、相当な分量である。ドイツ実証主義の基盤にある超高度 antiquarianism の (われわれの分野で言えば Pauly-Wissowa における Friedlich Münzer 執筆項目のような) 網羅性体系性が原著に見てとれる (Handbuch のシリーズはこれを意味する)。伝承批判はお手の物である。比較神話学などの母胎である。

6　小さな分岐

　この素材とこの形式。実証主義批判と 19 世紀型市民社会克服。同時に、積み上げを欠く近代日本社会の致命的な弱点を一気に補う。17 世紀前半のヨーロッパの les libertins érudits という引照基準。それで捉える素材、江戸時代末期の考証学者たち。les libertins érudits と日本の考証学者の相違は織り込み済みであろう。完璧な構えに見える。

　しかし、引照基準の画像内部の或る問題が気になる。17 世紀後半において既に érudition は言わば分裂し、その一方のウィングがまさに Saint-Germain-des-Prés である。江戸時代末期の考証学を捉えるとき、鷗外のレンズはここに一つの焦点を持っている。にもかかわらず実際の叙述の焦点は 17 世紀前半の les libertins érudits に合わされる。両者は連続的に見えたが、実は例えば Saint-Germain-des-Prés に libertinage の要素はないのである。画像は Mabillon と 17 世紀前半の les libertins érudits を合成するものであるが、二つの合成素材の間には若干の齟齬が存在する。

　もっとも、Momigliano は委細構わず 17 世紀前半の les libertins érudits の代

表像 Peiresc を、Mabillon をも一翼とする知的潮流（antiquarianism）全体の典型的担い手としている[41]。むろん、これには批判があり、antiquarianism の系譜を Peiresc へ遡らせるのは混乱であるともされる[42]。しかしこの批判の方が方法上の誤謬を犯している。切り出して遡らせるのは正しくない。物事を連接の中で比較しなければボタンを掛け違える。鷗外はまさに érudition と libertinage の連関を見出しえたのである。Momigliano も大きく Critique が社会の中で果たす役割を見ている。

とはいえ、Mabillon に楕円の一方の焦点が置かれたことには鷗外固有の理由もあった。まず少々自明な以下のような理由もあったことであろう。les libertins érudits は、言わば考証学によって経学そのもの（の権威）を解体してしまったに等しい[43]。自己の中から新しい哲学を樹立して見せた。王権と結び付いて既存の支配層を葬ったはずである。遠くに政治を成立させるとき、Galilei, Descartes, Hobbes を生んだ。近代初期に政治再生を支えたのは宗教的権威から[44]ラディカルに自由であったこの自律的階層とその連帯[45]であった。しかるに Mabillon は修道会の中にあって、libertinage とは無縁であり、また érudition はむしろ宗教的権威の擁護のための武器である。だからこそ鷗外はここに着目する。経学はおろか職務も破砕するつもりは全くない。「修養」とのバランスを説く。それでなお一部の libertinage は欲しい。自律こそがエッセンスなのである。だからこそ引照基準を選択的に一部 les libertins érudits の方にずれ込ませたのではないか？

しかしそれだけではない。Saint-Germain-des-Préts への着目、これと les libertins érudits の間の齟齬ではなく連続性への着目、にはさらに特定的な理由があった。まさに Saint-Germain-des-Préts のところの分岐、1670 年頃の分岐をわれわれは考慮に入れなければならない。17 世紀前半の les libertins érudits が既に antiquarian な傾向を際立たせたことは疑いない。しかし彼らは同時に詩を書き、自然科学を発展させ、Epicureanism 等々を踏み台にラディカルな哲学を生み出した。しかるに、まず彼ら自身 1670 年前後から痛烈に皮肉られるようになっていく。Descartes 批判は重要なメルクマールである[46]。Pyrrhonisme 批判もまた重要である。物的徴表しか確かでないとする思想はトータルな懐疑主義と連携していた。これに対して、人間の想像力の内部に真実へと接近する力が存在するというのである。17 世紀の最後の四分の一

において、MabillonとSaint-Germain-des-Prétsは、しかしながら、les libertins érudits自体が凋落し批判されていく中、Momiglianoが20世紀後半にantiquarianismというタームを拵えて本格的分析を始めた知的分野を受け継ぎ、Critiqueを大いに独立させ、そのmétonymiqueな頂点となった。しかしまさにこのことのために、MabillonとSaint-Germain-des-Prétsはles libertins éruditsの一部の遺産に特化した残党のように映り始める。そして18世紀に入るとéruditionは敗退していく[47]。

　この分岐との関係で、鷗外のlibertinage肯定の中で唯一、芸妓の請け出しには厳しい、ということが大きく浮上してくる。或る種のEpicureanism自体がそうであるが、les libertins éruditsはおよそ恋愛に対して、嫌わないまでも、消極的である。同性間の友愛に全てを賭ける。むしろそれが恋愛になる場合があるだろう。しかし、単なる性的交渉目的ならいざ知らず、芸妓との命を賭けた恋愛の結果これを請け出すなど論外である[48]。請け出すためには資力を要し、権力の錯綜に分け入らなければならない。ところが鷗外がまさに深く共感する人々は、利益のやりとり、駆け引き、出し抜き、思惑、計算、といった世界を拒否するのである。考証学者たちの交友サークルは全くこうした側面のない透明なものである。遊びは何よりも実利を離れる点に存する。

　しかるに、抽斎が熱狂する演劇に目を遣れば、古典喜劇の伝統はまさに芸妓の請け出しを唯一の主題とする。恣意性を担うsignifiantの決められた素材である。しかも、まさにles libertins éruditsのサークルから出て[49]古典喜劇を受け継ぎ発展させた[50] Molièreは、流石に芸妓にではないが、町の貧しい娘に惚れる息子とこれを抑圧する父を登場させる。即物的把握に固執するこの父Harpagonはles libertins érudits[51]のなれの果てである。その典型、Dom Juanにとって女性は物的コレクションの対象である。古典喜劇の息子、否、頭のよい奴隷は、Tartuffにおいて良家の娘の奪取を物的権力的野心の目途に変えた。les femmes savantesは空疎なéruditionに身を捧げ、求愛に応じない。Alcesteは社交圏の虚飾を鋭く批判するもののCélimèneを獲得できず、都市を離れて隠遁する[52]。これらの作品においてMolièreは明らかにles libertins éruditsの批判[53]に転じたのである。この批判は先に述べた分岐と深く関係すると思われる。すると、鷗外がles libertins éruditsを敢えて取り上げ[54]、剰えSaint-Germain-des-Prétsに分岐して見せたとすれば、この批判をさらに

切り返すという動機を鷗外の文学が秘めていたのではないか。しかも、ひょっとすると Molière による批判の側に立つ鷗外同時代のライヴァルが存在した可能性がある。もちろん、大きく言えばそれやこれやの方角の大航海に乗り出す点で、その二人は大きく一致していたであろうが。

41)　A. Momigliano, Ancient history and the antiquarian, in: Id., *Secondo contributo alla storia degli studi classici*, Roma, 1960, p. 67ff.; *The Classical Foundations of Modern Historiography*, Berkeley, 1990, p. 54ff. 後者の "the rise of antiquarian research" という章の冒頭の Peiresc の人物像はわれわれに鮮明な刻印を遺した。もちろん Critique への歴史学的関心そのものをわれわれは Momigliano に負う。

42)　I. Herklotz, Arnaldo Momigliano's "Ancient History and the Antiquarian": a critical review, in: P. N. Miller, ed., *Momigliano and Antiquarianism. Foundations of the Modern Cultural Sciences*, Toronto, 2007, p. 127ff. Momigliano が専ら歴史学の史料批判の観点からしか antiquarian を扱わないのは不当であると批判し、antiquarian には固有の目的と価値があるとする。Momigliano は確かに歴史家であるが、歴史家たる所以は全体を捉えるところにあり、だからこそ史料批判の問題を通じて歴史学そのものの問題と連結させ、しかも Critique の問題が知の質と全体社会の構造を分けるという見通しの下で探究を行う。史料批判を歴史学の手段とするのでなく最も有力な資料であるとする Momigliano の貢献を Herklotz は全く理解していない。antiquarianism の歴史学をすべきところ antiquarianism（ないし philology）の antiquarianism をしてしまう例は多い（A. Grafton など）。抒情詩や悲劇の解釈はもちろん古銭学や図像学なども（発掘データ総体の総合的分析において）すっかり本格的な歴史学の一分野となっているのを知らぬげである。なおかつ、antiquarianism は痩せても枯れても重要な思想であるから、それについての antiquarianism は成り立たないのである。

43)　島田「清朝末期」（前掲註 9）527 頁は決してなかったと断言する。

44)　この傾向は、しかしながらむしろ 17 世紀後半から顕著になるのであり、すぐ次に述べる分岐の帰結であった可能性がある。P. Clair, *Libertinage et incrédules (1665-1715?)*, Paris, 1983（史料のアンソロジー）から見る限りそのように思われる。cf. A. C. Kors, *Epicureans and Atheists in France, 1650-1729*, Cambridge, 2016 も（聖職者でもあった）Gassendi（自身ではなく、そ）のエコーの中に無神論を見出す。

45)　鷗外にとっても三谷太一郎にとっても重要な、les libertins érudits の書簡を通じたネットワークであるが、S. Mazauric, La publicité du savoir et les conferences du Bureau d'Adresse, in: A. McKenna et al., edd., *Libertinage et philosophie au XVIIe siècle. 3, Le public et le privé*, Saint-Étienne, 1999, p. 118 によると、つとに知られていた Galilei の弾劾について、Renaudet が彼の Gazette で記事にしたところ、Peiresc にはこのことが不快で、その点を窺わせる書簡が遺るという。彼らにとって繋がりは自由で開かれたものでなければならないが、同時に目立たない結合であるべきで、団体化も制度化も避けなければならなかった。Galilei を救うに際してマイナスという判断が Peiresc にあったものと思われる。

46) Cyrano に関する最近の研究の進展はこの点で重要である。元々 Gassendi と Descartes の論争はよく知られた事実である。les libertins érudits の先端が後者を生みだしたとすると、むしろ次のステージを幹の部分たる前者が準備したように見える。A. Torero-Ibad, *Libertinage, science et philosophie dans le matérialisme de Cyrano de Bergerac*, Paris, 2009, p. 95ff. は imagination の意義を強調した点を指摘し、p. 234ff. は cartésien として描かれる作中登場人物 Campanella に対する批判を分析する。N. Gengoux, *Une lecture philosophique de Cyrano. Gassendi, Descartes, Campanella: trois moments du matérialisme*, Paris, 2015 は逆に "un matérialisme athée issu de cartésianisme" を見る。

47) 全般的な動向につき、cf. B. Barret-Kriegel, *La défaite de l'érudition*, Paris, 1988. Barret-Kriegel は端緒に Spinoza, *TTP*（1670）を見る。Mabillon の *De re diplomatica* は 1681 年であるから、先を越されたことになるという (p. 221ff.)。もっとも、この大きな潮目の変化の全体像はまだ探究課題である。

48) Pintard, *op. cit.*, p. 275 は面白いエピソードを紹介する。Rigault の息子が "une méchante femme" との結婚を欲し、しかし死んでしまう。金銭を要求してくる女に対して Luillier は Rigault の方に立って援護する。後の Molière の劇中の息子たちのような行動様式を少なくとも Pintard は記録しない。

49) les libertins érudits と Molière の間の人的に微妙な関係については、cf. Pintard, *op. cit.*, p. 623.

50) もちろん Plautus の翻案は Machiavelli 以来定番であり、直前にも Rotrou 等、例に事欠かない。Molière は les libertins érudits に対する内在的批判によって Plautus を解釈し、却って Plautus の深い意味に到達したと言うことができる。ただし、例えば préciosité というトポスにおける Molière の舵取りが大きな潮目とどう関わるか、Tartuff や Dom Juan といった「息子たち」の暴走が何を意味するのか、等々に関する研究はその後の歴史の理解にとって決定的に重要である。ここではこれらの問題にアプローチする論文を予告するにとどめざるをえない。

51) その中に、Dom Juan、Tartuff、Harpagon が居ることは確かである。cf. Pintard, *op. cit.*, p. 25, 404. F. Charles-Daubert, *Les libertins érudits en France au XVIIe siècle*, Paris, 1998, p. 36ff. は Dom Juan を les libertins érudits の人物像の典型として分析する。Cyrano のテクストとの類似性も指摘する。Dom Juan の結婚観も取り上げる。単なる逸脱者ではないその人物像のポイントは、何も押しとどめることができない強い精神であるという。しばしば民衆の怒りを買う強烈な知的エリーティズム、知的階層の中でも少数派であるという誇りであるともいう。しかし Charles-Daubert は érudition は無視するし、Molière の作品中に典型を見るばかりで、彼の批判のポイントを見ない。否、批判自体を読まない。

52) 『霞亭』解読の鍵を Alceste が握ると私は考える。まず、『霞亭』が libertinage の要素を欠く点で『抽斎』や『蘭軒』と異なることを確認しなければならない。作者自身前二作と異なるということを言う（『鷗外全集』第 18 巻（岩波書店、1973 年）142 頁）。関心の端緒は、抽斎が仕官を辞して考証に専念する動機に通ずる。学が成った後も霞亭は敢えて嵯峨に遊ぶのであるが、この点に鷗外は憧れ、なおも三転し福山藩のために仕官する、その動機を知りたいと思うのである。しかし実際にはただ淡々と「材料を蒐集

（138頁）して見せるのみである。劇的なことが何もないと言わんばかりである。事実、茶山、春水との接触を開始する作品中の霞亭に不連続線はない（261頁以下）。『蘭軒』冒頭の（頼山陽等第一線の学者と蘭軒や抽斎を対比してみせる）論争的態度はどこへ行ったのだろうか。むろんそれでも鷗外は極限の自律的世界を叙述し続けることができる。叙述は事実上詩作を辿るものである。霞亭は父の基盤（作者は丹念に描く）の上で遊ぶ息子として嵯峨で生活しても、そして仕官後も、何も変わらないと作者は言う。libertinage の戦闘性は影を潜める。つまり仕官してなお、塾を指導する隠遁生活がそこにある。これは明らかに Molière 屈曲を反対極で象徴する人物 Alceste が進む方向である。つまり鷗外は、ただ単に les libertins érudits の原型にとどまったのでなく、有力な転回に対抗して真っ逆さまな舵を切るのである。『抽斎』『蘭軒』に対してさえ『霞亭』は折れ曲がったと評しうる。

53) 物事を物的に把握することに固執する点が批判される。本来はヒーローたる求婚者であってもおかしくない。しかし変調を来し逸脱している。その限りで、彼らは過去のものとなりつつある。しかしながら、遠い将来の逆転も Molière は見通している可能性がある。つまり物を摑む産業化や植民地主義の進展である。他方、どこか実質を欠く高踏的な精神の持主が批判されるのが Les femmes savantes である。自然の性愛を拒否する女たちとして les libertins érudits がカリカチュアーにされている。そうした女たちの中でただ一人恋愛を選ぶ Henriette はここでいう Molière 分岐の象徴である。

54) 鷗外が les libertins érudits や Epicureanism に関心を示す資料は管見の限り発見しえない。しかし 1907 年に Rostand の Cyrano を非常に詳しく（翻訳に近く）紹介している（『鷗外全集』第 26 巻（前掲註 5）169 頁以下）。当然であるが、Molière との劇中の確執にも詳しく触れている。この作品は、時代遅れの忘れられた Cyrano、libertin の典型、を反 Molière 分岐の線で復権させる作品とも解しうる。主人公は友愛のためにヒロインを断念するばかりか、詩作により求愛を助ける。鷗外がこれに直接インスピレーションを得た可能性はないが、この作品が反自然主義反実証主義の潮流の一部として寄与した可能性はある。

7　お玉

『抽斎』は 1916 年に発表されるが、そこで示される解に向かう模索は少なくとも 1910 年に始まっている。日露戦争後文芸に復帰ないし隠遁する鷗外は、この年久々の小説『青年』を発表する。小説家志望の青年に仮託して鷗外は小説というより文学論を展開し、拠って立つべき思想的立場を模索する。19 世紀型実証主義的市民社会の内在的批判とも言うべき自然主義から出発しながら、その根底からの批判を志す、象徴主義を皮切りとする諸々の動向に主人公は新鮮さを覚え惹かれていくのであるが、「拊石」という文学者の

Ibsen に関する講演（54頁以下）[55]、有楽座における Ibsen の『Borkmann』観劇、Huysmans の小説（98頁以下）、が主人公を大きく方向付ける。「放縦」に対し「出世間的」、「Autonomie」、「霊的自然主義」。同県人の忘年会が柳橋で行われることから大芸者論（150頁以下）も展開される。芸者に惚れて請け出すなどもってのほかで、「女という自然」を体現するのは植木屋の平凡なお上であり、柳橋で実地に触れてみれば芸者は「残忍な動物」であり、少し魅力を感じた「おちゃら」に「こん度はお一人で入らっしゃいな」と言われ名刺を渡されながら、感想は、「厭な手で書いたのが、石版摺にしてある」、「いかに人のおもちゃになる職業の女だとは云っても、厭な名を附けたものだ」というものである。プロットの主軸は、有楽座で遭遇した「法科大学教授」の未亡人との情事（85頁以下、143頁以下）であり、「恋愛のないのは事実であ」（96頁）り、「霊を離れた交」（100頁）であるが、夫人から箱根に誘われた主人公は、大いなる駆け引きをしながらいよいよ大接近するものの、夫人はさる画家と既に二人づれの浴客である現実に直面し、のこのこ乗り込んで歓待を受け屈辱を味わう自己を嫌悪せざるをえない。

　鷗外は、自然主義を批判するからといって意識の底の暗闇に降りていくという考えを毛頭持たない。おそらく「日本人は色々な主義、色々なイスムを輸入して来て、それを弄んで目をしばだたいている」（55頁）からであろう。つまり自然主義以前の問題がある。反対に端的に物的な世界に自律を求める。問題はしかし物的な交渉は本当に鷗外が嫌う要素から自由かである。嫌うものの正体は何か。自律を脅かすものは何か。明らかに réciprocité である。ここでは芸者のタフな計算として現れる。法律家の未亡人という locus classicus との純粋な肉体的交渉はどうか。十分に超越的であるように思われる。ところが当たり前であることに、その正反対である。実は極度の神経戦を強いられるということを主人公はお粗末にも箱根まで行って初めて理解する。

　この作品は夏目漱石『三四郎』（1908年）へのリアクションであると言われる[56]。事実或る点までは両者ほとんどパラレルである[57]。のみならず、『それから』とも、事件の起こる前までの代助に関する限りパラレルである。しかし『青年』が知るはずの『それから』（1909年連載）はその立場を端的に破綻させる。庭と友情の哲学者を修羅場に投げ込む。大いに自律しているように見えたとしても、しかし一人の女性を獲得しなければその自律は虚偽で

あるというのである。庭と友情の哲学を否定するのではない。その「自然」が貫かれないというのである[58]。しかるに、そもそも一人の女を獲得するということはどういうことか。文芸上それはその女を請け出すということであろう。「これはドラムではない、テアトルだ」（65頁）の「テアトル」では請け出す相手は芸者であろう。現に代助は芸妓の延長線上に三千代を見る。『青年』の著者は『三四郎』を模倣し、そこに『それから』への方向があるのを見損ない、そしてこれを読まなかったか[59]。周到な鷗外にそのようなことはありえない。芸者論は極めて意識的な対抗であろう。そしてこれは『抽斎』における放蕩の限度に対応する。鷗外は庭と友情の哲学内で対抗的なヴァージョンを構築し始めた。これこそが本来のそれだというものを。

　1911年に連載が開始された『雁』は鷗外の対抗を裏付ける。まさに、医学生が金貸しの妾を請け出さなかったという話である。テアトルつまり古典喜劇の設定が使われている。明治13年という「昔」において金貸し夫婦の衝突や妾の悲哀やその父との間に流れる情緒など下世話がきめ細かく描かれるのがその証しである。「寂しい無縁坂」に住むヒロイン、お玉、は毎日散歩のため通る寮生に惚れる。医学生の方も彼女を意識する。金貸しは実はかつてその寮の管理人だった人物であり、寮生に金を貸したことからプロの金貸しに成り上がった。彼女の側では、彼が金貸しであることを知り、周囲の特別に大きな蔑みの理由がわかると、急に覚めて物事を突き放す。自立の心が芽生える[60]。それと医学生を意識することは同時であった。それにしても、一人の女を獲得することに一体何の意義があるのか。鷗外はここでも原点に遡る。お玉と医学生の接触は、蛇が小鳥の籠を襲うことによって生ずる。お玉や侍女、女たちが悲鳴を上げるところへ通りかかった医学生が蛇を退治する。「女のために蛇を殺すというのは、神話めいていて面白い」（114頁）[61]と友人は冷やかす。鷗外はヒロインの心理の自然を古典喜劇のそれに同定しただけでは飽き足らず、つるべ落としに部族形成神話にまで降りた。にもかかわらず、医学生は突然ドイツに留学してしまう。告白の最後の機会、つまり最後の散歩さえ、寮のメニューがたまたま気に入らないことから友人と外食に出てしまい、しかも一人加わった三人で不忍池の雁を石で打ち、これをこっそり持ち帰って料理するという顛末によって、別れの言葉の余地さえないものになった。医学生は友人に抗してむしろ雁を驚かして逃がそうとしたの

であったが、それが当たってしまった。「不しあわせな雁もあるものだ」(142頁) という彼の独り言は雁とヒロインを重ねるものである。それでも鳥をマントの下に隠して引き上げる三人の医学生は無縁坂を上らねばならず、案の定ヒロインは通りに出ている。主人公の「顔は、確に一入赤く染まった」。「女の顔は石のように凝っていた。そして美しく睜った目の底には、無限の残惜しさが含まれているようであった」(150頁)。鷗外はもう一つの道の意味を完璧に理解している。本気でその困難な道を行く人々を本当に尊敬している。しかし先立つ基盤の構築こそ自分の使命と心得、後ろ髪を引かれる思いで断念する。

同じ1911年の『百物語』は鷗外のEpicureanismを端的に表明する作品である。「飾磨屋」という「今紀文」の「豪遊」(90頁)[62]の一環である舟遊びに語り手は参加する。しかし語り手の目は「飾磨屋」自身、否、彼に寄り添う「東京で最も美しい芸者」「太郎」(92頁)に専ら注がれる。かつての「芸者らしくない」「無邪気な」部分は流石に消えているが、それでも「芸者らしく見えない」。「病人と看護婦」のように見えるのである (93頁)。「傍に引き添って、退屈らしい顔もせず、何があっても笑いもせずに、おりおり主人の顔を横から覗いて、機嫌を窺うようにしている」(95頁)。「客が皆飲食をしても、二人は動かずにじっとしている」(94頁)。「夫婦」と言ってよい関係であるが、「飾磨屋」は生気を欠く男である上に、早くも破綻・没落の相が見えている。であるのに何故この芸者は去らないのか。抜き差しならない恋愛が介在しているとも考えられない。「財産でもなく、生活の喜でもなく、義務でもなく、恋愛でもないとして考えて、僕はあの女の捧げる犠牲のいよいよ大きくなるのに驚かずにはいられなかったのである」(98頁)。まず、「飾磨屋」の俗流Epicureanismを批判しているのではない。「大抵の人は煩悶して焼けになって、豪遊をするとなると、きっと強烈な官能的受用を求めて、それに依って意識をぼかしていようとするものである。そう云う人は躁狂に近い態度にならなくてはならない。飾磨屋はどうもそれとは違うようだ。一体あの沈鬱なような態度は何に根ざしているだろう。あの目の血走っているのも、事によったら酒と色とに夜を更かした為めではなくて、深い物思に夜を穏に眠ることの出来なかった為めではあるまいか」(91頁)。精神もまた原子から成る物理的なものと考え、その苦痛をもたらす攪乱の原因たるストレ

スに繋がる酒池肉林の追求を嫌う Epicureanism が色濃い叙述である。次に、しかしその「飾磨屋」が芸者を請け出すこと、そして請け出される芸者の精神、これはただただ不思議でならない。「飾磨屋」は宴席のさなか二人で屋形船の二階に上がり、蚊帳をつって寝てしまう。代助の選択や『門』の夫婦を尊重しないと言うのでない。しかしながら鷗外はきっぱりとその道は採らないと言っているのである。

55) 便宜岩波文庫版による。
56) 鷗外と漱石を繋ぐ人的回路については、大石直記『鷗外・漱石——ラディカリズムの起源』(春風社、2009年) 202頁以下が参考になる。ただし大石は『三四郎』とのパラレリズムを見るのは皮相であるとし、『青年』作中の「拊石の Ibsen 論」の内容、さらに『草枕』作中の「汽車論」における Ibsen への言及を重視する (212頁以下)。近代的個人主義批判において漱石からの呼びかけ (226頁) に鷗外が応じた、というのである。しかし「汽車論」は近代、まして個人主義を批判したものではない。「汽車」は産業化もしくは植民地主義のことであり、これが個人を踏みにじることが批判されている。
57) 矢部彰「「堕落」しない男たちの肖像」『講座　森鷗外』第2巻 (前掲註4) 259頁以下は、鷗外と漱石に共通の要素として一種の潔癖を捉えるが、これを明治国家の有為に結びつけるので混乱する。「おちゃら」の拒否は潔癖だが、「坂井夫人」は原則に反すると解してしまう。前者は駆け引き拒否、後者は単純な快楽であり、どちらも Epicureanism である。潔癖は libertin の特徴であり、倫理の儒教的なものではない。三四郎も純一も旅の宿で女を袖にするが、これは目の前のイージーな利益交換には目もくれないということである。鷗外は芸妓にも対価を見る。これが天涯孤独の女をも意味することはわかっている。しかし対価がつきまとうではないか、という完全主義である。
58) 本書5論文。
59) 大石『鷗外・漱石』(前掲註56) 494頁以下は、『それから』と『青年』を同一軌道にのるものと把握する。ともに森田草平『煤煙』批判であり、浅薄で夢想的で利己的な近代的自我の他者不在・倫理欠如が痛烈に皮肉られているとする。どちらの作品にも全くこうした要素は存在しない。
60) 大石『鷗外・漱石』(前掲註56) 337頁以下はこれを捉えて「父のための妾奉公」を捨てて自己利益を追求する意識の芽生えとする。高利貸しの末造もドイツ留学による立身を追求する岡田もヒロインのお玉と共に近代的自我によってお玉の父のみが体現する古い幸せな世界を破壊する、と解釈される。どう考えても末造はその妻と共に古い世界の住人であり、その世界は到底幸せとは思えない。いずれにせよ、お玉が自分の幸せを考えるくだりにお玉を非難する筆致など全く存在しない。
61) 便宜岩波文庫版による。
62) 便宜新潮文庫版 (『山椒大夫・高瀬舟』) による。

8 安寿

　彼が採った道は差し当たり「歴史小説」であった。小説の形態を選びながら素材を歴史的事実に汲むというのは、ロマン主義を言うまでもなく、常套のうちであろう。しかし鷗外が目指したのはそれと異なっていた[63]。

　スタイルは極端な反小説であり、まるで刑事裁判の事実認定である。否、日本の刑事裁判官がなかなか達成しえないものであろう。つまり極限まで情緒を廃しようとしている。

　素材は主として江戸時代の武士の死である。殉死や敵討ちや身代わり死であるから、さぞかし武士のエートス、それも幕府さえ危険と見なす過激なもの、を称える性質のものであろうと考えると、ひどく間違える。敵討ちは応報、復仇であるから、échange の極である。しかし『護持院原の敵討』（1913年）は、敵を探し出すまでの一行の悲惨を延々と叙述する。この部分は霞亭の旅程を詳細に記す部分と同一の筆致による。この種の素材を選んだ作者の動機は明白である。情緒すなわち réciprocité の複合的なメンタリティーが濃縮されて込められた出来事に自らの筆をわざと晒し、それを切り裂く筆の自律を模索するのである。そうした素材は表面的には réciprocité を克服したはずの「近代化」された日本社会にはもはや見られない。

　そして、自らの筆だけでなく主人公をもまた同一の試練に晒し、そこから作者は見事な自律的精神を創造する。1915年の『最後の一句』は、武士ではなく商人を扱う。「北国通いの船」を所有しエイジェントを使って秋田から米を運ぶが、船が難破する。しかしエイジェントは米の半分を救うことができ、これを途上売り代金を持って帰って来る。プリンシパルはついついこれを自分の財布に入れてしまったのである。秋田では信用で買い付けたであろうから、秋田の債権者は差し当たりエイジェントを追求するであろうが、難破を理由に vis maior の抗弁で逃れる。しかしそれが半分虚偽であって、プリンシパルが得るはずの売却代金を先取りしてしまったのであるから、債権者詐害である。プリンシパルも債権者として追求しなければならないはずのところ、その場合は劣後して何もとれないというので、ついつい結託し金銭を山分けしてしまった。共犯になる。以上のような法律構成を望むべくも

なかったとしても、これは犯罪であり、そしてエイジェントが逃亡したためプリンシパルが処刑されることになる。ところが16歳になる長女は、妹と話し合い、身代わりとなり死ぬことで父を助けることにする。相手にされない中で執拗に訴え続け、とうとう公式の「白洲」で聴聞ということになる。幼い集団の奇怪な行動に、当局者たちは背後に糸を引く者が居はしないか、何かの罠か、と疑っている。偽証を防ぐべく責め道具をこれ見よがしにして尋問を始める。しかし長女の態度はひたすら淡々として動かず、5歳の末弟までそうなので、むしろ一同「憎悪を帯びた驚異の目」を向ける以外にない。「心の中には、哀な孝行娘の影も残らず、人に教唆せられた、おろかな子供の影も残らず、只氷のように冷かに、刃のように鋭い、いちの最後の詞の最後の一句が反響しているのである」(246頁)。「献身の中に潜む反抗の鋒は、……役人一同の胸をも刺した」(247頁)[64]。子を殺して忠義を全うする、板ばさみの悲哀が涙を誘うが、しかし同時にそのヒロイズムに酔う、これが歌舞伎の圧倒的に主力の主題である。子殺しは危険な競争的ポトラッチの基本パラデイクマである。経済犯に対して身体刑を課す当局はポトラッチを迫ったわけだが、ならばこれは認められるはずだと子供に突き付けられ、たじろぐのである。子殺しで償えば本人は免責されるはずである。現場の当局者は判断が付かず、江戸に上奏されるが、この間刑の執行は停止され、大嘗会があったため、追放刑に軽減される。

　16歳の少女いちは同じ1915年の傑作『山椒大夫』の安寿と重なる。鷗外はこの安寿に理想的な知性を託した[65]。鷗外が「安寿と厨子王」伝承につき、『ファウスト』翻訳に際して中世伝承を勉強したのと同じだけの努力をしたかどうか、わからない。しかしおそらくは因果応報の話であるはずの伝承を静かに枯れ葉が落ち行くようなナッラティヴにした作者は、古典的な造形を達成したと評しうるであろう。姉弟は子供らしく夢見るように逃亡の話をする。これを聴かれて烙印の懲罰を示され怯える。姉弟揃ってその夢を見る。その時から「安寿の様子がひどく変って来た」(186頁)。寡黙になる。願い出て厨子王とともに芝刈りに行くことを許される。相談なしのこの提案は厨子王を驚かせるが、とっさの思い付きだと言ってその顔は「喜に赫いている」(189頁)[66]。「厨子王は珍らしい物を見るように姉の顔を眺めている」(190頁)。男の仕事をする以上頭を刈れという、山椒大夫の残酷に娘を弄ぶ

提案にも、安寿は喜んで従う。翌朝山へ行く「安寿はけさも毫光のさすような喜を額に湛えて、大きい目を赫かしている。しかし弟の詞には答えない」(192頁)。芝刈りの場を無視して頂まで登ると、ヒロインは全てを見通して予測し[67]、弟に指示する。その方向から売られて来た奴婢から情報を得たのである。遠くに見える寺に庇護を求め、その後都に行き、父と母を探し出す、という計画である。山を反対側に降りたところまで姉は弟を送る。弟は姉が「物に憑かれたように、聡く賢くなっているので」(194頁)従うのみである。以後厨子王の身に起こることは姉の予言どおりである。さらに寺の律師も「守本尊を大切にして往け、父母の消息はきっと知れる」と指示するが、厨子王は「亡くなった姉と同じ事を言う坊様だ」(200頁)と思う。事実この仏像の鑑定が京都で厨子王を救う。身分が同定され、父の名誉回復とともに厨子王は当の丹後の国守となる。ここで彼は善政を施す。奴婢を解放するが、山椒大夫はこれにより経済的発展を遂げて却って裕福になる。厨子王は佐渡に渡り母と感動の対面を果たす。つまり、まず報復はない。次に解放はprovidentiaによるのでない。安寿の知性による。確かに律師は期待通りのvirtùの持主であった。もしそうでなかったらという厨子王の問いにそこは賭けであると安寿は答える。しかし確率は見越している。原子論的contingencyは確率的に予測しうるのである。そして、本来は安寿の符牒である仏像を厨子王に持たせる。同定は偶然によったのではない。物的徴表により、したがってその分確かな予測に基づいた。律師はそうした認識を裏書きする知見を有していた。このヴァージョンの以上のような特徴がこの伝承を古典にした。鷗外の偉大なディアレクティカがあったと言ってよい。それからまた、古典的な姿のEpicureanismにわれわれは驚かされる。

1916年の『高瀬舟』はEpicureanismの端的なマニフェストである。Epicureanismの倫理学は、快不快のみを原理とするが、快とは苦痛のない状態である[68]。したがって俗流の快楽追求は多くの場合身体にダメージを与えるので善ではなく悪とされ、心身共通であるから、ストレスと関係する刺激の追求は悪そのものである。「高瀬舟縁起」で著者自ら言う作品の二つのテーマ、「財産と云うものの観念」と「死に掛かっていて死なれずに苦んでいる人を、死なせて遣ると云う事」(267頁)[69]、はどちらが主かなどと論じられるようであるが、同じことである。後者については「従来の道徳は苦ませて置けと

命じている。しかし医学社会には、これを非とする論がある。即ち死に瀕して苦むものがあったら、楽に死なせて、その苦を救って遣るが好いと云うのである」(268頁)と述べられる。Epicureanism が初期近代にまず物理学と医学に入ったことは周知の事実である。それから、この哲学は、苦痛を直ちに負の倫理的価値とし[70]、他方死を怖れないことを重視し、精神の原子論的崩壊が死であるから死後全く苦痛は存在しえない、したがって死はそれ自身悪ではない[71]、と考えた。そもそも重い病の弟は「早く死んで少しでも兄きに楽がさせたい」(261頁)[72]と思ったのであった。兄が苦痛からの解放で報いることは友情の哲学からして当然である。当事者の淡々たる心理の描写は鷗外の真骨頂で、安寿のそれと同じ弟の「目の色がからりと変って、晴やかに、さも嬉しそうになりました」(262頁)は、高瀬舟で刑地に送られる兄の「その額は晴やかで、目には微かなかがやきがある……いかにも楽しそうで、……口笛を吹きはじめるとか、鼻歌を歌い出すとかしそうに思われた」(252-3頁)に対応する。これに対して「財産」の方面では満足の限界効用が説かれているようにも見えるが、実際には送る役人庄兵衛の地位(上役、裕福な商人から迎えた妻の消費)に伴うストレス(「疑懼」)と対応している。つまり貧しい分何でもありがたく感ずるという俗流心理ではなく、最小単位に固く拠って立つためストレスがないというのである。

63) 「歴史其儘と歴史離れ」(1915年、『鷗外全集』第26巻(前掲註5) 508頁以下)が活発に論じられるが、全く参考にならない。『山椒大夫』における材料の改変を解説するのであるが、史料の自然に従うと言っておきながら、縛られるのが厭だから離れようと思ったものの、やはり縛られてしまった、と言う。極めて意識的な混ぜっ返しである。『山椒大夫』のポイントさえわざと避けて煙に巻く。
64) 便宜新潮文庫版(前掲註62)による。
65) 清田文武「『山椒大夫』の方法とその世界」『講座　森鷗外』第2巻(前掲註4) 347頁以下は説経節との比較を行い、「閉ざされていた運命の扉を押し開かんとする安寿の知恵」や「置かれた情況を打開するには、こうする以外ないという、自律的・自己充足的な行為」を読み、「報酬や返しを期待するはずはない」と見抜く。しかし、「正道〔厨子王〕による復讐譚の削除」つまり山椒大夫一族のその後の繁栄には不満で、「歴史離れ」としても、だったら安寿にもハッピーエンドを与えればよかったのに中途半端であると評する。鷗外の安寿像を折角的確に読み取ったのに、何をレファレンスにこれを位置づけるかの点が混乱している。鷗外が Kassandra 以来の女予言者の形象を使っていることは確かであるが、これで何を指示するかは様々でありえ、その差違を識別するのでなければ解釈にならない。

66) 便宜新潮文庫版（前掲註62）による。
67) J. Giovacchini, *L'empirisme d'Epicure*, Paris, 2012 は、Epicureanism と近代の医学が不可分であることを検証する中で、予見の問題を中心に置く。
68) 「灰燼」(1911 年、『鷗外全集』第9巻（岩波書店、1973 年））「哲學者が人間一切の事は受苦受難であつて、快樂とはその苦その難の薄らいだ刹那だと云つたやうに、灰色でない日には、幾分の快樂があつたと云つても好い」(177 頁)。
69) 便宜新潮文庫版（前掲註62）による。
70) C. Wilson, *Epicureanism. A Very Short Introduction*, Oxford, 2015, p. 92ff.「苦から救って遣ろうと思って命を絶った」(264 頁)。
71) cf. V. Tsouna, Epicurean therapeutic strategies, in: J. Warren, ed., *The Cambridge Companion to Epicureanism*, Cambridge, 2009, p. 249ff.「ああ苦しい」に対して、抜く前に、「しかたがない、抜いて遣るぞ」という言葉だけで既に「すると弟の目の色がからりと変って、晴やかに、さも嬉しそうになりました」(262 頁)に至る点が重要である。
72) 便宜新潮文庫版（前掲註62）による。

9　結

　以上のように、鷗外の1910年以降の作品を辿るならば、Epicureanism に簡単に辿り着く。しかも芸妓を請け出す方向には曲がらないヴァージョンを曲がるヴァージョンに対して極めて意識的にぶつけてくる。『青年』以下の作品はそのことを強烈に言ってくる。同様に、近代の Epicureanism を遡って曲がらないタイプを求めるならば、必ず17世紀前半ヨーロッパの les libertins érudits に行き着くであろう。曲がらないことを明示するならば、そこからスタートし直し Saint-Germain-des-Préts に沿って進んで見せるであろう。事実 Molière と反対側に進めば、そこには Saint-Germain-des-Préts がある。この選択は単なる図上の選択ではない。日本の現実の中に具体的な遺産を見出しうるという。これが「史伝」である。

　ただし、そこにあるのは、自分自身考証をしてしまう逸脱を曝け出してまでする文学成立への試みである。まさにこの姿勢が文学としての成功をもたらした。市民社会または文学は多くの対抗的なヴェクトルを立体的に組み立てなければ立ちゆかない。一本一本のヴェクトルは極端で偏狭であるかもしれない。否、そうでなければならない。実演するまでもの加担は偏頗性の演出である。カウンターの重心で対抗の梁を張る。曖昧模糊一体では立ち上が

らない。対立するものを明確に一本一本切り出さなければならない。鷗外の文学活動が最後に切り出すに至ったのは、概括的に les libertins érudits の相であったとしても有効であったと思われるが、なお一層精緻なことに、(果たし合いのような論争に明け暮れた彼らを記念するように)その先のヴァージョン偏差に敏感なそれであった。

　かつ、少なくとも鷗外サイドにおいては、このヴァージョン分岐は漱石を意識するものであった。もし、鷗外漱石間にこの暗黙の対論が成り立ったのであったとすると、1910年代の日本に若干の可能性があったことを意味する[73]。何らか創造的な構造を結ぶ端緒が見えたのであるから。なるほど、直後の成り行きはこの可能性の存在を完全に打ち消すようであり、この可能性の限界はいずれにせよ厳密に検討されなければならない。しかし、戦後に開けた展望はこの可能性の上に築かれたものであったろう。その戦後の展望もまた少なくとも1980年代以降みるみるうちに閉ざされていったとしても、そして今やそのプロセスも終わりの終わりに近づいているのであるとしても、遠い将来、一瞬見えた構造は立ち返るべき出発点であり続けるであろう。

[73] 三谷太一郎の基本テーゼを微かに補強するであろう。

7 Hobbes, *De cive* における metus 概念

0　序

　Hobbes の基幹の思想は、よく知られるように、三層構造を成し、かつ複数の層を成してテクスト上繰り返し伝えられている。したがって、これに言及するときには少なくとも暗黙裡に stratigraphie を意識せざるをえない。Hobbes の基本の哲学からして、物体とその運動が先に存在し（I）、知覚を通じて人間とその行為、意識、思考、もそれにより説明され（II）、さらにその人間が社会を成し、しかしその社会に政治システムを形成する（III）、とされる[1]。*The Elements of Law* は既にその全体のスケッチであり、次いで三部作、*De corpore*、*De homine*、*De cive* により詳細に展開されるわけであるが、実際には *De cive* のみ先に現れ、先立つべき二作は遅れて発表される。かつ第二層と特に第三層は *Leviathan* との間で複雑な相互関係問題を抱える。この *Leviathan* は、*De homine*、つまり人間論、の後半部に対応する部分からスタートし、*De cive* つまり政治の形成に対応する部分を主として展開する。*De cive* もまた *De homine* で書かれるべきことの一部を要約的に繰り返すから、かくして、人間論の或る部分は、今 *Leviathan* のラテン語版を除いたとしても、相当繰り返し書かれたこととなる。つまり、① *The Elements of Law* [EL, 1640]、② *De cive* [DC, 1642]、③ *Leviathan* [LV, 1647-50]、④ *De homine* [DH, 1658] である。

　以下では、Hobbes の人間論のこの部分、つまり政治形成の直接の土台となる部分、が各ヴァージョンにおいて示すところを照合することにより、偏差を見出し、次いでその偏差の理由を推定し、またその偏差の意義について考察してみることとする。

　　1)　現在講学上支配的であるのは、natural philosophy、moral philosophy、political philosophyという区分であり、この三層に対応することは言うまでもないが、通常はこれにreligionが加えられる。しかしreligioは *De cive* の最終章であることに留意する必要が有る。本稿は *De cive* 冒頭に述べられるHobbes自身の三層プランに従う。*Leviathan* の最終二部を別個のモノグラフとして見るがごとき解釈になる。なお敢えてstratigraphieと言うのは、テクスト上は、三層が単純に論理的に積み上がるのではなく、クロノロジカルにも行きつ戻りつ複雑な関係を形成するからである。

1　政治（公権力）形成の直接の土台

　まずはELを見る。第一部 "Human Nature" は知覚からスタートする。知覚は物体の運動によって生ずる。つまり対象からの物的作用が感覚器官に作用することによって知覚の原資が得られるのである。その知覚の残像がimaginationである。夢やフィクションのように、それは相対的に独自に発展する。そうしたimaginationの単位、conceptionは継起する。causeというカテゴリーが現れる。記号や推理も現れる。その記号を使ってimaginationを区切り配列を統御する力を人間は持つ。これがreasonである。さて、Ch. VIIからHobbesは新しい論点に移行する。知覚において、既に主体と、その外に位置する対象、が前提されていた。対象から発した何かが主体の内部の何かを動かし知覚が発生するのであるが、内部の何かを動かされた主体は、知覚を得るばかりか情動をも得る。それは、その動きを生ぜしめた対象を、その動きに快を感じて、欲するか、それとも、不快を感じて、遠ざけようとするか、のどちらかである。前者がappetiteであり、後者がaversionである。共にHobbes解釈の鍵であることは言うまでもない。ここでは、Ch. VII-2にaversionの側に小さくfearが付け加えられていることだけを確認しておくこととする。

　appetiteとaversionは、imaginationの力を借りて、飛翔する。こうしてglory、hope、trust、emulation等々の複合形、つまり様々なpassionsが登場する。これらを基礎としてわれわれの行為actionが成り立つ（Ch. XII）。かくしてそれは基本的にappetiteの方向か、aversionの方向である。もっとも、ここではaversionは説明なしにfearに置き換えられている。行為を支えるのは意思willとされ、対象は遠くに在り、主体はそれを目指すのであるから、これによりaversionはfearに置き換わったのであると解される。appetiteの方は置き

換わらないが、しかし hope がこれに添えられる場合がある。いずれにせよ、appetite/aversion と hope/fear の間にレヴェルの飛躍や懸隔は存しない。

　以上の議論はもちろん第二部 "De corpore politico" の論理的前提をなす。その第二部では、まず（Ch. I）、第一部が人間の相互平等を論証したことになることが述べられるのであるが、叙述は政体論によって混濁し、互いに対等な資格を持つため誰もが right to all things を有する不安定が、デモクラシーの問題として位置付けられる。Ch. II では、互いにそれを放棄する covenant について述べられる。とはいえ、それはデモクラシー下の人民にとっては使えない代物であるから、人々はまだ戦争状態の延長上にあり、その克服は、家支配と王政を補助線とした後、第二部後半の Ch. VI 以下で初めて展開される。また、第二部前半 Ch. I-6 の契約理論は十分に展開されたものではない。fear が契約の拘束力に直結され、かつ拘束力と強制力の区別がない。ローマ法的ないし法学的「強迫」と人間論の fear との間の連絡もない。総じて第二部前半では第一部人間論との関係が密でない。また、政体論の部分の叙述の分節に加え、宗教の部分のそれが弱い。

　第一部人間論のサイドから政治形成の鍵を提供するのは fear である。したがって自然状態の基礎は fear である。その fear は第一部末尾 Ch. XX-1 において突然主役の座を奪う。Ch. XIX-1 では、全員対等のコロラリーとして互いに対する fear も等しく、hope は各人が基礎として有する（身体等の）リソースに依るとされる。Ch. XIX-2 では、自然状態ないし戦争状態が fear のため過激凄惨になるとされるが、続く Ch. XIX-3 では、mutual aid ないし mutual fear で結び付いても数当事者が個別に結び付くのでは保障は達成されないという動機が現れる。Ch. XIX-4 はこれを受けて、全員が同一方向に対して行動するのでなければ（unless they all direct their actions to one and the same end）、つまり covenant でなく consent でなければ保障は達成されないとする。決定的な動機である。しかるに、この consent は、個別の侵入者に対する fear や個別の征服目標への hope でもなされる場合があるが、これは安定せず、some mutual and common fear が必要である、と展開される。以上において、fear は決定的な論拠であるが、質的に異なる結合たる政治システムの形成への飛躍のどこで決定的な役割を果たすのか、やや明確でなく、ずるずると使われ（後半部 Ch. I-6）、かつその度に意味内容を微妙に変化させて

いるように見える。前半部 Ch. XIX-5 には、蟻や蜂の社会との決定的な相違というもう一つの重要な動機が現れるが、これと fear ないし人間論との関係もきちんとは述べられない。繰り返し確認すれば、hope/fear は appetite/aversion の平面から飛び出たものとしては説明されておらず、この段差が covenant の平面から consent/union の平面への飛躍とどう関係するのか不明確である。

　DC はもちろん、初めから助走の部である。第一部 "Libertas" では、心身論の骨子が再確認されると同時に自然状態が叙述される。その冒頭からして EL との相違が目を射る。いきなり metus が決定的な役割を帯びているのである。Aristoteles 流の考え、人は自然に水平結合するという考えを誤りと断ずるのである[2]が、破砕する役割を担うのが metus である。「協同により生活の便宜を増進するのであれば、水平結合 societas よりは垂直支配 dominio によっての方がよほどよく達成できるのであるが、ところがしかし、もし畏怖 metus が無ければ、人間というものは本性上浅ましくも水平結合よりも垂直支配に向かってしまうこと疑いない［ところがしかし畏怖が有るから水平結合に向かう］。故に、本格的で継続的な水平結合の起源は人々の相互善意ではなく相互畏怖 mutuus metus に存する、と措定せざるをえない。」(Cap. I-2: Quamquam autem commoda huius vitae augeri mutua ope possunt, cum tamen id fieri multo magis Dominio possit, quam societate aliorum, nemini dubium esse debet quin auidius ferrentur homines natura sua, si metus ab esset, ad dominationem quam ad societatem. Statuendum igitur est, originem magnarum et diuturnarum societatum, non a mutua hominum beneuolentia, sed a mutuo metu extitisse. [ed. Warrender. 表記は古典風]) は全文を引用するに値するだろう。しかるにその相互畏怖はどこから来るか。初期条件として個人個人が対等であり、かつ互いに相手を傷つける意思を有するというところに発する (Cap. I-3: partim in naturali hominum aequalitate, partim in mutua laedendi voluntate)。つまり初期条件において徒党 dominio が無いということが全員対等原則 (aequalis) なのであり、かつこれは metus を内蔵している。初期条件に metus が理論的にしっかり組み込まれている。そしてそうした初期条件の理論構成を通じて Hobbes は徒党により安寧を得る途を拒絶しているのである。どんなにフィジカルに強い個人といえども一人では絶対的な優位は得られないから、個人個人を切断し徒党を作

らせないことは重要である。切断された個々人は、しかしながら、相手を傷つける意思 voluntas の度合において動機とリアクションを異にする[3]。或る者は平等原則に従って自分に許すのと同じだけを他者にも許すが、自分の優越を信ずる者は自分だけが全てを独占しようとする。すると前者も守ったり取り返したりせざるをえない。つまり、主体と対象が対峙し、主体が対象を欲したり斥けたりする（appetite/aversion)、というばかりでない。主体は常にさらにその関係を拡張しようとする。そうした二段階が密かに含意されている。DC では appetitio と cupiditas という語はその二段階目につき用いられる（Cap. I-7)[4]。人間論を土台として自然状態が記述されるのであるが、前者のうち第二段が明晰に分節され後者にとっての出発点に据えられる、と言うこともできる。EL に従って言えば、第一段が appetite/aversion であり、第二段が hope/fear である。metus の中心的な役割の意義は明らかである。そういうことになると、何らかの権威によって帰属が予め決まっているなどということは無く完全にオープンであるということを言う ius in omnia (Cap. I-10) も、拡張合戦の脈絡に置かれることとなる。これも metus という初期条件と一体的なアプリオリである。

　EL においては、fear は助走の部の最後に突然登場したのであったが、政治形成の部においては一度ポツンと現れる（Ch. I-6）ものの基幹の役割を有しない。これに対して、DC においては、metus は助走の部の冒頭から強い響きを聴かせた後、一旦消えるものの、いよいよ政治形成の部に入るや否や再度舞台の前面に踊り出る。自然状態から政治状態への移行は第二部 "Imperium" に入って叙述されるのであるが、冒頭の章（Cap. V）の冒頭の記述は以下のようである。「人の行為が意思 voluntas に発し、その意思は希望 spes と畏怖 metus に発する、ことは自明である。……したがって各人にとって安全保障と自己保存の希望は、自らの力と技を以て公然もしくは秘かに直近の者を脅やかしうるということに存する。ここからして理解されるように、自然の法は認識されたからと言って直ちに各人に遵守の保障を供するものではない。他者の侵出に対する備えが各人にとって得られない限り、各人はあらゆる手段を以て安全保障を講じようと欲し、またそうすることが可能であるから、各人に基底的な権利、つまり全ての物に対する権利、戦争の権利、がとどまることになる。……」(Manifestum est per se, actiones hominum a voluntate, voluntatem a spe et metu proficisci .... Spes igitur vnicuique securitatis conseruationisque suae in eo sita est, vt viribus artibusque propriis, proximum suum, vel palam, vel ex insidiis praeoccupare possit. Ex quo intelligitur *leges naturales* non statim vt cognitae sunt securitatem cuiquam praestare ipsas obseruandi, et proinde, quamdiu cautio ab inuasione aliorum non habetur, cauendi sibi quibuscunque modis voluerit et potuerit, vnicuique manere *Ius* primaeuum, hoc est, *Ius in omnia*, siue *Ius belli* ....)

　第一部 "Libertas" で述べられたことの中から spes と metus が第二部の出発点に据えられた。その spes と metus は、主体が客体を摑む関係のうち、相対的に、既に摑んでいる部分を越えてさらに拡張侵食するマージンと侵食されるかもしれないマージン、つまりその不確かさに対応している。不確かさは、反対側から見て、このマージンと相対的安定部分の向こう側に相手の主体が隠れ、見えない、ということから生ずる。その奥から何かが繰り出され、目の前で侵食が起こる。かつ、ius in omnia 故に拡張は無限である。もちろんこれは無限の希望をも意味する。権威、権原、御墨付き、は一切排除されている。

　以上のような論理的前提を置くと、自然状態においても容易に達成できる方策、つまり二者、三者、などが協定によって安全保障を図るということ、は意味を持たないことが明白になる。このこと自体は ELでも述べられていたわけであるが、今回は堅固なロジックに支えられている。つまり、安全保障を得るためには自然の法を鍛え直す（exercitium）のでなければならない、という移行の動機が明示されている（Cap. V-3）。安全保障のためには、「実力行使は危険で実力をひかえるしかない（vt satius sibi esse vterque putet manus cohibere quam conserere）」ほどまでに相手は脅威であると、両者共が互いに信じ込まなければならない。通常の場合どんなに均衡を作ってもわずかな移動によって相対優位が実現し勝利を期待し（spe victoriae）実力行使に及ぶ徒党が根絶されない。自然状態にこのように詰めた表現が与えられてこそ、われわれは「何らか共通の脅威 metus によって強いられない限り（nisi communi aliquo metu coërceantur）平和は達成されない（Cap. V-4）」という核心命題に説得される。つまり Hobbes によれば、互いに相手を完璧に怖れ切る余りこれをあたかも第三の絶対的な脅威であるかのように思うまでに至る以外に脅威の克服は達成されないというのである。そして、このロジックは、それ

がいかなるものと解されようとも、完全に metus に依拠したものである。初期条件に含まれていたものから初期条件を完全に克服する絶対に異質な条件が導かれる。−∞にしておくからこそ＋∞が導かれる。また、極大化された metus は、主体とリソースの関係が極限までオープンである、誰でも全てを取りうるし、失いうる、ということを意味している。しかもその関係は互いに完璧に対称的にである。どちらも守るべきを持ち、しかし相手はそれを無限に侵食しうるから、脅威であるが、自分も相手を無限に侵食しうるから、希望に満ちている。

　EL にも現れた蟻や蜂の社会との対比は続く Cap. V に登場するが、今回は、まず Aristoteles 批判たるが明示され、最後に metus との関係がきちんと明示される。蟻や蜂もリソースを欲し（appetitus）、かつ互いの自己保存のために結合する。これに対し人間が自然に結合するということが無いのは、栄誉を求め、単に良いものを求めるのでなく他者に勝ってヨリたくさん良いものを得ようとするからである。このために常に関係を新たに作り直し、刺激に衝き動かされて動き、刺激を言語によって膨らませて動く。だから人間が平和を得るためには単なる相互了解 consensio では足りず、「各人がそれによる制裁を怖れて律せられるところの何等か共通の権力無しには」（sine potestate aliqua communi, per quam metu poenae singuli regantur）不十分である。EL に言う appetite/aversion は Aristoteles 的基礎、つまり動物と人間に共通のものだが、これに加えて特別に流動的で互いに競う、相互間の亀裂が極大化され容易に結合させえない、という性質が人間に固有のものであるという。そこに含まれる metus の要素について再び言及されることはないが、明らかにそこに含まれているからこそ、共通の権力への metus が解決のカギになるのである。

　LV 第一部 "Of Man" は、De corpore に対応する部分は除き、De homine に対応する部分をほぼ再述するから、助走部分たるよりは遙かに人間論全体である。appetite/aversion もようやく Ch. VI-2 で姿を現す。14 で hope が "appetite with an opinion of attaining"、16 で fear が "aversion with opinion of hurt from the object" と定義され、したがって hope/fear は appetite/aversion より一段進んだものであるが、このことが何か重要なことであるということは窺われない。もちろん、Ch. X で power がクローズアップされるや、Ch. XI で "a perpetual and restless desire of power after power" というように、DC で見た基本動機が強

い印象を与え続けはする。しかし助走部分、つまり自然状態の記述に入っても fear は重要な役割を果たさない。全員対等が措定されると、それは "equality of hope in the attaining of our ends" でもあるとされ、反対に "no more to fear" であると相手を呑みこむ侵食が発生するとされる（Ch. XIII-3）。しかしそれにとどまり、fear と無関係に淡々と叙述が進み、"common power to fear" が導かれる（Ch. XIII-11）。以後、例の法学的「強迫」（Ch. XIV-2）を除いて fear には触れられることが無い。政治形成の部 "Of Commonwealth" に入っても、"mutual opposition"（Ch. XVII-4）等々、fear は意図的に避けられている様子さえ窺われ、power へ関心が移っている印象を拭い切れない。蟻と蜂も、Aristoteles こそ保存されたが、全体としてそそくさと繰り返されるにとどまる（Ch. XVII-6-12）。

DH はもちろん助走部分＝自然状態論以前の人間論である。むしろ認知のメカニズムに叙述の力点が置かれる。それでも Cap. XI がようやく appetitio を論じ始める。Hobbes は呆気なくその典拠を明かす。それは Aristoteles である。善とは何か。「求められるものの全てにつき、それらが求められる限りで、善がその共通の名である。われわれが逃れるものが悪である。かくして Aristoteles が正しく定義したように、善とは、皆が求めるところのものである。」（Cap. XI-4: Omnibus rebus, quae appetunt, quatenus appetuntur, nomen commune est bonum; et rebus omnibus, quas fugimus, malum. Itaque bonum bene definivit Aristoteles, illud esse quod omnes appetunt.）とされる。EL における appetite/aversion、DC における第一段、は今や公然と Aristoteles に帰せしめられた。章を改めて Cap. XII で affectus が論じられる。その中心は確かに spes/metus である。しかしこれらは、appetitio の単純なコロラリーに過ぎない。求めたい、斥けたい、心の動きであるにとどまり、主体と客体の関係は単純である。流石にこれも Aristoteles だとはせず、appetitio そのものと、それの心的投影 affectus は一応別の側面である。しかし別の層の人間論ではない。これで本当にかつて書いた DC に繋がるのだろうか不安になるほど擦り減った叙述である。DC のダイナミズムや切れ味が無いのである。

2) Cap. I-2: Hominem esse animal aptum natum ad Societatem . . . . Quod Axioma quamquam a plurimis receptum, falsum tamen errorque a nimis leui naturae humanae contemplatione profectus est.

3) Cap. I-4: Voluntas laedendi omnibus quidem inest in statu naturae, sed non ab eadem causa, neque aeque culpanda.
4) 外的対象のうち、corpus et membra が別途意識される。

2 基層たる概念構成

　以上のような分析に何某か意味が有るとすれば、差し当たり metus という語を冠することができる、しかし metus 概念の働きにとどまらず一定の広がりと構造を持った、一個の相対的によく分節された理論構成、そういう一つの層、の存在を識別しうる。この層は、Hobbes 諸著作のクロノロジーの上でコンスタントではなく、DC を頂点として現れ、その後確実に薄れていく。他方、それはそれ自身或る既に十分に個性的な moral philosophy ないし心身論ないし特に心理学の上に載っている。もちろんこの moral philosophy 自身政治形成へと接続しこれを準備するのであるが、それに加わった metus のアクセントは中でも政治形成の側から見ると直近ないし直下の支分層である。つまり政治システム立ち上げの鍵を握る位置を占めている。

　そうであるとすれば、この支分層は一定の学問的関心を惹きうるものであろう。かつ、Hobbes の全理論構成の中で、ピークであると同時に微かに浮いている位置に在るから、それはそれ自身一種の謎である。直ちに二つの問いが立つ。第一に、この特定的な metus の層は同時代の思想的脈絡においてどのような位置を占めるだろうか。第二に、この層を要としたということは Hobbes の理論構成全体にとって如何なる意義を持ったか、その Hobbes の思想的営為にはいかなる意義が有るか。

　しかし第一の問題に解答を与えるためには、順序として、metus の層を枝として幹を成す psychology の前提的な設定を正確に位置付ける必要が有る。現に、LV 以後は aversio/metus 分節を曖昧にしたジェネリックな観念が支配的となっていった。このジェネリックな観念の正体を突き止め、次いで metus の正体を明らかにする、のが順序であろう。

　しかるに、この部分は Hobbes の理論的出発点たる機械論的唯物論から政治形成に至る、その中間を成している。今日の学説の整理によれば、natural philosophy から political philosophy に至る道筋に位置する moral philosophy に

相当する。そもそも、Hobbes 解釈上の最大の問題とされてきたのは、natural philosophy から moral/political philosophy へ、いったいどのように繋がっているのか、果たして機械論的唯物論から政治形成に至りうるのか、その間哲学の一体性を保ちうるのか、であった[5]。機械論的唯物論の方は当時最先端の理論動向に掉さしている。つまり Bacon、Galilei、Descartes と何某かを共有していることは周知の事実である。しかしここからどうやって演繹的に moral philosophy を導き出しうると言うのか[6]。断絶説が有力に主張される所以である。代表的な例が L. Strauss である。彼によると、時系列的に、Hobbes には若き "humanistic" な時期が有り、その後 Eukleides との遭遇が思想の相貌を変えたのである[7]。しかし moral philosophy は言わば初期の相貌のままにとどまった。つまり De corpore のレヴェル、Hobbes が次々に成果を上げていった自然科学分野、との間には断層が有るということになる。しかるに Strauss によると、残った "humanist" の要素の中核は Aristoteles である。直ちにわれわれは奇異の念にとらわれるから、Strauss はすかさず釈明する。この場合の Aristoteles はスコラ学的なそれでなく（Homeros、Demosthenes、Thoukydides と並ぶ）「古典的な」Aristoteles である、と[8]。次いで Strauss は、EL の 8-9 章、LV の 10 章、DH の 11-13 章、を Aristoteles, Rhet. と対照する[9]。われわれはそうかもしれないと思う。DH の人間論の核心部分において Aristoteles が肯定的に引かれていた[10]。もっとも、どの Aristoteles かという疑問は完全には払拭されない[11]。

　断絶説はその後多くの反論を生む[12] が、それらは余り成功しない。他方 Strauss の「人文主義期／機械論期」は今日完全に葬られたと言いうる[13]。しかるに、実際には問題が以下のように転位し、別の、今度こそ意味の有る、形で論争が生き残っていると見ることができる。つまり、natural philosophy から moral philosophy への接続は、丹念に追跡すれば優に可能であり[14]、真の断絶はその moral philosophy から政治形成ないし political philosophy を導きうるか、の部分に存するというのである[15]。今でも論争の主役は Warrender である[16]。或いは、彼が立てた問題が研究の基本パラダイムを成していると言ってよい。つまり Warrender は、政治組織形成のための縛りは結局神の命令であり、自然の原理はその実現可能性を担保する、と解した。事実上の断絶説である。しかるに、問題自体はわれわれのそれと符合する。われわれの

問題は、政治形成を直接に基礎付ける human nature の問題であった。後者の中に直接の要因となるものを分離しうるのではないか、というのがわれわれの到達した結論であった。この解釈は連続説を支えることになるだろう。

　R. Tuck がその重要な研究を遂行する時に念頭に有ったのも断絶説批判、とりわけ Strauss 批判、であったということは疑いない。Tuck はまず見事な歴史学的作業を行い、16 世紀後半から立場を越える基調として根深く存在するようになった或る主体間関係概念を捉える。ちょうど appetitio/aversio に対応するようにして主体相互がリソースを巡って駆け引きする。しばしば争いは疑心暗鬼と策謀を招く。Tuck はこれを人文主義内変化、Cicero から Tacitus へという標語、によってひとまず表しうるとした。そしてそうした湿舌が張り出す先端に Hobbes を位置付けた[17]。かつ、Hobbes は初期からその後に繋がる険悪な主体間関係を概念していた、という論証を提供した[18]。少なくとも伝記的な意味における連続説である。"ragion di stato" の延長線上に Hobbes の国家が捉えられる限りで moral/political 連続説でもある。

　この研究は、少なくとも metus 支分層の母層に関する限りわれわれにとって極めて重要な手掛かりである。しかしなお不満を抱くとすれば、Tacitism/Stoicism の線が Aristoteles 援用の伝統的な思考と単純に対比されている点である。何より、Hobbes のテクスト自身において Aristoteles のプレゼンスを否定できないからである。この点は Strauss の言うとおりである。もちろん、Hobbes 直前の時期における Aristoteles の影響ないし Aristotelianism の動向を見通すことは困難を極める[19]。しかしどうやら確かであるのは、同時代の高等教育の中で堅固に根を張っていることである[20]。他方、Hobbes の時代の Aristoteles 批判者は批判の際 Aristoteles とスコラ学を同視するが、この点はそのまま信ずるわけには行かない。スコラ学自体、Hobbes 直前の時代には反改革派、とりわけイエズス会、と共に新しい発展を示すからである[21]。

　中で、スコラ学の新しい発展においてとりわけ Aristoteles の *de anima* が焦点を成した[22]ことは注目に値する。つまり心身論が関心の的なのである。その関心を理解するためには、まずそもそも中世のスコラ学にとって何故 Aristoteles が決定的であったかを理解する必要が有る。むろん思い切って単純化すればの話であるが、おおよそ以下のように捉えるのが概説レヴェルにおいて妥当と思われる。基本は神学理論であり、その際鍵を握るのは教会の

理解である。教会は人の集まりであるが、同時に「キリストの身体」として mystique な存在である。全体として身体の影であるにすぎないとはいえ、一人一人の「魂」は、少なくとも誰かが神の精神を簒奪するということを（そちらの「魂」も身体の影にすぎないとして）排する程度において、対抗しうる価値を有する。裏から言えば、人々の関係は全て教会内で媒介され、教会の外で神に直結するという道は排除される。かくして三位一体は基礎として不可欠である。そして心身論は中枢の意義を有する。個人のレヴェルでも、一人一人は、ギリシャ・ローマにおけるように絶対的というわけではないが、少なくとも神の前で主体として平等であり、かつ一個一個の魂は自己と同じ資格の自己の身体に対して責任を負う。ここまでは Augustinus であり、彼が（Platon や Cicero ならばともかく）Aristoteles に依拠する部分は多くないとするのが一般的な見方であろう。

　しかるに、Thomas Aquinas にとって何故 Aristoteles が不可欠か。神の前において、一人一人の精神が平等であるのみならず、その身体も、その身体が把握する物体も、神の法則に従うならば、人の精神に勝手は許されないという限りで、教会頂点の判断を強く優先する方向を打ち出しうるようではあるが、教会頂点までもが埋没してしまいかねない。形相が質料を従えなおかつ究極の目的因に合致していくという Aristoteles の折衷が不可欠たる所以である。下位の諸形相の存在を許しつつも、教会頂点は形相として質料たる教会全体つまり人々を秩序付けうる。なおかつ神の命令に従う。但し、そこでは形相—質料という二元構成は、個人の心身論にも適用されるとして、しかしそこに集中的に適用されるということは無かった。

　16世紀後半以降の新しいスコラ学は、絶対的な神の前で人の自由な判断の余地が全く無いとする改革派、特に Calviniste の思想に対抗しなければならなかった。決定論は教会の権威、否、およそ権威を全否定する。これを論駁するに Platon/Augustinus の線に戻るのでは弱すぎる。教会の存在は弁証できてもその優位までは導きえない。かと言って Thomiste の線を死守するのは力と力の衝突を前に時代錯誤である。否、そのように言いつつ、内実を修正しなければならなかった。Aristoteles の目的因は決定論にも適合的である。むしろ反対に舵を切り、個々の主体において頂点たる魂が身体を圧倒的に統御するモデルを全面展開した。だからこそ de anima 中心の Aristotelianismであった。そして主体の精神における理性とイメージ構築が神が与えた真実とどのように合致しうるのか、について集中的に討究された。affectus ないし passion が主要な関心事であったのは当然である。

しかるに、最近の研究は、Descartes においてこの新しいスコラ学の基本設定が継承されたということを指摘する[23]。同一の心身論の枠組が働き、因果連鎖を概念するに際して、主体において自由意思により連鎖をはっきりと屈折させる分節が想定される、というのである。おそらく、Hobbes の moral philosophy の基本設定について同じ指摘が可能であろう[24]。われわれにとっては appetitio/aversio の基本設定、ないし appetitio/aversio の層と spes/metus の層を区別しない場合に働く基本設定、である。もっとも、Descartes も Hobbes も指をくわえてこの基本設定を容認するわけではない。強力にそれを解体して見せる。Descartes にとっては主体の精神の帰結は認識であれイメージであれこれほど疑わしいものはない。ただこれを批判する作用のみが確かなのである。Hobbes にとって主体の精神の全作用はいかに通常の心身論の範疇に収まるものであろうとも実は機械論的物的な過程がもたらしているにすぎない。真偽以前に、つまり誤りであろうとなかろうとどうすることもできない法則に従って感じ考え判断し決定してしまう。ところが、さらなる最新の研究[25]は、こうした Descartes/Hobbes のモーメントを切り返し理性と想像力の復権を目指す理論的営為にこそ、Suárez 等かつての新しいスコラ学によるよく分節された心身二元論の復活を見る。つまり、pre-Cartesian と post-Cartesian の間に Descartes を挟んで一定の同型性が認められるという。人間主体は機械的な因果連鎖を屈折させる力を有する。そのようにして Descartes に立ち向かったのが Leibnitz であり、Spinoza さえそのように読める面を有するとされる。

少々留保するとすれば、確かに Descartes は新しい心身論構造を土台としたかもしれないが、あくまでそれをひっくり返すために取り上げたのであり、かつまた、少なくとも Spinoza がそれをさらにひっくり返したとしても、他方では Descartes の築いた平面にあくまで依拠しているのであり、Suárez に帰るわけではない。ましてスコラ学の遺産がそのまま達しているわけではない。それでも、pre-Cartesian の心身論という特異な層の存在がくっきりと浮かび上がりつつあるのが見て取れる。

そのように考えてくると、浮かび上がってくる層というものは、果たして反改革派と新スコラ学に固有のものであろうか、という疑問に逢着する。広く高等教育全般において形成されていたのではないか。ジェズイットのコレージュが有力であったとしても、Hobbesの心身論設定がこれに依拠したと読むと明らかに狭すぎるのである。むしろ、古典としてのAristotelesそのものと言った方がまだしも受け入れられるであろう。それを組み替えたのである、と。するとわれわれは、意外やSuárezに最も明確な形で現れるものの反改革派や新スコラ学を越える、16世紀後半の一種のkoineを想定せざるをえない。ぐるりと一周してTuckもまた同じ峰の反対側の斜面を、かつ形而上学抜きにむしろphenomenologicalに、摘出したのである、ということになる[26]。

われわれとしてはTacitismとAristotelianismの交点で深部に降りることがこのkoine理解のために最適であるが、そのためにBodinのテクストを一齣覗いてみることとする。時代の精神を最もよく体現し、時代の課題に最短で応え、そしてその課題は概ねHobbesのそれと近い関係に在り、ほとんど先駆とさえ言ってよい。そのうえ、ジェズイット等々と近い立場にあるとはいえ、スコラ学や反改革派の一員であると整理するわけには行かない人物であることは自明である。なおかつそのシニスムは端倪すべからざるものである。取り上げるのは、*Six livres* の第1巻第1章である。周知のように、この作品は、第1巻において理論的な提示を終え、以下の五巻では政体論の線に沿ってこれを具体的に検証する。そして主権概念の構成を主軸とするその第1巻においては、第1章において完結的に理論モデルが提示される。論証ロジックはアナロジーであるが、第1章で提示される原則ないしモデルが専ら主権概念の導出の必然を論拠付けているのである。

冒頭のセンテンスは全巻のargument論証命題である。政治システムというのはただの社会組織ではない。家経営体の如きものを超えた次元に築かれる正しい統治であり、その超えた次元には共同の何かが存在しなければならず、しかもその共同のもののうちには至高の権限が備わっていなければならない。以下の全叙述はこの論証命題を目的因（la fin）としてなされるという。さもなければ的も見ずに矢を放つと同然であるという。早くも、特殊に加工された、つまり多層的でなく強い頂点および強く一体的一様なその君臨対象

という形の、Aristotelesである。

　しかるに、盗賊の共和国と政治システムの間の決定的な差異をどうやって把握するか。盗っ人にも占有保障はなされるとか、捕虜交換の信義とか、海賊の組合契約とか、の例を挙げつつ、政治システムはこれらと決定的に違うという。かつ、領域を持つということを示唆しながら、PlatonやThomas Moreと異なり理念としてではなく固い現実として差異を追求すると宣言する。そこからは徹底したアナロジーによる論証を押し通す。「正しい」は「幸福な」に置き換えられ、アナロジーの原基には人間の幸福が据えられる。その際、人間は三層で捉えられる。身体corps、魂の下部âme inférieure、そして知性intellecte。そのように政治システムもしっかりした領域を持たなければならない。次に媒介として様々な社会制度が整備されなければならない。最後に全体を統御する思弁の作用が無ければならない。唯一永遠の神に繋がる部分とされる。決定的であるのは最後のle souverain bien 良き至高者である。思弁を専らとするこの良き至高者は、太陽の光を受ける月のように神の光を受ける。

　ここからの強い類推によって国家概念が立ちあげられること、とりわけ主権概念が基礎付けられること、は疑いない。Six livresは主権概念例解の書と読んで間違いない。主権は太陽もしくはintellecteのように個々の権限保持者や機関を超越し不動の何かである。かつ身体のごとき領域を一義的に統御する。âme inférieureを区別しこれを超えるという動機と、個々具体的な管理や果実収取とは異次元の作用を領域に及ぼすという動機、これが公権力を定義する。

　もっとも、Bodin自身が理念提示ではなく現実を模索すると言うごとく、âme inferieureとcorpsのレヴェル、制度や経済的条件の様々なヴァリエーションをかいくぐる狡知の華麗なスラロームによって現実をモデルに接近させる努力、が真骨頂である。事実、Bodinにとっての真の論拠は、主権概念にとってさえ、形而上学的アナロジーではなく[27]、歴史的事象から特殊な把握方法によって得られるパラデイクマの作用である[28]。だからこそMethodusこそは決定的に重要な作品であり、Bodin自身"facilis"と名付けるパラデイクマ抽出作業、つまり直感により直ちに、かつ直ちに従いうる、パラデイクマを洞察する方法、がそこでは勝ち誇るように展開されている。Six livres冒

頭で提示される形而上学的仕掛けは、時代の流行の心性をレトリック資源として利用したにすぎないとさえ思われるほどである。

とはいえ、形而上学モデルとfacilisな方法が分かちがたく結託していることも確かである。facilisな方法を子細に見ると、結局はâme inférieureないしpassionsのレヴェルのパラデイクマ操作に行き着く。言うならばそのレヴェルの教訓を得て動かしえない固い物的な結果を目指すのである。それによって国家ないし主権を樹立する。そうでない基礎を得ても不安定極まりない。

操作のレヴェルをどこに見出すかという観点に立つ限り、明らかにこうした基本姿勢はMachiavelliが切り開いたものである。周知のごとくMachiavelliは人文主義のCritiqueに飽き足らず、それを越える古典解釈ないし洞察を欲した。つまり、よく反省された知的営為、洗練された感覚の領分、を越えて人間の意識の底に横たわる、理性を裏切る心理と、これと深く連動した物的交換、これらについての認識なしには到底政治システムに堅固で永続的な基礎を与ええない、と考えた。政治システムのエッセンスのみをpassionsのレヴェルの狭知によりシニカルに確保するという関心は以後一種流行となる。否、政治システム維持という関心を凡そ離れて、凡そ主体や組織をその観点から見るということ自体が流行となる。典型は今日Tacitismとして把握される諸動向である。

このような動向にどのような理由が有ったのか歴史学として答を与えることは容易ではない。むろんここでもそれは断念するが、ネガティヴな側、つまり凡そ社会秩序が解体し、諸権力が乱立し、他方物的交換が暴力的にさえ飛躍する、といった状況が有ったということ、だけは、余りに陳腐であるが、認めざるをえない。そこでは、主体ないし個々の組織や権力体が容赦なく衝突し、かつ陰謀を廻らし暗闘を繰り広げている。そのように人々が社会を見てその意識を醸成したという現実が少なくとも存在した、とひとまず想定することができる。

Bodinにとっては、Machiavelliにとってと同様、âme inférieureとcorpsのこのように把握された状態は、克服すべき所与であると同時に、もちろんそれしかない、そこで跳べという意味における、排他的資源である。その部分につきMachiavelliより確かな認識を得たいと思う者たちはその部分に自然法（則）lex naturaeを見ようとした。そしてヘレニズム期諸思想、とりわけス

トア派、の心身論が盛んに引照された。Bodinもまたわれわれが見た *Six livres* 冒頭の章において âme inférieure から corps にかけてこの語を用いる。要するに Machiavelli と反対に体系的な答を欲したのである。もっとも、Bodin の自然法への帰依は形ばかりである。遙かに Machiavelli に近く、facilis な道を辿って先例からいきなり具体的な範型を導き出す。*Methodus* は universal history の格好をしているけれども、体系の提示にはおよそ遠く、光るのは細部である。それでも、法則の体系性の代わりに、堅固な形而上学的モデルが貫く。それは個人の成り立ちであるが、しかし全体社会組織ないし政治システムに強く刻印される。

しかしここまで辿って来ると、Hobbes が Bodin と或る意味パラレルな課題の前に立ったのではないかという推測が生まれる。そして課題克服のためのパラレルな設定をまずは据えたと想定しうる。何故ならば、同一構造の心身論、そして同種の passions 分析を鍵とするからである。Bodin はその種のモデルの中でも最も強烈なヴァージョン、超越的な頂点が一義的に身体をコントロールするために passions を最適化するという構想、を動かして見せた。裏から言えば、Hobbes が moral philosophy で採る理論的前提は十分に特定される。単にスコラ学伝来のものでもなく、単に Aristoteles であるのでもない。Machiavelli 以来の問題意識に従い、以後の koine に掉さし、中で主体ないし組織に明快な心身二元構造を与えるヴァージョンに与する。Bodin と異なりヘレニズム期諸哲学の koine に傾く。それでも、appetitio/aversio までの範囲ならば、ここまでで充分説明をしたことになる。

5) 多くの代表的な研究がこの問題を意識するが、古典的な段階での学説の整理は D. D. Raphael, *Hobbes. Morals and Politics*, London, 1977, p. 81ff. に見られる。
6) G. Kavka, *Hobbesian Moral and Political Theory*, Princeton, 1986 などは、これを事実／規範混同ファラシー問題と捉え、かつこれを乗り越える先駆としてゲーム理論などを用い、いちいち再検証する有様である。
7) L. Strauss, *The Political Philosophy of Hobbes*, Oxford, 1936.
8) Strauss, *op. cit.*, p. 32: Hobbes has thus, even at the end of his humanist period, no objection to raise against the ruling opinion that Aristotle is *the* classical philosopher.
9) Strauss, *op. cit.*, p. 35ff.
10) Hobbes の言語論から、政治的議論の重要性を Hobbes において再発見する R. Tuck, Hobbes's moral philosophy, in: T. Sorell, ed., *The Cambridge Companion to Hobbes*, Cambridge, 1996, p. 175ff. は、（Strauss との不思議な符合を見せつつ）Aristoteles, *Rhet.* が主たるリソ

ースであったとする。これは、初期の人文主義教育（しかも中身は rhetoric のみで Thoukydides にもそれしか見ない）から 1630 年代に突如 science へと転向するという Q. Skinner, *Reason and Rhetoric in the Philosophy of Hobbes*, Cambridge, 1996 への反論であろうが、後者は、republican な思考（古典古代的ローマ的人文主義的政治観）と Hobbes をただ単純に対置する Id., *Hobbes and Republican Liberty*, Cambridge, 2008 で極点に達する陳腐な図式的解釈であり、何故とりあうのかわからない。Hobbes に対する古典ないし人文主義の作用は多岐にわたり深く潜っていく。

11) Strauss, *op. cit.*, p. 33: But which Aristotle—which aspect of Aristotle—takes the place of the scholastic Aristotle?
12) J. W. N. Watkins, *Hobbes's System of Ideas. A Study in the Political Significance of Philosophical Theories*, London, 1965 については後述する。他に例えば方法こそ物理現象から宗教まで一貫しているのだとする D. P. Gauthier, *The Logic of Leviathan. The Moral and Political Theory of Thomas Hobbes*, Oxford, 1969, 断絶説を解釈の失敗と捉えたうえで貫通しているのは "interest" という観念である（宗教も利益志向行動原理の一種にすぎない）とする S. A. Lloyd, *Ideals as interests in Hobbes's Leviathan. The Power of Mind over Matter*, Cambridge, 1992 などが有る。
13) 本稿も参照する Tuck や Brown や Milanese の内容の面からの指摘の他、決定的であるのは Malcolm の伝記的研究である。N. Malcolm, *Aspects of Hobbes*, Oxford, 2002, p. 8f. が追跡するところによれば、1629 年に Thoukydides の翻訳を出版した Hobbes は 1629-30 年の大陸旅行の際ジュネーヴで Eukleides に夢中になるが、それ以前に幾何学的方法を知らないわけではなく、他方その思想の実質を受容したわけでもない、という。
14) 最も新しい、かつ徹底した研究は、A. Milanese, *Principe de la philosophie chez Hobbes*, Paris, 2011 である。l'unité de la philosophie の問題、即ち une philosophie mécaniste からどうやって philosophie politique に至るのかという問題、を明確に立てたうえで（p. 19）passions の部分まで唯物論的に説明し切ることができることを示す。
15) Raphael, *op. cit.* が、natural/moral-political の問題と moral/political の問題を独立並行に二つ存在するように言うのはやや正しくない。
16) H. Warrender, *The Political Philosophy of Hobbes. His Theory of Obligation*, Oxford, 1957. Warrender 問題回答集をここで作成する考えは全く無いが、以下の註では若干のものに（イッシューごとであるが）触れざるをえない。
17) R. Tuck, *Philosophy and Government 1572-1651*, Cambridge, 1993.
18) R. Tuck, Hobbes and Tacitus, in: G. A. J. Rogers et al., edd., *Hobbes and History*, New York, 2000, p. 99ff. Tacitus に関する匿名のパンフレットの著者が Hobbes であるという「発見」を基礎とする。
19) M. W. F. Stone, Aristotelianism and scholasticism in early modern philosophy, in: S. Nadler ed., *A Companion to Early Modern Philosophy*, Oxford, 2002, p. 7ff. が注意深い外観を与える。
20) Stone, *op. cit.*, p. 20ff.
21) Stone, *op. cit.*, p. 15ff.
22) Stone, *op. cit.*, p. 14f.

23) J. A. van Ruler, *The Crisis of Causality. Voetius and Descartes on God, Nature and Change*, Leiden, 1995; J. Secada Koechlin, *Cartesian Metaphysics. the Late Scholastic Origins of Modern Philosophy*, Cambridge, 2000.

24) 主体の問題を扱うのでなく natural philosophy について言うのであるが、Hobbes の因果観念を Aristotelianism または近代初期スコラ学のそれを機械論化したものであるとし、一定の連続性を指摘する C. Leijenhorst, *The Mechanization of Aristotelianism. The Late Aritstotelian Setting of Thomas Hobbes' Natural Philosophy*, Leiden, 2002 も同じ研究動向に属する。

25) J. A. van Ruler, The internal forces of proper causes. Some thoughts on the logic of forms and substance in Suarez and Spinoza, in: S. Caroti et al., edd., *Individuazione, individualità personale. Le ragioni del singolo*, Firenze, 2014, p. 23ss.

26) Tuck, *Philosophy and Government* の前半部は極めて優れた思想史研究である。Hobbes and Tacitus で自ら括るところによれば、Cicero から Tacitus へ、(正義というより) "the manipulation of power" へ、という共通コードの大きな変化が16世紀後半に生じたという。懐疑主義やストア派に力点を置く鮮明な画像をわれわれは得ることができる。しかし、形而上学への着目が薄く、議論のトーンと古典の引照をやや形式的に分析した点が災いしたかもしれない。誰を引くかより、どういう手続で引くかの方が遙かに重要なメルクマールである。Hobbes and Tacitus に至ると、Tacitus を引く anonymous なパンフレットに若き Hobbes の筆を見たうえで、Strauss 批判として、Thoukydides 翻訳時に既に反人文主義に転向していた、とする。Hobbes の主要著作から Tacitus 風のシニカルな言明が引かれるが、それらが Tacitism の系譜を引くものであるとしてなお、Hobbes の議論の構造はこれをむしろ切断するものである。高々、切断のためにそれ自身をシニカルに利用するものである。(Tuck が Hobbes と並べる Grotius をも含めて後述の) Hoekstra の指摘が重要である所以である。(Grotius と) Hobbes が人文主義からブレイクしたとしても、Tacitism をさらに越えてのことであり、むしろ人文主義を (テクストの厳密な解釈という意味で) さらに徹底させてのことであった。

27) だからであろうか、Bodin の形而上学的モデルに関する研究は少ない。第1巻第1章に触れる S. Goyard-Fabre, *Jean Bodin et le droit de la république*, Paris, 1989, p. 79sqq. もアリストテレス的正義観の残存とのみ捉える。心身論構成についての分析は無い。しかし目的概念一つ取っても機能は特殊であり、単なる結合でなく正義のための結合と見せてその正義=偏差は領域の物的現実を端的に含むものに転換される。

28) *Methodus ad facilem historiarum cognitionem* については、さしあたり M.-D. Couzinet, *Histoire et méthode à la renaissance. Une lecture de la Methodus de Jean Bodin*, Paris, 1996 の参照が求められるが、歴史叙述の系譜に沿った丹念な読みによって Bodin が人文主義の伝統の上に在ることを明らかにしたとしても、ソースの処理について分析しない (しかし facilis はそれについての反人文主義的標語である) ため、Bodin の (例えば同時代の古事学者 Sigonius とさえ衝突する、ほとんど Critique 破壊とさえ言える、知り抜いた上の) 大胆さをはずしている。

3 Thoukydides

にもかかわらず、Hobbes はそうした伝来の設定の内部にとどまった、という印象をわれわれは全く持ちえない。そうした人間像自体全くネガティヴである。かつ、ネガティヴではあっても適合せざるをえないというシニカルな部分も全く無い。利用しながら、或いは反動を利用して、そうした空気を一掃し見たこともない物を立ち上げて見せるのである。その秘訣をわれわれは以下で探ることとする。その点で気になるのがもちろん鋭く加えられた spes/metus の契機である。Tacitism 等々のそれと何かが違うのではないか。

Hobbes 最初の著作が Thoukydides の翻訳であることはよく知られる。Valla のラテン語訳を経由したフランス語訳からの英訳ではなく、ギリシャ語から直接に訳された意欲作であった。Thoukydides が Hobbes に与えた影響もまたよく知られる。多くの論者はその影響の核をデモクラシー批判ないし反デモクラシーの思想に求める[29]。Strauss のようにさらに一歩進み貴族的エートスまで読み取る者もいる[30]。次に多いのは "human nature" の分析における影響を指摘する者である。その場合しばしば fear という要素にも着目される[31]。不信と怖れの人間像は簡単に Thoukydides から引き出しうるので、Hobbes の叙述のそうした部分に Thoukydides の影響を認めることは簡単である。とはいえ、人間論に関する限り Aristoteles との照合に力を注ぐのが諸学説である。高々、Thoukydides の影響を Hobbes が「機械論に転換」する前＝人文主義期に位置付け、Aristoteles に添える[32]。他方、Thoukydides のテクストと多少とも真剣に取り組んだ者は、その冷たい機械論的画像に強烈な印象を持っているはずである。これは Hobbes の全理論的前提と完璧に符合する要素である[33]。そもそも、Hobbes の人文主義期と EL の間に大きな断絶を見るというより、少なくとも反スコラ学の点で大きな連続性を見ることが標準的な理解であろう。そもそも人文主義と機械論的物理学的思考は相互に親和的である。

しかるに、この点、Kinch Hoekstra の一連の研究は決定的な重要性を有する。彼は第一に[34]、Hobbes 直前の論者たちにおいて Thoukydides のテクストがいかなる役割を果たすかを検証した。第二に[35]、同時代英国の対外政策、主戦論対平和論、という具体的な状況の中に Hobbes/Thoukydides を置くと

いう、これまた本格的な歴史学的作業を行った。細部に多くの素晴らしい指摘を見ることができる研究であるが、ここで着目するのは、前章で見た主体の概念構成がLipsius/Gentiliの段階に至り或るトポスにおいて先鋭化して現れることを突き止めた点である。つまり、伝統的な正戦論、言わばAugustinusナンバーを付けたそれ、不正に正を以てする場合にのみ戦争（実力行使）は許されるという立場、を破壊する一環として、正不正を問わず攻撃される怖れのみを以て予防的戦争、先制攻撃、を彼らは正当化した。そのような一種の力学のためにThoukydidesのテクストを至る所引きうることは疑いない。もっとも、Hoekstraは、引用されるテクストがThoukydides自身というより彼が登場人物に語らせる部分であることを見逃さない。Thoukydides自身はそのような観点に批判的であることは一目瞭然である。Gentiliはしかしお構いなく、Thoukydidesの権威において引用する。これに対し、GrotiusはGentiliを名指しで批判し、漠然たる攻撃の怖れでは足りず、不正の侵害の明白にして現在の危険が事実として存在しなければならないとした。この時、漠然たる怖れの心理を痛烈に批判するThoukydides自身の筆致が生かされた。Grotiusのテクスト解釈はこれを読み取りえた。ところがBaconはそのような規範的掣肘自体を廃棄すべく、端的な利益確保のための先制攻撃を正当化して見せる。そこではThoukydidesの根底的なリアリズムが大いにBaconを鼓吹した、という。Hoekstraはその背景として当時の英国を取り巻く国際状況と好戦的な拡張論者の議論を分析する。

　Hobbesもその延長線上に位置するか？　それが通念であり、Hoekstra自身その予測で論文を構想したかもしれない。"It is easy to sketch a realist tradition going back to Hobbes and through him to Thucydides, or to highlight realist passages from Thucydides as Hobbesian. But to do so is misleading." 個人と国際社会の間にアナロジーを見出し、国際社会をHobbesの「自然社会」に同定すれば、予防戦争や先制攻撃や勢力圏拡張を正当化しうる、と考えるのは圧倒的に流布する理解である。「力の均衡」や抑止力理論もその中に入るであろう。しかしHoekstraは、一次史料を駆使して、これが全くHobbesの考えでなかったことを論証する。Baconの近傍に在る時期でさえそうである、と。"war party"に反対する彼の言動。その挫折。自分が仕える人々も雪崩を打って"war party"に傾く。Hoekstraは、Thucydidesの翻訳が、当時の古典引照合戦

の中で、反 "war party" の意図を明確に持っていたことをその序文から論証する。Strauss 流の Hobbes 時期区分を斥け、同一のロジックが EL、DC、LV のそれぞれ断片に見られることを指摘する。怖れ、疑心暗鬼、を野放しにエスカレートさせれば、何も残らない壊滅の結果しか待っていないこと。まさにこれが Thoukydides のメッセージであり、これをこそ Hobbes が受け取ったのである、と。

　もちろん、ここでも若干の留保が必要である。少なくとも Bacon 以前においては Thoukydides は引かれても決定的ではなかったと思われる。一面でそれは、前章で見たモデルが徹底され、情け容赦ない攻撃および手段を択ばない利益確保が徐々に正当化されていった過程である。Tacitus 等と並んで Thoukydides も cliché として引かれる。そうした基本モデルで Thoukydides も勝手に解釈される。テクスト内で残酷なまでに裸にされる登場人物の心理はむろん時代の心性にぴったりである。

　他面、Gentili と Grotius は完全に時代遅れとなった中世型正戦論に替わる国際社会の実力規制の原理を模索している。Augustinus の裏、Cicero 等から、防御のみが許される実力行使であるという準則に至る。これは大きく言ってローマ法をパラデイクマとする議論空間であり、正しいか正しくないか以前に、実力行使を絶対的に禁ずる方向である。何故ならば占有原則がモデルとなっているからである。しかし Gentili はこれを徹底させえず、「占有侵害に対してのみ実力による阻止が認められる」という本来の命題を、なお Augustinus 等に引きずられ、「他からの不正に対する実力行使は攻撃を含めて正しい」と解した上に、不正を拡大解釈し、不正の侵害があるかもしれない怖れ、に拡大した。むしろ Gentili の意義は、不正を判断するに際して権原基準をとりあえず撤廃した点にしか求められないかもしれない。これに対して、Grotius のローマ法理解は一段精密であった[36]。不正の侵害はやはり現実になされなければならない。怖れでは足りない。ただ、明白にして現在の危険の場合にのみ現実に侵害があったのと同視しうる。Hoekstra が取り上げたのはこの部分である。したがってここではローマ法ないし占有法理におけるテクニカルな metus ないし危険の概念が議論空間を成しているのであり、Thoukydides の引用は実質的意義を有しない。さらに言うならば、Grotius の Gentili 批判は、但書の前の本則の部分、つまり現実の侵害が無い限り防御

といえども実力行使は正当化されない、というものである。もっとも、実際には、Grotius の議論も曖昧さを払拭しないものであり、その侵害の判定において基準を示しえず、かつ侵害側に不正という要素、反撃側に正義を実現するという要素、つまり復仇の要素、を残すものであった。現代でさえこの点の克服はなされていない。占有理解はそれほどに困難を極める。

　以上のような留保を前提として Hoekstra の論証をひとまず受け容れると、われわれはさらに重要な見通しに導かれる。Bacon/Hobbes は、前章で見た基本設定と取り組み克服する諸々のルートのうち、ローマ法ないし占有法理を突破口とするものではなく、これとは対抗的に端的な機械論的物理的思考を以てするものを目指した。そしてその新しい平面を準備する役割を Thoukydides が担った。初めて、Thoukydides は cliché としてではなく Tacitus 等々と区別された固有の力を引き出されたのである。かつ、その新しい平面の上で、Hobbes は、一段深くテクストを理解し Bacon に対抗した。事象総体を根底から批判する Thoukydides の方法を理解し、そして前章で見た意識構造をどのようにして脱するかを徹底的に考え抜いた。このような仮説が浮かび上がる。

　そうだとすると、Hobbes が fear に彩られた意識構造を解体する、その仕方を解明することはわれわれにとって死活の問題である。Hoekstra がそのような意識構造に対して Hobbes が敵対的であることを突き止めたとすると、次の課題は解体のための彼の企てを明らかにすることである。その点、われわれは既に DC の metus という固有の層が秘訣を担っているのではないかという予想に到達した。Hoekstra の分析もまた、metus の中心的な位置を示唆してくる。ただ、われわれの見解によれば、そして Hoekstra の分析の価値を一層際立たせることには、ローマ法の metus と Thoukydides から来るものは相対的に区別されなければならなかった。そして緩やかにではあるが、DC の metus 概念の層の強いアクセントこそは Thoukydides を差別的に反映するものではなかったか、という予測が立つ。

　Hobbes が Thoukydides を翻訳する際に metus ないし fear に該当するギリシャ語をどのように扱うか、は最初に検証されるべき事柄である。われわれはこの点に関しても極めて優れた研究[37]を有する。Luca Iori は、初めから fear に照準を定め、Hobbes が直面したギリシャ語の対応諸語群を抜き出し、そ

してそれらが（Thoukydides のテクストにおいて）切る意味のフィールドを分析し、Hobbes がどのようにそれを英語に反映させるか、させないか、英語において別の軸を準備するかしないか、を詳細に検討した。

それによると、deidein/deos 系統が避けるべきものを避ける計算を導く怖れであり、phobein/phobos 系統が心理的なレヴェルの非合理な怖れ、ekplessein/ekplesis の系統がパニックに至る怖れ、hypopteuein/hypopsia の系統が不信を招く怖れ、をそれぞれ指示するところ、Hobbes はこれらのニュアンスの差を正確に把握した後、しかし機械的に訳し分けず、そのニュアンスを使って状況と脈絡を組み立て直す。その上で、英語の awe によって代表的に指示される或る関係、即ち畏怖を与えて相手を支配しようとする関係、がギリシャ語の意味フィールド分節を超越する軸の一方の極として優先的に輪郭化されることを突き止める。その方向に当時の辞書や先行ラテン語訳がどこまで寄与したか、についても吟味がなされる。

この分析結果はわれわれにとっては特に興味深い。Hobbes が、ギリシャの日常的語用を駆使して描き出された複合的な現実に或る polarity を見出し、言わば構造的に捉えたこと。その polarity は aversio/metus 間のそれに対応すること。一見日常的意識を反映するにすぎないように見えること。しかし Thoukydides の周到な探求をべったり追跡して初めて把握しえた構造であろうこと。さらに言えば、Hobbes のように概念化せず画像の中に埋め込むのではあるが、そうした構造は明らかに Thoukydides 自身が抉り出したものであること。おそらくこれが Hobbes のためにあの鋼鉄の論理構造を基底的な部分において準備したこと。

Iori の最新の研究[38]は、Hobbes の訳業を 16 世紀以来の人文主義の大きな動向の中に位置づけ、なおかつ 17 世紀のイングランドにおける政治的階層の成立を準備する、人文主義的バックボーンの性質転換に決定的な役割を果たしたものと評価する。Iori が暗に意識している Momigliano[39] および Momigliano 後の研究史の脈絡を補って言い換えれば、少なくとも Machiavelli の段階で、Critique (ante litteram) は antiquarii のそれと（Machiavelli 風の）大胆に根底の社会構造を抉るように直感するものに分裂する[40]。なお平衡を保つものが Grotius まで受け継がれたことも事実であるが、先に紹介した Tuck が描き出す Tacitism 等の動向、そして Bodin の facilis な方法[41] は Machiavelli の延長線上に在ること、疑いない。しかし Hobbes は、この系譜に属しながら、antiquarii の Critique の装備をふんだんに活用し、精度の次元を全く異にする翻訳を達成したのである。これが例えば Hoekstra の描くターンを可能にした。Momigliano が Gibbon において予測し[42]、Pocock が実証を試みた[43]、philosophic history と antiquarian research の統合を早くも成し遂げたか？　否、philosophic history でさえない。これは philosophy を narrative へと展開する啓蒙期に固有のものである。Hobbes が antiquarian research を駆使したのは、時空のグリルに賭けて哲学的 Critique を完遂するためである。Momigliano が antiquarian research の頂点の時期として描き出した Peiresc の時代において、Descartes 等の基盤にしばしば érudit であった libertin のサークルが存在したことは指摘されるとおりである。イングランドでは、哲学優位、つまり政治的階層の政治的ディスコース優位に転じえたのであり、Iori によれば Hobbes の翻訳作業がその優位のために大きな役割を果たした。

だからこそ、Hobbes は今日の水準から見ても驚異的な精度で Thoukydides のテクストの深部に達した。しかし他方、それを歴史の中に置き直して理解するというものではなかった。切り出して、端的なモデルを引き出すのである。この点で依然 facilis ではあった。哲学的な基礎付けが備わり、全く異る次元を獲得したとはいえ。

以下では、そのようにして Hobbes が摑みとったであろうところのもの、つまり Thoukydides のテクストが実際に抉りだしてくるところの或る特定的な不動の構造、それが aversio 一般とも区別された metus によって概括しうるものであることについて、さらにその実体について、そしてそれを摘出する歴史家の作業の意義について、極簡単に確認しよう[44]。

まず、最も鮮やかにはかつて J. de Romilly が Syrakousai 攻防戦の部分のテクストを解析して明らかにした[45] ように、Thoukydides の歴史叙述は、時空の緻密なグリルの上に力学の法則に従って物体の運動を追跡する、強固な一貫性（"l'unité"）を有している。こうした思考にソフィストの影を読み取ることは容易であり、これも De Romilly がよく追跡したところである[46]。

叙述を貫通するこうした鉄の原理に関しては、大小二つの意義を読み取ることが可能である。何と言っても第一に、イオニア以来の（Aristoteles が後から振り返って言うところの「自然学」の）伝統が存在する。いかなる議論

も、政治サイドと反対の側、社会ないし領域ないし領域外環境の側の所与と合致しなければ無効無資格とされた。どうにもならない物理法則の前には頭を下げなければいかに正義にかなっていようともひたすら愚かだということになる。イオニアで哲学と歴史学を成立させた事情である。Thoukydides の叙述がその極であることに異存は有りえない。しかし第二に、このような議論ないし叙述の条件は、それが単一の強固なパラデイクマないしモデルに従っていることを要求するものではない。軍隊が時空を飛んでいきなりあらぬところに現れる、あるいは移動する、がごとき叙述ないし提案が排除されるだけでもよい。ところが、後にソフィストという呼称によって括られる人々が活動する（ほぼ紀元前5世紀後半 Athenai の）知的状況においては、まさにすべてを精密に貫通する同一のパラデイクマが追求されるようになる。その種の理論モデルをデータと突き合わせることは、前提的な批判作業を一層徹底させるということでもある。一層徹底的に、あれやこれやの思惑や利益や集団の力から自由になるということでもある。しかし他方、どのようにすべきかという政治的決定の内容自体を先取りしてしまう危険性をも内包する。

　Thoukydides の場合、鉄の原理は極端にネガティヴに働いた。この点で一部のソフィストと非常に違ったはずである。彼はあくまで歴史学ないし Critique の立場を崩さない。目覚ましい正義を振りかざすのも自由だが、厳然と横たわる所与を無視してはただひたすら事態を悪化させるのみである。しかも単純な思考によっては到底その所与は克服しえない。全ての善意を裏切って貫徹してくる。われわれは全員 Oidipous と同じ罠にはまっていて、もがけばもがくほど蜘蛛の糸にからめとられる。言わばそのような新種の時空グリルを Thoukydides はイオニアのそれに加えて提示する。否、これも同じく逃れられない仕方で論証してくる。つまり時空に展開する所与に抵触する政治的決定内容、政策、はそもそも提案される資格を欠く、というあの思考の高度なヴァージョンがここに有る。

　さて、Thoukydides が貫通させるその原理の内容であるが、それはまず戦闘の場面において、両軍が互いに柵ないし陣地を築き、その延長を伸ばしたり前進させたりする、構図によって例解される。都市の城壁に対して二番目の障壁がもう一つ有り、これが張り出した第二防衛線であると同時に攻撃の橋頭堡でもあるのである。都市を攻撃する側も、同じく二段構えの橋頭堡を

構築し、前進していく。そして都市攻防の場合も野戦の場合も、互いにこの二段構えを切るべく陣地を伸ばしていく。切られた方が敗れる。次に、それは Athenai と Sparta を盟主とする軍事同盟の対峙によって例解される。盟主＝衛星都市間の同盟関係はおのずから非対称であり、両盟主はそれぞれ自分に属するポリスを確保し合うのであるが、同盟関係を通じての拡張は互いに二つの波動のように干渉し合う。これら二種類の場面において共通であるのは、そうした構造を作りながらそれを拡張するのでなければ反対に相手にそれをされてしまい、自分の側が灰燼に帰すのではないか、という怖れである。相手に柵を作られはしまいか、それを予め防ぐために防衛線を相当に前の方に構築しておこう、という思考である。同盟構築合戦においては、自分に属しているはずのポリスが相手に寝返りはしまいか、という疑心暗鬼である。どちらかに安定的に帰属している状態は信じられないし、どちらにも帰属しない中立ないし自由などはもっと信じえない。だから念のため殲滅しておこう、となる。自分にとっての脅威が具体化したわけではないにもかかわらず。

　そのような各ポリスの態度はもちろん各政治的決定による。すると、各政治的決定過程を同様の原理が貫いているのでなければならない。Thoukydides は重要な政治家の演説、そしてそれを後押しする民衆、の心理を同じ原理が染め上げていく様を執拗に描く。二つの波動の干渉は従属ポリスを引き裂くであろう。その内部の党派争いに翻訳される。そして対立する党派の心理は同じ原理によって貫かれ、互いに疑心暗鬼の余り内戦からさらに皆殺しの応酬に至る。

　この怖れ、不安、疑心暗鬼を言う語は多種多様であり、例えば単純に意図を示す boulomenos という分詞でさえ、不安の裏返しとしての計算、つまりまだ脅威が顕在しているわけでもないのに想定して予め遠くの現実を左右しておこうという思惑、を表現する。テクストは、その後の物理的行動によってそうした意図を裏付けていく。とりわけそれが相互に妄想であり、だからこそ悲惨な結果を招く、という事実を突きつける。とはいえ、主観的な部分を記述するタームとして一個の基軸を成すのが phobos である。ラテン語では metus によって置き換えられるのが普通である。しかしながら、phobos は metus とは異なるコードの中に置かれている。metus は占有原則内部におい

て特殊な均衡を概念することと連帯の関係に立つ。つまり端的な実力ではなく合意の過程においてそれに似た心理的な威圧を与えることを指す。合意が元来の環境を出て保障を欠く場合に、無効要件として定式化された。そのようにテクニカルな語用でない場合も、metus が的確な制裁によって規律される日常が前提される。これに対して Thoukydides の phobos は底知れないエスカレーションと破滅へ向かう抵抗しえない力と関係している。phobos の背後には人間の心理構造ではなく社会を動かす原理そのものが横たわっているのである。

　Thoukydides はしかし一体何を捉えたのだろうか。何か人間の心理一般に属する性質でも描いて見せたのであろうか。少なくともそのような陳腐な批評は全く受け付けない。社会全体を貫く構造として現れるのであるから。むしろソフィストよりは原子論に近い。原子論におけるように主体と主体が機械的に衝突する。ただし、原子論におけるように二つの固い実体がいきなりぶつかるというのではない。互いに障壁を築き、その第一次障壁から支脈を伸ばし、うちに不透明な部分を隠し持ち、相手の不安を誘い、しかし相手もそうではないかと相手の不透明な部分の内側を妄想して不安になり、打ち消すために先制攻撃する。相手の領分を侵食していこうとする。相手もそうする。無際限に。それが ius in omnia である。metus と ius in omnia は同一の構造下に在る。

　しかしだからと言って自然法則のごときものと観念されているわけではない。国際社会、特に戦時下のそれ、の分析が鮮やかである。しかし権威や権力の無い自然状態が見出されているわけでは決してない。Athenai と Sparta を中心とする二つの軍事同盟が対峙する特定の歴史的構造が見事に把握されている。そして圧巻であるのが、外交上の政治的決定を左右する要因として、デマゴーグとその支持者の心理が分析され、むしろこれが国際関係を決定付けていると喝破されている点である。Athenai ばかりか Sparta をも同一の心理が襲う。つまり、デモクラシーが俎上に上っているのであるが、そのデモクラシーは政体論上のものではなく、政治システムの基礎的な性質の上でのそれである。だからこそ、Perikles が Athenai 型のデモクラシーを称揚するその演説の最も輝かしい部分をも同じ原理が不吉にも貫いているのである。Kleon のような悪質なデマゴーグに限定される事柄ではない。デモクラシー

の基底的な層に既に巣食う病理なのである。彼が冷徹に追究するのは最良の
デモクラシーが裏切られていくその残酷なメカニズムである。その意味で、
Euripides を初めとする同時代の様々な輝ける知性と同列に扱うことができる。
彼が価値原理としてのデモクラシーに反対したという解釈を支える論拠は全
く存在しない。そもそも何が正しいか以前のレヴェルに彼の思考は存するの
であるから当たり前であるが、何が正しいのであろうとも岩盤のように動か
ない現実としてそこに存在するのはこの場合、事実としてデモクラシーが自
己を破壊するということである。デモクラシーが何らかデモクラシーとは別
の価値原理に照らして不当な結果を招くというのでは決してない。癌の隠れ
た発生メカニズムを探るに似る。裏を返せば、Thoukydides はむしろデモク
ラシーを支える条件を探っていることになる。病理をまずは深く解明するこ
とこそが生存を模索する第一歩である。

　その病理学は如何なるカテゴリーを有するか。phobos というのはいかなる
種類の範疇か。そのことを明かす役割を帯びているのが archaiologia と呼ば
れる部分である。基底に据える原理の氏素性が明らかにされている。Kyk-
lopes の社会の如き自然状態ではない。少し発達して échange が社会を織り成
し、しかも Minos 流の海上交易ないし海賊的商業が発達する。政治システム
はこれらを克服しなかったか。ポリス間関係でさえも政治的関係に倣って
透明な外交関係になったのではなかったか。この疑問を伏せたまま、明けて
デモクラシー時代の Athenai と Sparta の覇権争いは、Minos 風の海上支配の
延長線上に在る、と皮肉にぼそっと言ってみせる。しかもポトラッチ風に先
鋭化し暴走破滅していく種類だと。

29) Strauss, *op. cit.*, p. 59; R. Schlatter, *Hobbes's Thucydides*, New Brunswick, 1975, p. xxivff.; A. Ryan, Hobbes's political philosophy, *Cambridge Companion to Hobbes*, p. 209f. Hobbes 自身が翻訳に付した序文を根拠とするものが多い。

30) Strauss, *op. cit.*, p. 44.

31) Strauss, *op. cit.*, p. 64 (fear); Schlatter, *op. cit.*, p. xxiff. 近年では、Aristoteles との関係に関連して先に触れた学説動向の中で、レトリックや歴史叙述といった方面における Thoukydides の影響を見る見解が有る (L. Borot, History in Hobbes's thought, *Cambridge Companion to Hobbes*, p. 312ff.; V. Silver, Hobbes on rhetoric, *Ibid.*, p. 334f.; Skinner, *Reason and Rhetoric*, p. 244ff.)。Milanese, *op. cit.*, p. 21 は、鍵とされる imagination に Thoukydides の récit が気付かせたとする。

32) Strauss, *op. cit.*, p. 108ff. は "the grounds and motives of every action" の内容が Thoukydides

から来ると認識しうるし、その中に fear や honor が有るとも指摘する（p. 113）のであるが、これと幾何学的方法や唯物論的形而上学（p. 170）は Eukleides のイムパクトによるもので Thoukydides と無関係であると考えるようである。Skinner, loc. cit. は、そのただでさえ浅薄な解釈の内容を限りなく薄め、人文主義期の Hobbes はレトリックを Thoukydides から得たものの、その後幾何学や Descartes に触れて暗転するとする。

33) C. W. Brown, Thucydides, Hobbes and the linear causal perspective, *History of Political Thought*, 10, 1989, p. 215ff. は、機械論的単線的因果観が Thoukydides の叙述を貫いていること、（特に国際間の）権力関係（power の関係）も同じタームで描かれること、威嚇による権力関係構築が自己撞着に陥るとされていること、を指摘するものであり、誤ってはいないが、Hobbes 側の論証は（自明と考えたか）存在しない。ギリシャ語テクストの解釈作業に思い至らず（だから英語文献しか引かず）読み取ったと信じるパッセージを単純に並べてくることと、Hobbes の側もまた繊細な起伏に富んでいるということを知らぬげであることは、無関係ではないと思われる。

34) K. Hoekstra, Thucydides and the belicose beginnings of modern political theory, in: K. Harloe et al., edd., *Thucydides and the Modern World: Reception, Reinterpretation, and Influence from the Renaissance to present*, Cambridge, 2012, p. 25ff.

35) K. Hoekstra, Hobbes's Thucydides, in: A. P. Martinich et al., edd., *The Oxford Handbook of Hobbes*, Oxford, 2016, p. 547ff.

36) *De iure belli ac pacis* を極めて概括的に捉えたうえで、しかしローマ法源とその背後の Cicero に関してのみ少々特定的な知見を加えたのが、本書論文1である。論証には至らないが、大まかに Grotius を本文の以下のように解しうることは動かないと思われる。

37) L. Iori, Thomas Hobbes traduttore di Tucidide, *Quaderni di storia*, 75, 2012, p. 149ss.

38) L. Iori, *Thucydides Anglicus. Gli Eight Books di Thomas Hobbes e la ricezione inglese delle storie di Tucidide (1450-1642)*, Roma, 2016.

39) A. Momigliano, Ancient history and the antiquarian, in: Id., *Secondo contributo alla storia degli studi classici*, Roma, 1960.

40) cf. P. Gordon, *From Poliziano to Machiavelli. Florentine Humanism in the High Renaissance*, Princeton, 1998.

41) Bodin もまた分厚い érudition に基づくことは疑いない。しかし Hobbes のように跡形もなく消化するのでなく、端的な範型の収集のために使う。

42) A. Momigliano, Gibbon's contribution of historical method, in: Id., *Contributo alla storia degli studi classici*, Roma, 1955.

43) J. Pocock, *Barbarism and Religion, II: Narratives of Civil Government*, Cambridge, 1999.

44) 以下は、拙著『デモクラシーの古典的基礎』2003年、601頁以下に基づく。論証と学説検討をこれに譲る。

45) J. de Romilly, *Histoire et raison chez Thucydide*, Paris, 1967, p. 22sqq.

46) De Romilly, *op. cit.*, passim.

4　Hobbes 再解釈の試み

　もちろん、Hobbes の metus と Thoukydides の phobos が同じであると言うことはできない。前者は、後者を解したものであるとしても、解釈の分独自のものである。そのうえ、われわれは或る深刻な疑問に逢着する。つまり、Thoukydides がデモクラシーの恐るべき病理として描き出したところを、Hobbes は、いかにそれが単に克服対象にすぎないとはいえ、まさにその克服から間髪を入れずに政治システムが立ち上がる、というような基礎付けのロジックに置き換えたのである。このようなことがどうして可能なのか。それをわれわれはどのように評価したらよいのか。とりわけ、Thoukydides にとっては、摘出した鉄の原理はデモクラシーを壊滅させる病理であると同時に、そもそも基底の政治システムそれ自体を破壊し去るものであった。このギャップを Hobbes がどう埋めるか、を見るためには DC のテクストに戻らなければならない。metus の層が唯一明晰に検出された作品であるからである。1 においてはこのテクストを他の作品との比較において、つまり paradigmatique に読んだ。同じ部分を今度はテクスト内在のロジックに沿って、つまり syntagmatique に読み直そう。

　出発点は、I-2 の「利益 commodum で結合する（societas）と dominio になるから、magna et diuturna societas は metus によるのでなければならない」という言明である。その metus は aequalitas[47] と laedendi voluntas に基づく（I-3）。つまり主体間対等と飽くなき侵害意思の賜物である。後者は "multi simul eandem rem appetant" という事情による（I-6）。ここから appetitio と cupiditas が説明される。つまりこの脈絡においては、appetitio は metus の層に汚染されたそれである。互いの appetitio に調整の余地は無い。つまりわれわれは metus の層のただ中に在る。万人が ius in omnia を有する状態である（I-10）。この ius であるが、全員が手段を択ばず妥協の余地のない実力支配をしうるということを意味している[48]。ここから永続的戦争状態が導かれる（I-12）。これが鉄の法則であり、ストレートに Cap. V の政治形成に至るはずである。公権力というものを規定する、絶対的に他と隔てるメルクマールが鉄の法則によって樹立される。ここまでは既に見たとおりである。

ところがI-13でHobbesは折れ曲がる。そして以下迂回していく。この迂回こそが、Hobbesの理論構成の意味を裏から照射する。即ち、I-13でHobbesは、永続的戦争状態は自己矛盾であると言う（contradicit sibimet ipsi）。良きことbonumを互いに100％目指すためにそれと正反対のことを生み出している。人々はここから脱出したいと考える。戦うにしても同盟関係によって優位に立とうとする。さらには実力によってか合意によってか（vel vi vel consensu）結合しようとする（I-14）。もっとも、それは永続きしない（I-15)[49]。元々、metusはspesの裏返しである。100％の安心を徹底的に欲するがために無限大の不安に駆られ、無限に予防し、全ドリを目指し、相手を殲滅しようとする。不安の道を突き進むのは安心がアプリオリの価値だからである。これが自己矛盾である。存外bonumというAristotelesの層が目標を設定する。しかしそれを皆がとことん追求するとき、bonumとは正反対のところに行き着く。かつ、これは自己矛盾以上である。spesという裏の相は、人間が予期し将来に向かって構想するということをアプリオリとしている。特に、自己矛盾に気づきそこから脱出しようとするであろうということを意味する。政治形成の決定的なリソースである。それはネガティヴな所与を裏返すことで見出される。とはいえここでまた袋小路に入る。spesを生かして互いの利益のために結合し脱出を目指すが、失敗する。この種の結合はdominioになるというばかりでなく、そもそも内的に矛盾し成り立たない。軍事同盟をエスカレートさせる抑止理論は不安を増大させ、双方同時破滅に至るだけである。折角ではあるが、通常の構想力は破滅へと決定づけられているようである。

ではどうすればよいか。急峻な川に、数学的にただ一点の奇跡的な渡河地点が有るという。明けてCap. IIはいきなり自然の法則のうち第一法則、つまりlex naturae circa contractus, に充てられ、かつこれに終始する。一方で人々は実はpaxを希求するというアプリオリが確認され、と同時に直ちに単純な単一の処方箋が提示される。何か一者に全てを譲与してしまう、というのである。metusが有るからしてしまうし、spesが有るからすることができる。これで勝負ありである。人々はius in omnia状態にとどまりえず、それで何をするかと言えば、"iura quaedam transferenda, vel relinquenda esse"、つまりオープンな実力支配（ius）の内の若干を一方的に譲与または放棄すると

いうのである[50]。Hobbes は以下それを人はどのようにして遂行するのかについて述べる。彼は贈与 donatio のパラデイクマを用いる (II-8)。それはなかなかに精密である。まず双方の意思が強調される。その意思は言語によって伝えられる (II-6) が、それだけではない (II-7)。一方で完全に片務的、かつ対価的でないの、でなければならない (donatio libera)。つまり物的な関係、贈与交換が排除される。他方で諾成的な契約であってはならず、給付自体が意思を伝える記号として作用するのでなければならない (II-10)。意思は端的に物的な現実によってのみ示されるのである。われわれは、Hobbes の契約とはこれであることに留意しなければならない。Cap. II ではその他に iusiurandum のみが叙述される (20ff.)。宣誓に基づく要式契約である。これを補助的なデヴァイス資源として保留しておくつもりである。

しかし Cap. II からいきなり始まるこの「自然の法則」とは何か[51]。奇妙であるのは、決定的な第一法則の後、その他の法則 (reliquae) はまとめて Cap. III の気の無い叙述へと送られることである。「その他の法則」(Cap. III) は全て réciprocité、とりわけ大いに曖昧な諸類型、に関わる[52]。それらは束の間の個別的結合をもたらす。しかしこの種のものは dominio しかもたらさず、結局は泥沼に陥るのではないか。仮借ない駆け引きの表向きの姿にすぎないのではないか。

われわれは III-26 において一種の種明かしをされる。突然例の spes/metus 以下が登場する。それらは perturbationes ないし passiones に分類されるが、これらは、réciprocité の圏内から出たことは疑いないし、ならば「自然の法則」の一部を成すことも疑いない。にもかかわらず、自然の法則をそもそも成り立たせない阻害要因であるとされるのである。「なに大丈夫、嵐はそのうち収まるさ、収まればまた自然の法則が動き始めるさ」と Hobbes はわれわれを皮肉に慰める。彼は実は自然の法則から脱することをねらっている。この嵐を利用して脱出するつもりである。つまり「自然の法則」の一つを好機として捉え「自然の法則」から脱出するというのである。そしてもう一つの「自然の法則」内異形たる第一法則をトゥールとして利用する。かくして第 2 部 "imperium" では、その嵐と第一法則のみが利用され政治的結合が実現される (Cap. V)。振り返れば、嵐すなわち鉄の metus 原理の効用は、まず réciprocité を解体するところに存したことになる。次に、第一法則を全く特

殊な機能において働かせる点に存した。これら全ては広義の réciprocité に属する。しかしそのごつごつした岩のとがった先端の二つ、その自然的な臨界状態（metus）とやや人為的なこれ（第一法則）への便乗である。「自然の法則」から純度の高い或る核物質を精製して利用したということになる。しばしば臨界状態をもはや「自然の法則」の外に置くかのような筆致が見られるとしても。

　Hobbes はまず、Thoukydides が引いた réciprocité 破綻のレールの上を高速で走る。個別的に何かをやりとりし結合するということが成り立たないということの論証である。そのような結合、ないし団体、は良い悪い以前にそもそも成り立たない。われわれはどのみち交換の余地が排除されて完璧に切断された個々人を措定するしかない。その後である、Hobbes は「自然の法則」の一つを使う。「自然の法則」とはあの鉄の metus 原理のことか？　否。それを臨界状態として含むかもしれないし、LV 以降などでは臨界状態と通常状態を区別する線は曖昧であろうが、しかし DC では、「自然の法則」が単純な aversio の層に重ねられ Cap. III 以降で扱われるのに対し、Cap. I の metus はこれから区別される。ただ Cap. II の第一法則、つまり lex naturae circa contractus、においてのみこれと奇跡的偶発的に遭遇しているのである。そこで公権力が実現する。Hobbes は、metus 原理と組み合わせる相手として「自然の法則」の中からさらに非常に特殊なジャンルを抜き出した。

　河を渡った Hobbes は意気揚々と進む。Cap. V において Aristoteles の「蟻と蜂」が峻拒される（V-5）のは、それが réciprocité の産物であるからである、ということは今や明らかであるが、これに対して政治的結合原理は頭越しに与えられる。一個の目的のために多数の意思を糾合したところで平和には役に立たないと言われる（V-6）。「全員の一個の意思」（una omnium voluntas）が必要であり、そのためには各人が自分の意思を、しかも単一者の意思に 100 ％服せしめなければならない（unusquisque *voluntatem* suam, alterius vnius, nimirum, vnius Hominis, vel vnius *Concilij, voluntati*, ita subiciat）。これを称して unio と言い、政治システムを他の結合から区別するものがこれであるが、鍵を握っているのが意思という概念であることは言うまでもない。互いにではなく第三者に、しかも厳密に単一であるところの者[53]に、意思を服せしめる（submissio）という営為（V-7）は、第一法則があらばこそできるのであ

ることは明白である[54]。V-8 の "qui subiicit *voluntatem* suam alterius voluntati, transfert in illum alterum *Ius virium* et *facultatum* suarum, vt cum caeteri idem fecerint, habeat is cui submittitur, tantas vires, vt terrore earum, singulorum voluntates ad vnitatem et concordiam possit conformare"「自らの意思を他の者の意思に服せしめる者は、その他の者へと自らの実力の権能（ius）を移譲するのであり、それは、「他の者たちも同じことをする結果、彼らの意思を自らに服せしめた、その者が、その実力に対する恐怖の効果としてそれら個々人の諸意思を単一体・和合体へと形成せしめることができる、それほどの実力を獲得する」ということを目指すためである。」は逐語訳をするに値する[55]。このセンテンスにおいて意思の概念が要の役割を果たしていることは疑いない。これこそ Hobbes が全 moral philosophy によって準備して来たものであり、さらにその根底には物理的な存在論が用意されている[56]。意思こそが単なる贈与交換が持つ全ての曖昧さを払拭する。事実見返りを一切期待しない純粋な贈与のためには意思の要素が欠かせない。なおかつ、この場合の意思はローマ法の意思 voluntas から遠く隔たる概念である。ローマ法の意思は合意にさらに条件を課すものである。合意というレジームの内部で両当事者の自由を保障する。そこに実力 vis はもちろん心理的な圧迫、精神レヴェルの実力 metus が働いていてもいけないということを監視する任務を有する。これに対して Hobbes の意思は、状況に条件を課すのでなく、どんな気象条件の下であろうとも大丈夫であるようにと、他がどうであれ特定のリソースを一人で好きなように完璧に動かしうる力のことである。言わば占有意思であり、固い物的な現実が完璧に意図したとおりになるということを意味している[57]。通常は様々な干渉が働いて思うようにならない。他人の意向が干渉してくる場合の最たるものは、陳腐な意味の契約を含む réciprocité の結合関係が伏在しかつ種々の客体が交換の資源となる場合である。しかるに今、そのような réciprocité の可能性が人間に固有の深い perturbationes ないし passiones の嵐によって絶望的に断ち切られる。すると却って他人の意向が左右しなくなり、もしその上で一切のリソースを譲与すればそれは完璧である。かつ、どの部分は自分のリソースで別の部分は他人のリソースだ、などと線を引くのでは分配していることとなる。取引と変わりない。だから人々は全てにつき絶対の力を行使できなければならない。この絶対的な競合と矛盾は好都合である。

もう一つ、spes/metus は疑心暗鬼の妄想である。しかしまさに将来を想像する力こそが、心配ゆえであるが、人々に保障を求めさせる。絶対的な保障を。そしてそれに向かって、政治にとって本質的な要素である白紙の上のプランニングをさせる[58]。リスクゼロにするためには、一者に全部を無条件で譲与してしまう以外に無い。幸い、それができる。臨界状態により関係が切断され、完璧な ius in omnia 状態になっており、譲与は、した以上取り返しがつかないほど一点も残さない形で遂行される。人々はそうせざるをえない状況に追い詰められている。そういう臨界状態に在る。これらの条件が達成されていなければ、折角 unio によって創出された公権力も、取引によって値引き可能なものになり、それは何時の間にか泥沼の不安定を招くことであろう。少なくとも何らかの談合組織と変わらなくなる。

　かくして、ここまでは Thoukydides の射程が優に及ぶ。確かに第一法則の出自は難しい問題である[59]。ローマ法とコモン・ローの双方を知り抜いた者でなければ到底組み立てえない代物である。しかしこれを脇役としつつ輝くのは metus である。そのうえ、ここまで、Thoukydides そのままに峻厳な法則によって端的に導かれる。自発的意思によるように見える部分も決定づけられている。何かモデルを示し、そのようにすべきであると主張しているのではない。そうなってしまうのであるから仕方がない。第一法則もまたその例外ではない。このパラデイクマをチャーターとして捉える俗流は誤りである。つまり政治的決定や政治的制度の paradigmatique な論拠とされることが多いが、失当である。凡そ政治の立ち上げに際して水面下で働く事情を例解し、公権力の神髄に見事な光を当てたにすぎない。

　にもかかわらず、Thoukydides から見て、議論の性質が微妙にすり替わっていることは否めない。幾何学的論理構成、演繹的な推論、である。データの厳密な解釈により検証するという Thoukydides の立場と 180 度違う。翻って考えれば、デモクラシーの思考様式として、政治的決定へと paradigmatique に進ませずどこまでも syntagmatique に引き伸ばし、Critique により阻害する、という歴史学の陣営において、Thoukydides は、まさにその syntagmatique な結束を固めるために強い paradigmatique な一貫性を要請した。これを汲み出して Hobbes は自らの法則思考に仕立て上げたと考えられる。そして、そもそも政治的決定に至る道筋、論拠と結論の関係、自体 paradigmatique な

性質のものであり、また政治的決定自体 paradigmatique に作用する。他方演繹は paradigmatique な推論の一例である。それがいかに様々な思惑を徹底的に排除するためのものであろうとも。

　それでもなおかつ、Hobbes は譲与行為によっていきなりチャーターを与えるようなつもりはない。言わば現実が必然の法則に従い暴走するのを待つ。政治の形成は偶発的に現れると言ってよい。ギリシャにおけるポリスの成立は事実そうであったかもしれない。しかるに、振り返って見ると、第一法則に則った譲与行為と、出来上がった政治システムの状況描写、単一者が意思を一つに糾合している状態、の間には étiologique な関係の存在が認められる。偶発であろうととにかく一度起こってしまった事件が永続的に再現される（répétition）。広い意味の儀礼である。差し当たりは譲与してしまったその状態がそこに有り続けるという「繰り返し」である。有り続ける限り人々は仮想的にせよ原初の譲与行為を思い出さざるをえない。技術的思考にも繋がる、物事が動かし難くそのとおりになることを追求するということは、近代に固有の自然科学的実証主義において特徴的であると同時に、儀礼的法学的思考の重要な一側面でもある。もっとも、事件は自然の法則に従って事実として起きるのであって、そこには一切当為は含まれない。それが儀礼になるのもそうである。儀礼もまた事実としての繰り返しであり、儀礼自体言わば社会学的な自然のメカニズムによって現実となる。

　とはいえ、儀礼の中で人々は精密に一個の範型に沿って行為しなければならない。鉄の自然法則によってどうしてもそうなるということと、儀礼思考によって人々がどうしても従わなければならない範型が存在するということは、異次元ではあるが限りなく接近する。儀礼的範型への転換自体が自然の法則によるとしたら、Hobbes はまだ Thoukydides の paradigmatisme の延長線上に位置することになるだろう。しかし、儀礼には繰り返しの他にもう一つ別の決定的な側面が有りはしないか。それは神話の再現実化ではなかったか。この梃子を本格的に使うとなると、単純な機械論の範疇には収まりかねる。かつ、現実世界と神話世界の異次元性を絶対化するヴァージョンを利用すると、一者の権力を真に異次元に置くということを達成できるのではないか。もちろん spes と意思が跳躍を可能にした。しかしこれらも唯物論的に説明される自然の経過が意識を貫通する結果であるにすぎない。Hobbes は儀礼の

mystique なメカニズムを動員する時に初めて、Thoukydides の射程外に出る。即ち、DC は第 3 部以降議論のステータスをがらりと変化させる[60]。第 3 部 "religio" 以下の Hobbes のテクストは inspiration を全く異にするのである。

そもそも第 3 部以前に Hobbes は凡そ神が関与するパラデイクマに細心の注意を払う。最初にこの問題が登場するのは Cap. II-20ff. の iusiurandum 論であり、契約を神に対する一方的な誓約と捉え双務性を排する。次に、同じく自然の法則の内部において、lex divina が Cap. IV で取り上げられる。Hobbes はここで、神が個々のパラデイクマに区々に関わることをカテゴリカルに排除し、神が自然の法則全体をいきなりもたらす、単一の通路を設定する[61]。「理法、つまり自然の法則そのもの、は神から媒介なしに (immediate a Deo) その行為の準則として各人に分配される (Cap. IV-1: *ratio, quae est ipsa lex naturae, immediate a Deo, vnicuique pro suarum actionum Regula tributa est*)」。以下 Hobbes は聖書のテクストを徹底的に引き、珍しく典拠を挙げる[62]。これは重要な伏線である。既に公権力が予示され、それに対する不可争性が予感される。

現に、第 3 部 Cap. XV 冒頭において、公権力の不可争性は神の命ずるところに反しない限りのことである、とされる。しかるにその神の命ずるところ、leges divinae はどうやって認識するのか。それは人々の知と意思を媒介してのみ作用する (XV-2)。それにも三つの経路が有り、一人一人の理性、啓示、誰か特定人の声、がそれである (3)。旧約も新約もこのうち啓示を受けた特定者の声を通ずるものであり、したがって預言者から聖職者へという単一の経路のみが正しい (Cap. XVI, XVII)。このことは教会の (神の命令の) 解釈独占を論理的に帰結するが、ではこの教会とは何かと言えば、それは「キリストの身体」に他ならず[63]、そういうものとして個別教会は全体教会と、個人は個別教会と、対等であり、とどのつまりは「キリストの身体」は個々人である (Cap. XVII-19ff.)。しかるにその個々人は公権力に全権委任している。かくして結局のところ神の命ずるところの解釈は主権者が独占的に行うことになり[64]、勝手は許されない。

これは明らかに儀礼的思考の中でも最も大掛かりな mystique な構成である。もちろん古典的なキリスト教神学の生命線である。Hobbes はそれを見事に流用し、国家概念そのものを提示して見せた。仕上げのため、ante litteram

に法人理論と呼びうるものが使われたのである。その仕上げももちろん実体が有ってこそのもので、実体にこそ Thoukydides が関わった。しかし、争う余地なく近代の刻印を帯びた政治システムの相貌、見まごうことなき国家概念、はこうして初めて姿を現したのである。

DC 以後の Hobbes は、全ての養分はもう吸い取ったと言わんばかりに metus という動因を強調することがなくなる。この最後の、動かしがたい結果として樹立された公権力だけを叙述する。結果、われわれは Hobbes 版政治システムの基盤を見失いやすくなる。そしてその後の議論は、出来上がった結果をめぐり効果的かどうかを問い、さらにはその反動として正当化しうるかどうかを問う、という方向に進んだ。近代版政治システムは理論も実際も基盤を欠く造作たることが多いが、基盤から出発しながらも効果的たるを追求せざるをえなかった Hobbes の営為は、Machiavelli に続いて、本人の意図とは正反対に、基盤を見失わせ、近代の政治システムの皮相な性質を決定付けたように思われる。

47) Hobbes の平等概念に関しては K. Hoekstra, Hobbesian Eaquality, in: S. A. Lloyd, ed., *Hobbes Today. Insights for the 21th Century*, Cambridge, 2013, p. 76ff. に全面的に譲ることができる。Hobbes は自然状態における個人間平等を様々に論証し、これがそれまでの平等論と全然違うのであるが、Hoekstra が指摘するとおり、この対等は（あくまで事実そうだと主張されるものの）実質的には平和のためのアプリオリである。力の差が有ってもだからと言って支配は安定せず、どんな強者も肉体に依存する限り最弱者の一撃で倒される。その限りで全員全てを支配するチャンスを完璧に対等に有する。それはどのみちゼロであるという数学的な対等である。優越に基礎付けられた結託と徒党は成り立たない。だからこそ公権力の形成へと向かう。しかも、Hoekstra が強調するには、自らの優越を信じる pride、つまりポトラッチの心性、こそが皮肉にも破綻を決定的にする（p. 99ff.）。人々は対等を認め、政治を形成せざるをえなくなる。要するに Hobbes の平等は曖昧な結合を全て切断する意義を有する。全てを剥ぎ取り個人に還元し、かつその個人からも全てを剥ぎ取ると幾何学の点のごときものが現れる。これは完璧に等しい。重要な点は、これしか政治形成しえないということである。

48) Warrender, *The Political Philosophy of Hobbes*, p. 19ff. の指摘、つまり Hobbes の "right" はしばしば "cannot be obliged to renounce" であり "entitled to" を意味しないという指摘は極めて重要である（Pufendorf がこの概念を非難したこと、その後の政治哲学が entitlement と誤読したまま発達したこと、も指摘される）。Warrender が ius の語感、つまり基本的に占有を表すこと（通常のローマ法学で ius の実力的性格と言われる点）を知らなかったのは遺憾である。つまり ius は権原ではなく、保持している限り違法でなく、反対に妨げる側が違法になるが、しかし保持を失った後に保持させろということはできない、

というものである。Warrender が直感するように、とりわけ ius in omnia という場合には、われわれは全ての物を占有する可能性を排除されていない、つまり占有してみたならば誰かの権原によって排除されてしまう、などということがなく必ず有効に占有が成り立つ、ということである。Warrender はこれを "validating condition" という法学的には bricolage と評さざるをえない表現で言う。つまり反対に相手の占有が成り立っていない限りという条件が付く。これは法学的には exceptio 抗弁の問題である。いずれにせよ ius in omnia が権原を指すとすれば単なる非論理である。さらに、Warrender の指摘が重要であるのは、政治形成における「ius の移譲」は権原の移譲ではなく占有の移譲であるという解釈が導かれるからである (p. 103ff.)。「取ることはできないが放棄することはできる物は何?」という謎々の答えが占有であるわけであるが、各人がこれを一方的に放棄し、それを集めて独占する者が居ると、それが主権者である、ということになる。Hobbes の自然状態は占有秩序であるが、特定の者ないし集団が移譲の結果占有侵害をしてもこれをブロックしてはならないという消極的な義務 ("a duty of negative import... not to impede") が設定されるだけで、つまり権原を定め実現する超越的な装置を設立せずに、自然状態のままで政治形成を行いうるのである。

49) Tuck, Hobbes's moral philosophy, p. 190 は、「自然の法」の解釈ないし位置付けが決定的に重要だとしたうえで、その内部において、戦争状態から自己保存を経て平和に至る道の解釈に学説が苦慮しているとする。そのまま進めば平和に至る直進説、賢い選択をすれば至る選択説。すぐ後に述べる自然状態に内蔵されているデヴァイスを用いるのではあるが、しかしそれをそのまま用いたのでは永続性は無く、或る特殊な設定において用いなければならない、というのが Hobbes の考えである。

50) LV で言えばこの "transferred by covenant" (Ch. XV, 1-3) は既に自然状態の中で行われ、かつ (Warrender 流に言えば) 初めて obligation を発生させる。つまりそれまでは占有以外になかったのが、その外に債務が発生する。ただしこれは約束の履行義務のことではない。移転してしまったくせにそれを認めずに力を行使する自己矛盾が義務違反ないし不正義であり、合意により占有が移転したと擬制し故意の不履行に対して (のみ) 責任を問うローマの契約法に似る。いずれにせよ、自然状態の中にはそれまで正義は存在せず、この移転により初めて正義が現れるということは L. Foisneau, Leviathan's theory of justice, in: T. Sorell et al., edd., *Leviathan after 350 years*, Oxford, 2004, p. 104ff. の言うとおりであるが、彼はここから Hobbes の正義は契約正義であるとし、"commercial society" や "private property" を論じ始める。これほど素っ頓狂なことはない。

51) Hobbes の lex naturae または lex naturalis についてはもちろん論争が絶えない。当為ないし規範的な意味を含むか、が焦点である。まず、中世的な超実定的正義の意味を最早持たないことは言うまでもなく、これをあらためて言って直ちに近代的な当為たるを言いえたと錯覚する P. Zagorin, *Hobbes and the Law of Nature*, Princeton, 2009 などはお粗末にすぎる。その点、Watkins, *Hobbes's System of Ideas*, p. 55ff. は依然一元説の標準版を提供している。つまり自然の法則から直ちに当為命題は出ないとするものの、理性の prudential な判断を通じて実質的に規範的な作用を達成するというのである。大まかにこの線に属する論者は数多いが、DC に関する限り、自然の法則は metus の原理と微妙に区別

され、第一法則においてのみ交錯すること、結果第一法則が他と異質であること（LVでは分解され第一 = pax と第二 = transferenda となる）、とりわけ互助的互恵的契約ないし結合の不安定が強調されること、等々テクストの襞を見逃している。

52) 誤解を防ぐため、そしてまた典型的な混乱であるが故、S. A. Lloyd, Natural law, in: Oxford Handbook, p. 264ff. に言及することが有益である。「自然の法則」の実質が "reciprocity" であると言うのであるが、その内容は、"political science" の現状を反映して、聖書からカントまでを含む合理化された応報原理であるとされる。フランス社会人類学の認識のポイントを完全にはずしている。だからこそこれが直ちに正義論になる。Hobbes の議論の性質を無視するも甚だしい。現に Lloyd は自分の正義論を勝手に展開して怪しまない。そして最後に Taylor/Warrender から Martinich に至る「神の命令」説を駁する。つまり一元説復権を試みる。テクスト内部の脈絡をさえ無視した暴論である。

53) この主権者は具体的には誰なのか。Hobbes は、Bodin より徹底的に、誰かよりも、それが誰でもその誰かとの間で作る関係の方が重要である、ということを示したと解しうる。Bodin の場合もその政体論的議論無効化の叙述から窺えるのであるが、DC, Cap. X もこの解釈を裏付ける。主権者はその意味において「誰でもない」のである。

54) Warrender, *The Political Philosophy of Hobbes*, p. 3ff. は（学説の分布というよりは論理的な選択肢として）「自然の法」の三つの解釈可能性を列挙する。①そもそも一貫して物理的な事態が有るだけで、obligation は無関係である、②自然状態における obligation と政治状態におけるそれの二種類ある、③自然状態における obligation がそのまま政治状態に至っても妥当する。Warrender は③を採り、意思を介する moral obligation が自然状態において既に与えられ、これが政治形成上重要とする（p. 8）。obligation を拡張する covenant は意思に基礎を有し、その covenant は "entered into by fear" であることも認識する（p. 31）。断絶説＝二元論を採る Warrender は却ってぎりぎりまで自然の法則から導かれるという解釈をする、ということを見逃すべきではない。

55) 近年では最も優れた Hobbes 研究である K. Hoekstra, The *de facto* turn in Hobbes's political philosophy, in: T. Sorell et al., edd., *Leviathan After 350 Years*, Oxford, 2004, p. 34ff. は、Hobbes によって樹立された政治権力についての解釈を三類型に分ける。①簒奪されても主権者は主権者であるとする royalist、②必要な実力を形成した者がたとえ簒奪者であろうとも主権者であるとする *de facto* theorist、③政治権力は同意により基礎付けられていなければならないとする consent theorist。*Leviathan* に付された "A Review, and Conclusion" が Hobbes 自身 royalist から革命後 *de facto* または consent に移ったようにも見せるため、大論争であるが、占有であればタイトルでなく実力に基礎付けられる。かつ、単なる簒奪によっては失われない。実力による奪取が決定的だが、永続的な安定を獲得する前は政治権力でありえない。Warrender の right 二種区別を踏まえ（事実平面に徹し）royalist 解釈を切り、王政等如何なるタイプの正統性（entitlement）をも Hobbes が認めるはずがないとする Hoekstra の解釈は正しい。また、consent theorist を一概に扱わず、consent を（限定し）"tacit and attributed" なものに解し *de facto* に吸収せしめる、のも妥当である。全体が占有のロジックであること、"consent" は、実は意思によることを生命とする占有移転であること、には気付いていないが。

56) ひとまず J. Overhoff, *Hobbes's Theory of the Will. Ideological Reasons and Historical Circumstances*, Lanham, 2000 が参考になる。Descartes 等と並んでしかし別ヴァージョンの意思概念が Hobbes によって提出される脈絡の追跡が試みられる。Hobbes のテクスト自身の分析が薄いのが悔やまれる。近代の意思概念に固有の特徴を描き出しえたであろうに。
57) Kant は、占有というより Besitz についてであるが、"perentorisch" という語を用いた。
58) Milanese, *op. cit.* は、ぎりぎりまで唯物論的構成を追跡した後、飛躍のポイントを passions に由来する imagination に求める。ただしそれでなお、Spinoza とは全然違うことを確認しておかなければならない。spes については研究の蓄積が無いが、ローマにおける lex agraria を巡る言説を引きうる。つまり、Curius Dentatus 伝承等、領域を実力で固く把握する（spes colendi）思想である。転じて無主物先占や征服と深く結び付く。
59) 「契約」については、「社会契約論」の脈絡ばかり意識され、法学的に厳密でない。或いは、稀に法学的な観点から議論がなされると却って視野が狭く惨憺たることになる。契約の諸類型について Hobbes に比肩しうる見通しを誰も持っていないのである。この点、A. P. Martinich, *The Two Gods of Leviathan. Thomas Hobbes on Religion and Politics*, Cambridge, 1992, p. 136ff. は、LV の covenant についてであるが、旧約神学の脈絡を復元し、これを通じて最もよく「契約」の性質を捉えたと評しうる。後述のように、Hobbes が直ちにこの神学に帰依したとする部分はしかし疑問であり、これを材料とし省察を加えたと見るべきである。そうでなければ DC の契約論を説明できない。
60) Warrender の二元論は或る意味で間違っていない。DC の構成からして明らかである。de facto レヴェルと神の命令たる当為。しかし mystique な回路が両次元を橋渡ししていること、それ以前の Thoukydides のドライブにより paradigmatique な思考が貫通していること、当為は自然法の規範的妥当や正義や正当化に関するのではなく儀礼内部の磁力であること、この点で狭い意味の法学的思考の存在が認められること、を看過するのみである。他方、直後の F. C. Hood, *The Divine Politics of Thomas Hobbes. An Interpretation of Leviathan*, Oxford, 1964 のように宗教的次元のみで説明し切るのは正しくない。
61) 近年 Hobbes 理論の宗教的側面について盛んに議論される。最も重要と思われるのは Martinich, *The Two Gods of Leviathan* である。或る意味で二元論と一元論を世俗ではなく宗教の側から統合したと評することができる。moral philosophy ないし「自然の法則」の部分につき「神の命令」説を論証し、かつ当時の神学史的脈絡に置く。しかし人は見えない神より直近の人の方を怖れるから、主権者設立 Covenant を要するが、これ自体旧約神学（直近のスコットランド改革派ヴァージョン）をモデルとして主権者を第二の神のように作用させるものである、と論ずる。LV を論ずるものであるが、神＝主権者間アナロジーの論証は十分でないように思う。LV は確かに圧倒的な旧約学的分析を擁するが、38 章以下、特に長大な 42 章はそれを踏まえたうえでの詳細版教会理論であり、DC の基本を維持する。第一の神と徹底的に世俗的な公権力が有るのみであり（当為は正不正と無関係に形式的に主権者に由来すると解する N. Bobbio, *Thomas Hobbes*, Torino, 1989 の実証主義創始者説は価値を失っていない）、叙述全体が曖昧な中間を排除するためになされているとさえ言える。Martinich が引く豊富な神学的脈絡は却って Hobbes が何を拒否したかったかを示すように思われる。他方古典的な mystique な装置をトロイ

の木馬として送り付け宗教を武装解除してしまう部分への着目が見られない。全ての事象についてそのように言えるが、Hobbesは神と宗教をも処理すると同時に利用したのであり、その意味でギリシャ・ローマ的ないし人文主義的伝統に立つ。少なくとも宗教から信仰を排除するギリシャ的観念と軌を一にする。その意味で直感的に"atheist"という批判が向けられたのは当然である。

62) Martinich, *op. cit.* は、他方で、Hobbesの神学がCalvinisteたるをあらためて検証した点で重要な研究であり、神が与えるパラデイクマの解釈における媒介を拒否する点をArminius派との対比においてCalvinisteとするのも間違っていないと思われるが、これが主権者概念構成とどう関係するのかの点で明晰でない。パラデイクマの直接作動はHobbesにとって透明性故に重要なのであり、これは主権者を非実質化超越化の意味で絶対化するのみであり、「第二の」神を用意しその命令を絶対化するようなことはない。

63) P. Crignon, *De l'incarnation à la représentation. L'ontologie politique de Thomas Hobbes*, Paris, 2012は重要な研究である。(特にDCにおいて) 基体として団体 (corpus) が存在しないこと、個人しかいないこと、を確認した (p. 163sqq.) 後、にもかかわらず国家がcorpusとされるのであるとし、団体を基礎にこれを「代表」「代理」するそれまでの理論とHobbesが意識的に断絶したとする。それがcorpus mysticumとしての国家である。つまり本当の代表理論である。反射的にHobbesは三位一体におけるpater/filius分節を弱め、つまりfiliusの身体をさらに再現するという媒介を弱め、父なる神から直接にmystiqueな作用が発するとした、とする。

64) LVについてであるが、福岡安都子『国家・教会・自由──スピノザとホッブズの旧約テクスト解釈を巡る対抗』(東京大学出版会、2007年) 187頁以下が決定的な学問的寄与である。本稿はこれにThoukydides由来という背景を加えてみたにすぎない。つまり、パラデイクマが直ちにそのまま現実化するという直接性を、mystiqueな再現において無媒介である、ということにおいてHobbesは繰り返すのである。事柄は教会の理論構成に関わるが、これが同時に政治システム構成を決定づける。それは現実が「キリストの身体」に他ならず、その舞台の上で例の移譲がなされたのであるから、一者の判断を阻害することは芝居自体、つまり神の意思自体、の破壊である。

8 日本国憲法9条改正の歴史的意味

1

　日本国憲法9条を改正したとすると、その歴史的意味はどこにあるか？ どなたか、それは改正の内容次第だろう、とおっしゃいますか？
　憲法9条は近代史の構造に裏打ちされ（その内在的な反省から生まれ）、厳密な論理を持っている。したがって、どのように改正しようと、これを「崩した」ないし「破壊した」ということになる公算が大である。歴史的意味はこの「崩した」ないし「破壊した」が帯び、その限りで一義的である。
　何が崩すか、つまり誰が崩すのか？　歴史学は総力を挙げて至急この問題を探究すべきである。私の狭い知見においても疑いのないところは、近松門左衛門が鋭くキャッチした閉塞の状況（桑原朝子「近松門左衛門『大経師昔暦』をめぐって——貞享改暦前後の日本の社会構造」『北大法学論集』64巻2・3号（2013年）参照）、幕末の様々な運動、などが寄与しているということである。これに私の偶発的な知識を付け加えることが許されるならば、夏目漱石『それから』の平岡なる登場人物が大変に参考になる。まるで現代のことであるかのように深く腐敗した金融の闇から弾き出された彼は、主人公を陥れるべくその父と兄に密告し、同時に彼らの会社のスキャンダルを材料にゆする。ゆすりゆすられ、双方は結託する。平岡のような分子が大陸に渡るということを作者は示唆するが、その場合を含めて、ゆすりゆすられ関係は結託コンフォルミスムの密度を「弾き出され＝再吸収」の度毎に極大化させるであろう。闇は弾き出し続けることだろうが、弾き出された者は多少楯突くとしても必ずそのポジションを裏切り闇に再吸収され、この結託が他を犠牲にする残忍さは増すであろう。闇はこのメカニズムを養分として成長する。ゆすりゆす

られは、裏切り裏切られを意味する。これをむなしくカヴァーすべく、高密度コンフォルミスムは過度に軍事化する。本当の軍事化も悪くはないが、適当な敵を探せればよし、探せなくとも大事なのはいずれにせよ気分である。いずれにせよ軍事化はこの種のコンフォルミスムに不可欠である。コンフォルミスムは、まあ構わないじゃないか、その方が常識に適う、実際的だ、という雑な思考の蔓延により外堀を造る。私は、憲法9条を葬るものはさしあたり以上のことではないかと疑っている。ゆすりゆすられの人々が9条を狙うということほど雄弁に9条の意味を弁証する事実はない。やはりこの条文は伊達に存在しているわけではない。

　事実9条の淵源は「道理でゆすりゆすられの人々が狙うわけだ」と思わせるものである。そのような人々を生み出す闇の出所は結局土地と金融である。闇から吐き出された人々が闇に再吸収されるとき、高密度コンフォルミスムは自衛の名の下に吐き出した分子を軍事化して送り出し、周辺のテリトリーを割拠する。この噴出力は破壊的であり、世界は滅亡寸前にまで追い詰められた。この噴出力に対処する方策はその間も必死に探られたが、破壊はこれをあざ笑うものであった。9条は、この苦い経験を踏まえ、最新鋭の概念装備によって破壊力を予め解体すべく進水したのである。

　しかし9条をもたらした反省は世界では不徹底に終わり、とりわけ国連の体制は中途半端な結果となった。9条ははしごをはずされ、孤立する。むしろ日本で、ここでも殴る蹴るの憂き目にはあったが、この反省はよく耐えた。世界でも、他分野での理論的反省はしばしむしろ高度な水準を獲得した。しかしこれも戦後30年くらいで尽きたように思われる。そして冷戦が終了しても、周知のように世界を見渡せば百花繚乱、豊富な品揃えの軍事化である。このあおりを受ければ人々が猛り狂って9条を踏み倒すだろうことは目に見えている。トゥーキュディデースが鮮やかに抉り出した心理的スパイラルが、これを最も深く刺す9条に異様な敵意を抱くのは当然である。

　もっとも、現在の9条改廃の圧力はヨリ特定的な文脈にも置かれている。私の個人的な経験を元にすれば、やがて9条を暴力的に襲うだろうと思われた動きが孵化するのは1980年代後半、バブル期である。以後事態は真っ直ぐに沈んでいった。まず闇の構造が肥大した。その構造の破裂が大量に平岡を生み出した。「改革」は再吸収のサインであった。ゆすりゆすられのコン

フォルミスムはスケールの大きな観念上の軍事化を周囲に発散した。何より
も労働現場で暴力的かつ犠牲強要型の過激なコンフォルミスムが吹き荒れた。
信用システムはこの劇症のゆすりゆすられ構造に質を取られたようにしばら
れ、中毒ないし依存症に陥った。根拠のない信用を発生させてジャブジャブ
とつぎ込みトランス状態のコンフォルミスムに油を注いでいくしかないので
ある。破滅にまっしぐらであるが、しかし止まればもっと危ないとさえ認識
されるようになった。この全体の動向は、世界の汎軍事化と相対的に独立の、
ないしそれに先駆ける、ものであったが、まさにその世界の汎軍事化と相乗
効果で現在現実に強固な根を張っている。

　そうであるとすれば、9条改廃の歴史的意味は自明である。一個の社会が
ゆすりゆすられメカニズムの暴走により最後の歯止めを外し自爆していった、
というもの以外になく、歴史事典の「物笑いの種」の項目に収まるだろう。

　われわれは平岡が飛び出してくるような闇をどのように解体するかという
課題に紀元前8世紀以来系統的に取り組んできた。人文主義やホッブズなど
を経て9条にまでその系譜が及んでいることは簡単に論証しうる。少なくと
も世界の学問的平面においては、そのような系統的な努力が積み重ねられて
きた。系統的な努力以外にわれわれが生き延びる道筋はない。ほんの一例を
挙げれば、国際金融システムの破綻と部族紛争に伴うジェノサイドがどう関
係しているのかを解明しえない限りわれわれに未来はない。9条改廃のもう
一つの歴史的意味は、文化そのものを定義するこの系統的な努力へのテロル
というものである。それが証拠に、平岡の黒いルサンチマンに溢れている。

2

　私は歴史学の訓練を受けて育ったのであり、法律学は勉強したことがない。
そのような人間が法律家宛に言いうることは少ないが、厳しい状況におかれ
た法律家たち、とりわけ孤軍奮闘の憲法学徒のために、釈迦に説法ながら、
心からのエールと共に、以下のことを指摘しておこう。

　私の状況認識が正しいかどうかわからないが、正しいとすると、改正論は、
運動家のアジテーションは当然としても、自称学者知識人の言説もまた（ト
ータルなコンフォルミスム故に）極端な非論理になることが予想される。と

りわけ「Aはnon Aでnon AはAだ」式の（1935-45年風）言辞に一面辺りが覆われると症状も進んできたと見なければならない。しかしそうでなくとも、目立つ非論理は、何かを改廃するに際して改廃するものが何か知らないし知ろうとしないという点である。私はこの点において法律家は高いツケを払っているのではないかと危惧している。反撃の側がなかなかこの点を指摘しない。9条をなくすとどうなるかへ議論を直行させるから情緒的に映る。考えてみれば、これは民事法の分野などで見慣れた光景である。今般の債権法改正においても、判例と通説は落としどころとして神経質に探られたが、それぞれの制度についての本格的な研究は（存在しないから）土台としえなかった。結果、何を何故切り落としたのか、本当には説明しえない部分があった。むしろわからない（使われていない）から落としたのであった。

　非論理の常として、議論に分節を与えることができず、その結果決定手続についてきちんと議論することができない。口調までヤクザ風に暴力的に決めつける床屋政談、あるいは酔っ払いの喧嘩のようになる。われわれはこれに乗ってはいけないばかりか、精緻な憲法改正手続論を提示しなければならない。まず改正限界論を分厚いものにしなければならない。次に改正限界のチェックをどうするのか、高いハードルを課すべきであろう。憲法裁判所がレフェレンダムの項目をそもそも有資格かどうか審査する例は見られる。法学的な非論理はそもそも発議しえないはずである。例えば、法学的に意味不明の条文、他と論理的に矛盾する条項の付加、特定の個人または組織を予め免責する規定など。憲法9条に関して言えば、1項と2項は論理的に緊密に結び付いているから、これをばらばらにすることはできない。2項による制限をはずす規定を付加することは非論理の極である。そうではなく解釈を明文化するのである、というかもしれないが、第一に明瞭に解釈できるものを明文化するのは不要であり法学的エコノミーに反するから前提資格を欠く。その上提案されているものは解釈として成り立たないものであるばかりか、そもそも解釈作業（論理的な関連付け）を欠いている。

　次に、改正の発議提案権は憲法上立法府に属し、これ自体重要な歯止めではあるが、しかしおよそ政治システムの基本ルールを設定するのであるから、議会内の「発議」の前に、super partesの起草にその発議内容をかからしめるべきである。現行国会法の規定（第六章の二）は議員立法のアナロジーで書

かれており、精確さを欠く。起草者側が独裁しないようチェックするのは立法府の役割である。しかし政党が案を持ち寄り取引をして改正提案をまとめるのは明らかに憲法の性質に反する。議会内発議の骨格を生かすならば、最高裁判所が任命する起草委員会に原案作成を委ねるべきである。起草は政治的立場を超越した憲法学者等の作業チームがすべきことである。会社法の改正でさえ法制審議会が起草するではないか（ただし、内閣が任命したのではヨリ政治的になるから、憲法である以上最高裁が任命すべきである）。もちろん、ギリシャでそうしたように外国の知的権威を招いて書いて貰うのが理想である。いずれにせよ、手続未整備はたくさん議論すべきであり、議論は改正を促進するなどと怖れていてはならない。千一夜どころか10年くらいかければよい。

　先に述べたことが正しいとするならば、確かに憲法9条は譲れない一線ではあるものの、決して孤立した問題ではないということがわかる。とりわけ「闇」とここでは表現したことが深い震源地になっているのである。むろん、（この短文では仕方なく）「闇」（と表現したこと）の理論的意味や日本社会におけるその諸相にこれまで私は膨大に言及してきた。例えば民事法の第一のタスクはこれを解体することである。民事法はこれを解体するために生まれたということを私は誰よりもよく知っているつもりである。逆に言えばこちらの機能不全が問題に深く関与しているのである。つまり、憲法学者に民事法や経済社会についての本格的な見通しを持って欲しいと同時に、他の分野の法律家がサポートすべきである。現状では憲法学者は大いに孤立している。憲法学の側の閉鎖性を嘆く声をよく聞くが、私は他分野の法律家の視野の狭さの方にも問題を感ずる。いずれにせよ、市民社会がここまで例えば占有を無視すると、9条への糧食は絶たれざるをえないのである。

　こと9条に関する限り、（世界の）法学および国際政治学にわれわれは自ら分け入って研究しなければならない。この二つの分野には共通の二つの欠陥が認められる。19世紀レヴェルにとどまり時代錯誤に陥った基本枠組と余りに粗雑なこれへの反発。近代初期に遡ってこつこつと研究を積み重ねなければならない。前提として、実力ないし武力紛争ないし社会軍事化のメカニズムに関する理論の蓄積を準備しなければならない。とりわけ部族社会の原理について集中的に研究する必要がある。いわゆる先進国についてもであ

る。「安全保障」に関する俗論を背景に、トゥーキュディデースがあれだけの精度で看破した恐怖の感情が煽られると、収拾が付かない。ゆすりゆすられ構造はこの生き血を吸って膨張する。

3

　もちろん、高々、またしても所詮無理なことを言っていると評されることであろう。確かに、本来しておくべきであったこれらのことは今回は間に合わない。しかし、前回どうせ間に合わないからと怠ったために今回間に合わないのである。次回があるかどうかわからないが、しかしせめて今回間に合わなくとも怠らないようにするしかない。間に合わないからと言って怠れば次回に後悔することになろう。

　この点、最も心配であるのは次世代である。私はその非才も尽きようとしている。力及ばなかったことにつき反省ばかりであるが、その反省の時間さえ余り残されていない。ところが、若い法律家・法学者は、それぞれの「業界」に応接することで消耗し切り、どんどん視野を失っていく。まさに、ゆすりゆすられから発するインテンシヴなコンフォルミスムの空間に吸収されていく。むしろ先取りして意識もせずに合わせる。弾き出されるまいと、先手を打って平岡になる。これが私の最大の挫折感である。「コロノスのオイディプース」を気取るつもりはさらさらないが。しかし私がオイディプースに達しないとしても、周りはコロノスなのである。若い世代が知的階層を形成しうるかどうかのみが、次回の有無とその帰趨を左右する。

あとがき

　本書の形で若干の論文をまとめる動機については、序で述べ、これに付け加えることはない。

　本書主論文に関しては、『法律時報』掲載を媒介すると同時に執筆時に貴重なコメントを寄せた太田匡彦に感謝しなければならない。

　序と論文7に関しては、Kinch Hoekstra と Luca Iori に深く感謝しなければならない。Kinch は元々故福田有広の親友であり、私の学問的抱負（Momigliano 等の学問の継承発展）が福田を通じて Kinch に伝わっていた。Kinch は Hobbes/Thoukydides 関係解明を目指し、これを突破口に大きな意義を有する学問的境地に到達した。Kinch と私の間には肝胆相照らす議論があり、クルリと円環が閉じるようにいちいちピタリピタリと符合する。（Kinch と並行してなされたほとんど十年来の仕事である）論文7は、プライオリティーの点で Kinch に一部大きく譲ることになったが、これに勝る喜びはない。そればかりか、Kinch は私に若い Luca とその研究をもたらした。彼らを2017年3月に招き、東京で二回の研究会を行った。Kinch と Luca と私の間に理想的な学問的友愛が存在するばかりか、この研究会を主宰した（多分野の）研究者集団 "Valla" のそれがこれに和した。Luca をして「21世紀の極東に15世紀フィレンツェのような人文主義的空間があろうとは」と言わしめたほどである。初期近代における Thoukydides について、心ゆくまで議論した。

　論文6に関しては、桑原朝子、松原健太郎、源河達史とともに考証学と Critique と鷗外について5時間インテンシヴに議論する機会を持った。ヨーロッパの聖俗、中国近世と日本近世、につき Critique に関心を有する四人の研究者が比較研究をする可能性というものはなかなかない。共同研究が形になるかどうかは別として。

論文 6 のために鷗外を読む中で、『それから』についてなお残っていた疑問が解けた。実際コントラストの発見を通じて『それから』論は初めて私が標榜する歴史学に近づいたと言える。これが論文 5 改訂の理由である。新旧版を通じて桑原朝子との継続的な対話が決定的な意義を持っている。

最後に、（暴力的で支配的な潮流との関係ではもちろん、これに反対するように見える潮流との関係でも）このように二重三重に controcorrente な書を刊行することを悠然と引き受けて下さった石神純子さんに感謝したい。

* 校正段階で 8 を加えた。全体のつながりを少しわかりやすくすると考えられたからである。上村正勝『法律時報』編集長からの突然の依頼をうけて一日で書いたものであるが、2017 年 11 月時点で私が感じていたことのスナップ・ショットになった。

2017 年師走

木 庭　顕

初出一覧
序　（書き下ろし）
1　『法律時報』87 巻 12 号、2015 年（細部改訂）
2　『法学教室』419 号、2015 年（若干改訂）
3　『UP』506 号、2014 年
4　『創文』438 号、2001 年（細部改訂）
5　木庭顕『現代日本法へのカタバシス』羽鳥書店、2011 年（大幅改訂）
6　（書き下ろし）
7　『国家学会雑誌』130 巻 3・4 号、2017 年
8　『法律時報』89 巻 13 号、2017 年（細部改訂）

索引

あ行

安寿　74, 125, 157-9

石川健治　13, 16
委任　58, 62, 199
違法性阻却　35, 48

永続的戦争状態　192, 193

音韻論　131, 134

か行

快楽　120, 137, 138, 155, 158, 160
核兵器　8-11, 13, 43

機械論的唯物論　170, 171
喜劇　59, 85, 86, 90, 111, 117, 118, 122, 125, 126, 139, 148, 153
記号　49, 104, 105, 109-11, 163, 194
キュークローペス Kyklopes　76, 77, 190
兄弟　91, 93, 96, 97, 105, 106, 110, 112, 124, 125
恐怖　8, 196, 210　→ metus
ギリシャ　1-3, 16, 21, 23, 49, 59-61, 66, 73, 77, 80, 86, 89, 109, 117, 118, 122, 127, 133, 138, 173, 181, 184, 185, 191, 198, 204, 209
「キリストの身体」Corpus Christi　75, 173, 199, 204
儀礼　48, 85, 86, 107, 136, 198, 199, 203
近代　2, 23, 33, 37, 38, 50, 68, 70, 74-7, 81, 82, 85, 86, 94, 98, 102, 117, 121, 123, 125-7, 138, 139, 142, 145-7, 155, 156, 159, 160, 180, 198, 200, 201, 203, 205, 209, 211
金融規制　45, 48, 77

『草枕』　86, 125, 155
苦痛　74, 93, 98, 116, 120, 138, 154, 158, 159
『虞美人草』　81, 125

クリチック Critique　70, 74, 75, 82, 83, 133, 134, 138, 140, 142, 143, 146-9, 177, 180, 185-7, 197, 211
軍事化　6, 8, 9, 11, 13-8, 24, 25, 40-3, 45, 46, 48, 50, 64, 65, 72, 76, 77, 206, 207, 209
軍事同盟　10, 17, 18, 36, 46, 48, 188, 189, 193

経学　130, 131, 133, 135, 141, 147
芸妓 meretrix　90, 92, 94, 106, 111, 118, 126, 127, 137, 148, 152-5, 160
迎合主義 conformisme　32, 50, 63, 65, 94, 128, 205-7, 210
経済的階層　50, 77, 88, 96
形而上学　22, 87, 175-8, 180, 191
結託、集団、徒党　1, 3, 7, 45, 47, 49, 50, 56-65, 67, 76, 78, 90, 103, 125, 156, 165, 167, 177, 187, 192-4, 200, 205
権原　24, 34, 67, 167, 183, 200, 201
憲法改正限界　4, 44, 49, 58, 208
憲法9条　2, 3, 5-18, 25, 27-33, 39, 41-50, 205-9
権力　1, 15, 34, 47, 49, 50, 54, 59, 61, 66, 68, 70, 75, 86, 88, 89, 98, 107, 115, 120, 129, 134, 137-9, 142, 143, 148, 168, 177, 189, 191, 198, 202

公共空間　13, 16, 43
公権力　14, 22-5, 32, 34, 45, 61, 163, 176, 192, 195, 197, 199, 200, 203
考古学　131, 134
考証学　71, 74, 82, 83, 129-48, 211
公法　5, 34
国際関係論　9, 22
国際金融システム　69, 207
国際政治学　9, 14, 18, 45, 209
国際法　10, 17-9, 30, 32, 35, 36, 38, 39, 41, 42, 46-8, 75
国際連合　10, 11, 14, 17, 24, 31, 36, 38, 42, 43, 48, 64, 65, 206

国連憲章　10, 14, 17, 31, 36, 38, 46, 47, 64
個人　5, 19, 21, 44, 47, 49, 50, 57, 58, 60, 63, 76, 86, 90, 121, 155, 165, 166, 173, 178, 182, 195, 196, 199, 200, 204, 208
国家　6, 11, 12, 14-6, 19, 21, 22, 25, 31, 37, 42, 43, 47-50, 54, 56, 57, 71, 75-7, 80, 88, 143, 155, 172, 176, 177, 199, 200, 204
婚姻　90, 97, 109, 121

さ行

最後の一人　63, 126
坂本義和　10
産業　50, 72, 74, 76, 77, 103, 111, 151, 155
『山椒大夫』　32, 74, 129, 157-9
『三四郎』　103, 152, 153, 155
山賊の共和国　72, 77, 176

自衛、自衛権　6-10, 14, 15, 17, 18, 21, 28, 29, 31, 32, 35-40, 42, 43, 46-8, 64, 65, 206
ジェネアロジー　25, 81, 109, 129, 135, 144, 145
資源　45, 48, 76, 77
市場　77, 89, 102, 103
自然　93, 94, 99, 107, 112, 114-8, 120-2, 124, 138, 142, 151-3, 159
自然科学　74, 129, 138, 145, 147, 171, 198
自然主義　115, 145, 151, 152
自然状態　19, 21, 22, 25, 164-9, 182, 189, 190, 200-2
実証主義　134, 143, 145, 146, 151, 198, 203
実力組織　8, 17, 48, 49, 60
幣原喜重郎　8, 9, 12, 27, 41
芝居　96, 101, 116, 135-9, 144, 204
渋江抽斎　70, 71, 74, 83, 128, 130-2, 135-8, 140, 141, 143-5, 148, 150, 151, 153
市民社会　2, 10, 17, 43, 47, 71, 75, 86, 89, 90, 99, 103, 122, 123, 127, 144-6, 151, 160, 209
自由　4, 5, 24, 25, 44, 47, 49, 50, 57, 58, 60, 61, 71, 74, 76, 83, 89, 91, 106, 117-9, 122, 138, 141, 142, 147, 149, 152, 173, 174, 187, 188, 196
宗教　16, 147, 163, 164, 179, 199, 203, 204
従者　87, 89
集団安全保障　12, 31, 38, 45, 48
集団的自衛権　14, 17, 37, 38, 43, 47, 48, 64
主権　21, 22, 25, 175-7, 199, 201-4

植民地主義　74, 94, 151, 155
食客　136, 137, 139
自力救済　37, 38, 64, 65
侵害　23, 24, 33-6, 38-41, 43, 46, 47, 65, 182-4, 192, 201
信義　88, 89, 91, 96, 106, 176
心身論　87, 90, 165, 170, 172-5, 178, 180
身体　87, 90, 107, 110, 122, 158, 164, 173, 176-8, 204
人文主義　2, 24, 34, 36, 74, 134, 135, 171, 172, 177, 179-81, 185, 191, 204, 207, 211
信用（構造）　32, 45, 48, 50, 62, 64, 69, 75-7, 91, 92, 95-103, 105, 107, 110-2, 123-5, 156, 207
侵略　6, 7, 10-2, 21, 28, 29, 36, 38

スコラ学　171-5, 178, 180, 181

正義　11, 23-5, 34, 35, 64, 180, 184, 187, 201-3
政教分離　16
政治　1-4, 9, 13, 15, 16, 49, 50, 69, 71, 74, 76, 79-84, 86, 89, 103, 116, 122, 142, 144, 146, 147, 162, 164, 166, 169-72, 179, 192, 193, 197, 198, 200-2
政治システム　4, 5, 15-7, 24, 25, 36, 41-6, 49, 50, 59-62, 66, 67, 72, 74, 76, 77, 122, 127, 142, 145, 162, 164, 170, 175-8, 189, 190, 192, 195, 198, 200, 204, 208
政治的階層　70, 71, 88, 89, 96, 118, 142, 185, 186
政治的議論　3, 4, 6, 7, 13, 17, 18, 178
政治的決定　3-5, 15, 16, 22, 23, 25, 83, 187-9, 197, 198
精神　80-2, 87, 89-91, 114, 137, 150, 151, 154-6, 159, 173-5, 196
正戦論　37, 182, 183
政党　68, 69, 71, 75, 209
正当防衛　6, 38, 46
先制攻撃　17, 19-21, 23, 24, 39, 182, 189
戦争　6-14, 17, 20, 21, 28-33, 35, 37-43, 45, 46, 49, 64, 166, 182, 192, 193, 201
戦争違法化　17, 27, 30, 32, 33, 35, 36, 38, 45, 46
占有　5, 17, 23-5, 33-42, 44, 46, 47, 51, 57, 63-7, 107, 111, 176, 183, 184, 188, 196, 200-3, 209

た行

代助　82, 87-125, 152, 153, 155
代理　58, 62, 204
『高瀬舟』　74, 158
誰のものでもない　52, 53, 55, 58, 59, 62, 63, 65-7

知覚　49, 162, 163
力の均衡　9, 11, 19, 182
父 pater　87-94, 96-100, 102, 103, 106, 107, 112, 114, 116-8, 120, 123-6, 137, 148, 151, 204
知的階層　50, 70-5, 90, 101, 103, 122, 137, 140-3, 147, 150, 210
血と土　45, 72, 103

哲学　2, 18, 19, 23, 56, 71, 79, 129-31, 138, 139, 147, 152, 153, 159, 162, 171, 178, 186, 187, 200
デモクラシー　2, 4, 5, 16, 25, 49, 50, 60, 61, 63, 66, 68-72, 75, 77, 80, 84, 117, 126, 142, 164, 181, 189, 190, 192, 197
伝記　69, 129, 136, 172, 179

透明性　17, 43, 47, 62, 73, 76, 82, 89, 90, 92, 95, 106, 107, 110, 122, 125, 148, 189, 190, 204
土地　76, 77, 89, 92, 106, 107, 115, 206
奴隷　76, 90, 126, 148

な行

内部高度軍事化　18, 43, 65
夏目漱石　2, 70, 74, 75, 81, 85, 86, 99, 114, 120, 121, 125, 152, 155, 161, 205
ナッラティヴ narrative　74, 75, 144, 157, 186

庭　93, 115, 118, 122, 136, 138, 152, 153

『猫』(『吾輩は猫である』)　90, 125
年代記　144, 145

は行

長谷部恭男　12, 15, 47-9
反小説　74, 156

非武装　8, 9, 11, 14, 15

平等 aequalis　73, 164-6, 173, 192, 200
平岡　90-5, 98-103, 105-8, 110, 112-21, 124, 125, 205-7, 210

藤原帰一　11, 12
不戦条約　6, 7, 17, 27, 29, 31-3, 35-7, 39, 41, 42, 45, 64
部族形成神話　109, 119, 153
部族社会原理　48, 50, 119, 209
復仇、報復 reprisal　12, 13, 17, 21, 24, 35, 39, 43, 46, 48, 156, 158, 159, 184
武力不行使原則　11, 38
ブルジョワジー　90, 99, 103, 142
文学　2, 3, 71, 85, 86, 90, 99, 100, 109, 119, 120, 125-9, 131, 139, 149, 151, 160, 161

平和　10, 12, 14, 15, 19, 24, 47, 167, 168, 181, 195, 200, 201
平和主義　7, 12, 14-6

法　2, 5, 30, 44, 47-9, 65
法学　3-6, 12, 14-8, 24, 26, 29, 30, 34-6, 38-40, 44, 47, 65, 69, 71, 164, 169, 198, 201, 203, 207-10
法人理論　58, 75, 200
放蕩　70, 87, 126, 135-9, 153
『坊っちゃん』　90, 102, 125
ポトラッチ　119, 122, 157, 190, 200

ま行

丸山眞男　7-11, 13, 70, 71, 75, 78, 80, 90, 91, 122

三谷太一郎　2, 45, 67, 68, 81, 83, 128, 129, 143, 145, 149, 161
民族　7, 77

無差別戦争観　33, 35
息子 filius　70, 87-91, 96, 106, 118, 120, 126, 137, 148, 150, 151, 204

明白にして現在の危険　24, 34, 40, 182, 183

目的因　116, 173, 175
森鷗外　2, 70, 71, 74, 75, 78, 83, 114, 125, 128-

61, 211, 212
森枳園　　　136, 137, 144
『門』　　　110, 125, 155

や行

友情　　　90–3, 112, 114–21, 127, 138, 145, 148, 151–3, 159, 211

抑止力　　　9, 11, 17, 18, 24, 43, 45, 50, 182, 193
横田喜三郎　　　6–10, 12, 17, 30–2, 35, 38
吉田茂　　　6–10, 31
予防的戦争　　　17, 22, 182

ら行

リアリスト　　　9, 11, 12, 14, 19, 21, 22, 182
利益　　　1, 3, 11, 12, 15, 16, 23, 32, 35–7, 40, 43, 44, 47, 50, 52, 53, 55–7, 62–4, 66, 72, 74–7, 88, 92, 125, 134, 138–40, 142, 148, 155, 179, 182, 183, 187, 192, 193
利益団体多元主義　　　16, 50, 63, 64, 72, 76, 77
立憲主義　　　12, 13, 16, 45, 47, 49

冷戦　　　8–11, 14, 38, 45, 48, 72, 73, 76, 77, 206
歴史学　　　2, 3, 5, 32, 68, 69, 72, 79, 98, 128, 132, 149, 172, 177, 182, 187, 197, 205, 207, 212
レフェレンダム　　　60, 208

ローマ　　　2, 3, 16, 20, 33, 41, 46, 49, 60, 61, 66, 73, 77, 83, 89, 117, 118, 127, 133, 138, 173, 179, 203, 204
ローマ法　　　23, 33, 36, 41, 164, 183, 184, 191, 196, 197, 200, 201
ロマン主義　　　145, 156
論拠　　　3–13, 16–8, 28, 30, 31, 38, 45, 48, 61, 131, 134, 135, 164, 175, 176, 190, 197

A–Z

affectus (passion)　　　122, 163, 169, 174, 177–9, 194, 196, 203
antiquarianism　　　74, 82, 134, 135, 138, 143, 146–9, 185, 186
Aristoteles　　　165, 168, 169, 171–3, 175, 176, 178, 181, 186, 190, 193, 195
Aristotelianism　　　172, 173, 175, 180

Augustinus　　　24, 173, 182, 183

Bacon, F.　　　19–21, 23, 171, 182–4
Bodin, J.　　　72, 175–8, 180, 185, 191, 202
Bowett, D. W.　　　37, 38, 46
Brownlie, I.　　　36–8

Cicero, M. Tullius　　　23, 24, 26, 33, 36, 40, 45, 172, 173, 180, 183, 191
clientela　　　114, 121
consensio (consent)　　　164, 165, 168, 202
covenant　　　164, 165, 201–3
Cyrano de Bergerac, S.　　　114, 139, 150, 151

De Romilly, J.　　　186, 191
Descartes, R.　　　74, 142, 147, 150, 171, 174, 186, 191, 203

échange　　　86, 92, 97, 103–11, 115, 119, 122, 156, 190
Epicureanism　　　74, 93, 99, 106, 107, 114–8, 120, 122, 123, 138, 139, 142, 145, 147, 148, 151, 154, 155, 158–60
Epikouros　　　122
érudition　　　34, 134, 135, 138, 139, 142, 145–8, 150, 191
Eukleides　　　171, 179, 191
Euripides　　　109, 190

facilis　　　176–8, 180, 185, 186

Galilei, G.　　　70, 142, 147, 149, 171
Gassendi, P.　　　139, 149, 150
Gentili, A.　　　20, 23–6, 182, 183
Grotius, H.　　　21, 23–5, 33, 34, 36, 37, 45, 180, 182–5, 191

Hesiodos　　　1, 60, 117
Hobbes, T.　　　2, 12, 15, 16, 18–25, 36, 37, 45, 59, 74, 142, 147, 162–204, 207, 211
Hoekstra, K.　　　19, 20, 22–4, 26, 37, 180–4, 186, 191, 200, 202, 211
Homeros　　　1, 60, 82, 171

Iori, L.   184–6, 191, 211
ius   167, 192, 193, 196, 200, 201
ius in omnia (right to all things)   164, 166, 167, 189, 192, 193, 197, 201
iusiurandum   194, 199

Kant, I.   15, 25, 203

Leibnitz, G. W.   174
libertin érudit   74, 114, 122, 138, 139, 142, 144, 146–51, 160, 161, 186
Lucretius   117, 120, 122

Machiavelli, N.   16, 18, 59, 60, 77, 78, 99, 139, 150, 177, 178, 185, 200
Malcolm, N.   18, 19, 22, 24, 179
Methodus   176, 178, 180
metus (fear, phobos)   23, 24, 26, 45, 163–70, 172, 174, 181, 183–5, 186, 188–97, 200–2
Momigliano, A.   74, 146–9, 185, 186, 191, 211
moral law   21–5
Molière   99, 122, 148–51, 160
mystique   173, 199, 203, 204

Oidipous   114, 115, 187, 210

paradigmatique   104, 107, 192, 197, 198, 203

Peiresc, N.-C. F. de   143, 147, 149, 186
Plautus   90, 91, 99, 117, 122, 150

réciprocité   7, 9, 15, 25, 74, 152, 156, 194–6, 202

Saint-Germain-des-Prés   134, 146–8, 160
signifiant   104, 105, 110, 148
signifié   27, 42, 110
Sophokles   114, 115
spes (hope)   163–9, 174, 181, 193, 194, 197, 198, 203
Spinoza, B. de   150, 174, 203
Strauss, L.   171, 172, 178–81, 183, 190
Suárez, F.   174, 175
syntagmatique   85, 107, 192, 197

Tacitism   172, 175, 177, 180, 181, 185
Tacitus   172, 179, 180, 183, 184
Thomas Aquinas   173
Thoukydides   14, 18–24, 26, 36, 45, 50, 171, 179–92, 195, 197–200, 203, 204, 206, 210, 211
Tuck, R.   21, 36, 37, 172, 175, 178–80, 185, 201

vis   33, 40–2, 46, 196
vis armata   23, 39–48, 50, 64, 65

Warrender, H.   24, 26, 165, 171, 179, 200–3

著者略歴

(こば・あきら)

1951年,東京に生まれる.1974年,東京大学法学部卒業.東京大学名誉教授.専門はローマ法.著書に,三部作『政治の成立』(1997)『デモクラシーの古典的基礎』(2003)『法存立の歴史的基盤』(2009,日本学士院賞受賞,以上東京大学出版会),『ローマ法案内——現代の法律家のために』(羽鳥書店,2010,新版,勁草書房,2017),『現代日本法へのカタバシス』(羽鳥書店,2011,新版,みすず書房,近刊),『[笑うケースメソッド] 現代日本民法の基礎を問う』(2015)『[笑うケースメソッドⅡ] 現代日本公法の基礎を問う』(2017,以上勁草書房),『法学再入門 秘密の扉 民事法篇』(有斐閣,2016) ほか.

木庭 顕
憲法9条へのカタバシス

2018年4月25日 第1刷発行

発行所 株式会社 みすず書房
〒113-0033 東京都文京区本郷2丁目20-7
電話 03-3814-0131（営業）03-3815-9181（編集）
www.msz.co.jp

本文組版 キャップス
本文印刷所 理想社
扉・表紙・カバー印刷所 リヒトプランニング
製本所 誠製本
装丁 安藤剛史

© Koba Akira 2018
Printed in Japan
ISBN 978-4-622-08673-4
［けんぽうきゅうじょうへのカタバシス］
落丁・乱丁本はお取替えいたします